JN450845

아동과 함께하는

내면가족체계치료IFS

아동과 함께하는

내면가족체계치료IFS

Internal Family Systems Therapy with Children

Lisa Spiegel
신인수 · 김아신 옮김

圖書出版 하나醫學社

Internal Family Systems Therapy with Children
by Lisa Spiegel
First published 2017 by Routledge 711 Third Avenue, New York, NY 10017
© 2017 Taylor & Francis

All right reserved.

Authorized translation from the English language edition published by Routledge,
a member of the Taylor & Francis Group LLC.
Korean language edition © Hana Medical Publishing Co. 2020

이 책의 한국어판 저작권은 에이전시 원을 통해 저작권자와의 독점 계약으로 하나의학사에 있습니다.
저작권법에 의해 한국 내에서 보호를 받는 저작물이므로 무단 전재와 무단 복제를 금합니다.

아동과 함께하는 내면가족체계치료IFS

『아동과 함께하는 내면가족체계치료Internal Family Systems Therapy with Children』는 아동 심리치료에 내면가족체계치료(IFS)를 적용하는 방법을 상세히 설명한다. 이론, 단계별 안내, 사례 예시를 함께 엮어서 이 치료양식이 지닌 치유의 힘을 이해하고 활용하기 위한 명쾌한 지도를 아동 치료자들에게 제공한다. 아울러 IFS 치료자라면 누구든지 본서를 통해 내면가족체계치료가 아동들에게 실제로 어떻게 적용될 수 있는지 읽어보면서 내면가족체계치료의 이론과 실제에 대하여 깊이 이해하게 될 것이다. 본서는 또한 IFS를 활용한 부모의 양육 지도를 다루고 있는데, 이는 아동이 있는 가족이나 개별 성인들과의 모든 치료작업에서 중요한 측면이다. 아동 치료에서의 가슴 아프면서도 웃음을 자아내는 사례 소품은 IFS 미술작품과 함께 즐거우면서도 유익한 독서가 되도록 해준다.

- 점점 널리 보급되고 있는 IFS 모델을 아동에게 적용하고 있다.
- 이론, 단계별 안내, 사례 예시를 통합해서 치료자에게 어떻게 IFS를 아동에게 적용할지 보여주고 있다.
- 자녀양육 지도를 위한 IFS 활용에 대해 한 장을 할애하고 있다.
- IFS 모델의 개발자인 리처드 슈워츠Richard C. Schwartz의 서문을 싣고 있다.

목차

일러두기

1. 본문의 각주는 모두 옮긴이가 달은 것이다.
2. 'therapist'는 치료자 또는 치료사로 혼용하였다.
3. 'counseling'은 대체로 '심리상담'으로 번역하였다.
4. 'compassion'은 '자비', '연민', '동정'을 병용하였다.
5. 'Self'는 기존 IFS 번역서에서는 '자기', '참자아' 등으로 옮겼으나 본서에서는 '참나'로 옮겼다.
6. 'reaction'은 문맥에 따라 '반사적 반응' 또는 '반동反動'으로 옮겼다.
7. 원저에서 참나Self의 특성 묘사 중 '돌봄Caring'은 '자신감Confidence'의 오기誤記로 저자와의 교신에서 확인되었기에 바로잡았다.

서문

리자 스피겔의 이 훌륭한 저서에 서문을 쓰게 되어 매우 즐겁고 흥분된다. 나는 시카고에 있는 청소년연구소에서 청소년 및 그 가족들과 주로 작업하면서 내면가족체계Internal Family Systems(IFS) 모델을 개발하였다. 그 청소년들 중 일부는 부분parts이라는 개념을 바로 받아들일 수 있었지만 많은 이들에게는 설득하기 힘든 일이었고, 그들이 자신의 내면에 초점을 맞추기 위해서는 많은 회기가 필요했다. 하지만 몇몇 경우에는 어린아이들에게 IFS를 시도해보았는데 결과는 놀라웠다. 나는 어떤 아이에게 부분에 대해 물어보았는데, 아이는 다른 네 개의 부분들에 대해서 그리고 그들이 어떻게 서로 관련되어 있는지를 자발적으로 말해주곤 했다. 아이들은 내게 자신의 부분들을 그려 보이거나 작은 인형들을 이용해서 자신의 부분들에게 말을 걸기를 좋아했다.

나는 대학원에서 전통적으로 가르치는 아동 발달을 공부했기 때문에 아이들이 어른들과 마찬가지의 치유 방식으로 그들의 부분들과 관계맺는 방법을 아는 내면의 자원들을 지니고 있다는 생각을 하지 못하였고, 그래서 성인 내담자들과 할 수 있는 것과 마찬가지로 아이들의 발달 중인 마음 안에서 동일한 수준의 자기자비/자기연민self-compassion과 호기심에 신속하게 접근할 수 있다는 것을 발견하며 매우 놀랐다. 아이들은 자신의 부분들을 돌볼 수 있었고 그렇게 함으로써 그들 자신을 치유할 수 있었다. 그것은 비록 성인보다는 더 구체적인concrete 방식이었지만 그 효과가 덜한 것은 아니었다. 이러한 발견은 내가 '참나Self'라고 부르게 된 내면의 자원들이 학습되는 것이 아니라 인간의 내재적인 생득권生得權, birthright이라는, 내가 초기에 가졌던 막연한 느낌에 힘을 실어주었다.

하지만 나의 관심은 문제가 발생한 청소년들과 그들의 부모들을 돕고, 이후에는 성 학대를 겪은 성인 생존자들을 치료하는 데 머물렀기에 아이들에 대한 IFS의 잠재력을 충분히 탐색하지 못했다. IFS가 보급되면서 뛰어난 아동 치료자들이 이 흐름에 합류하였고 내가 이전의 치료 장면에서 발견했던 것들과 같은 놀라운 결과들을 보고하였다. 그들 중 한 명이 파멜라 크라우스Pamela Krause인데, 현재 우리의 선임 훈련가lead trainers 중 한 명이기도 하고, 최근의 IFS 논문집인 『내면가족체계치료: 새로운 차원들Internal Family Systems: New Dimensions』의 한 장章에서 IFS와 아동에 대하여 처음으로 저술하기도 했다. 나는 그 장이 포함된 것에 대해 매우 감사하다. 그동안 세계를 돌면서 IFS에 대해 강의할 때 아이들에게는 어떻게 적용하는지에 대해 지속적으로 질문을 받곤 했기 때문이다. 나는 아이들이 그들의 부분들에게서 멀어지는 사회화가 진행되지 않았기 때문에 쉽게 그 부분들에 접근할 수 있다는 것과 놀이치료와 쉽게 통합될 수 있다는 것에 대해 몇 마디 중얼거리곤 했다. IFS 논문집이 나온 때부터 나는 파멜라가 쓴 장을 사람들에게 소개할 수 있었다. 그 논문이 뛰어나기는 했지만, 너무 많은 내용이 적은 분량으로 다루어졌다. 여전히 나는 IFS와 아동을 함께 다룬 책을 기다렸지만 그렇게 되지 못할까봐 걱정도 되었다. 그러한 책이 유효성이 있으려면 그 저자에게 다음과 같은 세 가지가 요구되기 때문이다. (1) 아동과 치료작업을 하면서 놀이치료를 활용하는 전문가, (2) IFS에 정통함, (3) IFS 아동 치료가 갖는 마력과 경외를 포착해낼 수 있는 훌륭한 저술가.

리자 스피겔에 대해 알아보자. 그녀는 30년 넘는 기간 동안 아동과의 치료작업 경험이 있고, 2010년 이래로 IFS를 연구하고 적용해왔다. 진 쿤하트와 함께 소호부모교실Soho Parenting을 설립하였고, 전국적인 미디어들이 그녀의 아동 및 양육에 대한 전문지식을 자주 인용해왔다. 처음 그녀가 이 책을 쓰고 있다고 했을 때 나는 그녀가 해낼 수 있을지 알 수 없었기 때문에 흥분감을 스스로 자제했다. 얼마 후 그녀는 원고를 보내주었고 나는 아주 행복해졌다. 그녀의 치료 사례들은 IFS 이론과 기술에 정확하게 부합하는 것이고 또 아주 매혹적이다. 이 저서는 증가하고 있는 IFS 문헌들뿐만 아니라 전반적인 아동 치료 영역에서도 중요한 기여를 하고 있다. 깊은 감사를 표한다.

리처드 슈워츠, Ph.D.

(IFS 개발자, 하버드 의과대학 교수)

감사의 글

이렇게 우아하고 강력한 모델을 개발해준 것에 대해 리처드 슈워츠에게 감사를 표하고 싶습니다. 이 기획에 대한 그의 흥분과 지원은 제게 그 무엇과도 바꿀 수 없는 것입니다. 그리고 저의 IFS 교사들인 조앤 개프니Joanne Gaffney, 제이 얼리Jay Early, 팸 크라우스Pam Krause, 여러분이 제게 가르쳐주신 것들에 대해 감사드립니다.

"그걸 온전히 써보세요!"라고 거의 30년 동안 저를 격려해준 진 쿤하트Jean Kunhardt에게, 저의 소중한 친구이자 가장 가까운 동료가 되어준 것에 대해 마음 깊이 감사를 표합니다. IFS에 대한 그녀의 지식과 예리한 편집자 시각은 이 책을 쓰는 데 아주 중요했습니다.

이 기획 전반에 걸쳐 도움의 손길을 뻗어준 로라 라이커에게 감사합니다. 제 옆에서 그리고 영상통화 화면을 통해 도와주지 않았다면 이 작업을 해낼 수 없었을 겁니다.

원고를 읽어주시고 매우 유용한 조언을 주신 다나 도프만 박사님, 그리고 원고를 전문적으로 정리해주신 엘리자 허쉬코위츠에게 감사합니다.

이 기획을 진척시키는 데서뿐만 아니라 본서에 대한 열정에 대해 루틀리지의 편집자 엘리자베스 그래버에게 감사를 표합니다.

또한 저의 원가족들에게 감사를 표하고 싶습니다. 저에 대한 끝없는 신뢰 그리고 우리 가족에 대한 리더십을 통해 헌신해주신 우리 부모님—알렌 및 몬로 스피겔—께 감사를 드립니다. 유머와 사랑으로 함께해준 나의 형제들—파멜라 포티쉬먼과 그렉 스피겔—에게 감사합니다.

메사추세츠에 있는 요가건강센터의 크리팔루에게 감사드립니다. 제가 이 책을 쓸 영감과 끝맺음할 에너지를 얻었던 곳이 바로 그 청록색의 버크셔 힐스에서였습니다.

저의 IFS 성인 내담자들께서는 용감하게도 제가 그분들의 내면체계에 들어가도록 해서 IFS 실무를 배우고 심화하도록 해주셨습니다. 그분들이 자기 발견과 성장을 해가는 여정에서 함께 협력할 수 있었던 것은 저의 영광이고 축복입니다.

본서에 자비롭게도 참여해주신 모든 가족분들께도 감사를 표하고 싶습니다. 각각의 모든 아이들에게 그들의 이야기와 그림을 사용하는 것에 대해 허락을 요청했습니다. 이 기획에 대한 아이들의 열정과 다른 치료자들과 아이들이 부분parts에 대해 알기를 바라는 그들의 열망은 IFS가 지닌 변용의 힘을 보여줍니다.

퍼시, 샬롯, 캐슬린, 에스터, 탤리아, 헤일리, 레인, 아멜리아, 헤이즐, 줄리아나, 헨리, 매티, 클라우디아, 바트—여러분 모두에게 가장 커다란 감사를 보냅니다.

역자 서문

저는 기본적으로 상담심리학을 전공하면서 세부 전공으로는 자아초월 심리상담Transpersonal Counseling을 공부하였습니다. 심리상담과 영성의 융합을 추구하는 학문이지요. 공부 과정에서 이탈리아 정신과 의사인 로베르토 앗사졸리Roberto Assagioli의 정신통합psychosynthesis 이론을 접하면서 인간의 심혼psyche을 심층적으로 이해하고 치유하려는 방법론에 깊은 인상을 받았습니다. 인간의 마음이 단일한 게 아니라 여러 하위인격subpersonalities과 윗나higher Self 또는 참나true Self로 구성되어 있고 이들이 온전하게 통합되는 것이 치유와 성장의 길이라고 앗사졸리는 보았습니다. 이러한 이론과 방법론을 치유 현장에 어떻게 접목할지 고민하던 차에 이러한 체계를 더욱 세련되게 발전시킨 내면가족체계치료IFS를 만나게 되면서 무척 흥분했던 기억이 납니다. 그리고 그 흥분감은 여러 해가 지난 지금까지 계속되고 있습니다.

사실 IFS를 개발한 리처드 슈워츠 박사는 가족치료와 체계이론이라는 상당히 다른 전통에서 출발하였습니다. 하지만 자신의 전통에서 치유할 수 없는 내담자들을 만나게 되면서 자신이 힘들게 배워온 기법들에 대해 일단 '괄호 넣기'를 하고 내담자의 말에 귀를 기울이는 시도를 하였습니다. 그리고 그는 내담자의 마음 안에 여러 목소리가 있다는 것을 발견하였습니다. 그 목소리들이 때로는 서로 견제, 무시, 억압, 비난하고 때로는 동맹을 맺는 것을 목격하였습니다. 그리고 그 목소리들 너머에 질적으로 전혀 다른 목소리가—나중에 그가 '참나Self'라고 부른—있다는 것을 알게 되었습니다. 슈워츠 박사는 이러한 새로운 발견들과 자신의 배경 학문을 융합하여 40여 년 전에 IFS를 개발하였고, 지금까지 우울, 불안, 트라우마/PTSD, 중독, 커플, 그리고 저희가 지금 소개하는 아동 등 다양한 영역에 IFS를 적용해왔습니다.

십여 년 전에 심리상담 수련을 시작하였을 때 저의 첫 내담자가 아동이었습니다. 저의 내담자는 어린아이로서 감당하기 힘든 가족사의 와중에 있었습니다. 하지만 경청과 수용의 자세로 대하면서 그 아이는 점차 나아졌습니다. 참만남의 중요성과 심리상담자로서의 효능감을 느끼게 해준 그 내담자에게 감사한 마음이 들었습니다. 몇 년 후 아이 아빠에게서 아이가 잘 크고 있다는 연락을 받았을 때는 뿌듯한 보람을 느꼈습니다. 또한, 겸허한 자세로 경청과 수용을 하는 것의 중요성을 다시 한번 깨닫기도 하였습니다.

사실 인간중심치료를 통해 세 가지 태도를 주창한 칼 로저스의 기여 이후 거의 모든 심리상담/심리치료에서 경청과 수용은 핵심적인 치유 기제가 되었다고 봅니다. 내면가족체계치료에서도 그것은 다르지 않습니다. 내담자의 내면체계 안에서 고통을 겪고 있거나 그걸 막으려는 하위인격

(또는 부분들parts)의 이야기를 경청하고, 인정하고, 수용하는 것은 동일합니다. 다만 한 가지 다른 것은 내담자의 참나와 치료자의 참나가 협력적이고 유기적으로 치유 과정을 이끈다는 점일 것입니다.

하지만 '참나' 현상도 사실 심리치료 현장에서 새롭게 나타난 것은 아니라고 봅니다. "내가 나의 내면의 직관적 자기와 가장 가까워지게 될 때, 아마도 치료 관계에서 약간의 의식전환 상태atered state of consciousness에 처하게 될 때 나는 내가 무엇을 하든 굉장히 치료적으로 되는 것 같다."라고 로저스는 말년에 언급한 바 있습니다. 그래서 그가 기존의 세 가지 태도에 영성을 추가한 것은 그리 놀라운 일이 아닐 것입니다. 이렇듯 우리의 의식세계에 무언가 심원하게 드러나는 현상을 가리켜 슈워츠는 '참나'라고 불렀는데, 이때 8C, 즉 명료함clarity, 평온함calmness, 용기courage, 호기심curiosity, 창조성creativity, 연결감connectedness, 자비/연민/동정compassion, 자신감confidence 등의 특질이 현존하게 됩니다.

놀라운 사실은 이러한 특질들이 어른들만이 아니라 아이들에게서도 나타난다는 것입니다. 리자 스피겔의 『아동과 함께하는 내면가족체계치료IFS』가 분명하게 보여주듯이 말입니다. 그래서 슈워츠는 '참나'가 우리가 타고난 것, 천부적인 것이라고 봅니다. 『아동과 함께하는 내면가족체계치료IFS』는 아이들과의 심리치료가 어떻게 진행될 수 있는지를 잘 보여줄 뿐만 아니라 IFS에 처음 입문하시는 분들에게도 친절한 안내서가 되리라 생각합니다. 아울러 이미 IFS에 대해 어느 정도 익숙하신 분들도 본서에서 소개하는 다양한 사례들로부터 유익한 영감을 얻으실 수 있으리라 믿습니다.

슈워츠 박사의 『내면가족체계치료』가 국내에 공식적으로 소개된지 만

10년 만에 IFS 공식 훈련가에 의한 저술을 소개하게 되어서 기쁘기 그지없습니다. 조만간 슈워츠 박사와 동료 훈련가들이 공저한 『내면가족체계치료IFS 기술훈련 입문서』(가제, 학지사) 번역본도 출간될 예정이라는 소식을 전합니다. 『아동과 함께하는 내면가족체계치료IFS』의 번역 진행 과정에 상당한 도움을 제공해주신 유나래 박사님, 번역문에 대해 유익한 의견을 주신 박상준 선생님, 본서의 소개에 기꺼이 나서주신 소정영 대표님과 편집작업을 꼼꼼하고 멋지게 해주신 직원들, 그리고 오랜 전문성과 지혜로 번역의 여정을 함께 해주신 김아신 선생님께 깊이 감사드립니다.

참고로 1, 2, 4, 8, 9장과 용어해설은 신인수가, 3, 5, 6, 7, 10장은 김아신이 번역하였고, 상호 수차례에 걸쳐 교차 검토를 하였습니다. 하지만 최종적인 교정과 수정작업은 신인수가 하였기에, 오류가 있다면 오로지 저의 책임입니다. 아울러 오류나 부족한 점이 있다면 역자들에게 꼭 알려주시기 바랍니다.

우리 모두의 내면에 있는 아이들에게, 심리상담 장면에서 만났던 아이들에게, 그리고 내가 알지 못하는 아이들이지만 이 책과 치료자들을 통해 '참나'의 에너지가 그들에게 전달되고 그들 내면의 '참나'의 에너지 또한 빛나듯 드러나길 기원합니다.

2020년 새해에

신 인 수

참고문헌

Anderson, F.G., Sweezy M., Schwartz, R. (2017). *Internal Family Systems Skills Training Manual: Trauma-informed treatment for anxiety, depression, PTSD & substance abuse.* WI: PESI Publishing & Media. 서광스님, 효림스님, 김현진, 신인수 역. 내면가족체계치료IFS 기술훈련 입문서(가제). 서울: 학지사, 2020(예정).

Assagioli, R. (1971). *Psychosynthesis: A manual of principles and techniques.* New York: Penguin Books. 김민예숙 역. 정신통합: 원리와 기법에 대한 편람. 울산: 춘해대학출판부, 2003.

Schwartz, R. (1995). *Internal Family Systems Therapy.* New York: Guilford. 김춘경, 변외진 역. 내면가족체계치료. 서울: 학지사, 2010. [제2판 번역 진행 중]

Thorne, B. (2003). *Carl Rogers* 2nd ed. London: Sage Publication. 이영희, 박외숙, 고향자 역. 칼 로저스: 인간중심치료의 창시자. 서울: 학지사, 2007.

내면가족체계치료에 대해서는, 서울불교대학원대학교에 박사과정으로 들어갔던 해인 2013년 톰 홈즈 박사의 강의와 그의 저서 『소인격체 클리닉』을 통해 알게 되었고, 그의 강의를 들으면서 내면가족체계에 대한 큰 흥미를 갖게 되었습니다. 그 후 한두 차례 더 강의를 듣는 기회를 갖게 되면서, 이 방법에 대해 임상에 적용하고자 하는 동기가 생겨났습니다.

세월호 사건이 일어났던 2014년 4월 이후 시작된 권혜경 박사의 통합적 트라우마 세미나에서도 트라우마 치료기법 중 하나인 IFS에 대해 부분적으로 소개되고 다루어졌는데, 그것을 계기로 저의 임상 활동에 IFS를 조금씩 도입하기 시작했습니다. 작년에 IFS 1단계 과정을 수료했는데, 『아동과 함께하는 내면가족체계치료』 번역 또한 마무리할 수 있어서 제게는 의미가 있었습니다. 이 책에서 저자인 리자 스피겔 선생님의 숨결을 느낄 수 있었는데 매우 에너지 넘치는 순수한 열정을 지닌 분으로 느껴집니다. 기회가 되면 만나 뵙고 싶다는 생각입니다. 아동과의 작업을 오랫동안 해오신 분이라 그런지, 저자는 내면 작업을 누구라도 이해할 수 있을 만큼 아주 쉽게 안내하고 있어 IFS에 입문한 선생님들께 많은 도움이 될 것으로 보입니다.

임상을 하면서 IFS 치료법을 조금씩 사용해오고 있는데, 최근 모친의 손에 이끌려온 13살 소년의 치료 이야기를 간략히 여기에 옮깁니다. 키가 크고 마른 체형의 착실해 보이는 소년이었습니다. 최근에 학교를 옮겼는데 적응의 어려움이 있어서 찾아온 것입니다. 6회의 상담을 하면서 많은 진전이 있었던 사례였습니다. 이전에 살던 곳과는 많이 달라진 환경에서 소년은 많은 정서적 어려움을 겪고 있었습니다.

"큰 사건은 없었는데, 점점 우울해지는 것 같아요. 그냥 우울해지고 학교 가는 것도 스트레스 돼요."

아이가 내면으로 들어가서 자신의 신체를 자각하도록 인도하였습니다.

답답함이 몸 어디에서 느껴지는지 물었을 때, 가슴 가운데 부분이 좀 답답하다고 하였습니다. "크기는 주먹만 하고 약간 말랑말랑해요.~"

내면 작업을 하면서 부분을 인정하고 이해하고 바라봐주고 나니까, 혹처럼 달라붙었던 덩어리가 물처럼 변해서 흘러내려 갔다고 합니다. "물처럼 변했어요.~~~"

매회 마다 진전을 이루는 소년의 모습을 보고 이 새로운 치료법에 고무되었고, 아이도 내 상담실에 찾아오는 것을 지루해하지 않았습니다. 5회기 정도의 비교적 이른 시간에 많은 진전이 일어나서 모친은 안도했고 고마워했습니다. 소년과 모친은, 이제는 소년이 평상심을 찾고 예전처럼 친구도 사귀고 농담도 하고 일상생활로 돌아갔다고 보고했고, 이에 맞춰 자연스럽게 소년과의 상담을 종결하게 되었습니다. 열심히 애쓴 아이와 아이의 부분들을 생각하며 고마움을 느낍니다.

수개월 전, 이 책의 공역자로 제안이 들어왔을 때 매우 설레었습니다. 『요가와 심리치료』를 공역한 이후, 관심 두고 번역하고 싶은, 몸을 통한 트라우마 치료와 관련된 책 중의 하나였기 때문입니다. 이 과정에 함께 할 수 있도록 손 내밀어준 신인수 선생님에게 감사드립니다.

김 아 신

1

나의 내면가족체계치료IFS 입문기

열일곱 살일 때 나는 소아과 의원에서 매년 받는 건강진단을 위해 앉아 있었는데, 내가 거기 있기에는 나이를 너무 먹었다는 느낌이 확연히 들었다. 대기실은 벌집을 쑤셔놓는 듯한 학령기 아이들, 엄마 어깨를 붙잡고 있는 아기들로 가득했고 간신히 아장아장 걷는 유아가 하나 있었다.

엄마에게 곁눈질하며 말했다. "폭스 의사선생님이 좋긴 하지만 여기 오는 건 마지막이야. 내가 괴짜처럼 느껴져."

엄마는 고개를 끄덕였다. "알았다, 알았어. 다음부터는 어른들을 보는 의사를 만나게 해주마."

반은 아이이면서 반은 어린 어른인 나는 『하일라이트 매거진』과 『라이프』를 만지작거리면서 대기실을 찬찬히 살펴보았다. 그 걸음마 아기가 나를 쳐다보고 있었다. 나도 그 여자 아기를 쳐다보면서 우리는 무언의 대화를 나누기 시작하였다. 그 대화는 어떤 궤적의 시작으로서 내가 내면가족체계치료를 연구하고 지금 이 책을 쓰도록 이끌었다.

이 작은 여자애의 커다란 갈색 눈은 내게 아주 많은 걸 얘기하는 듯했다. 여자애는 주의가 다른 곳에 가 있는 엄마에게서 떨어져서 팔걸이의자를 짚고 서있었다. 이 아주 작은 여자애는 혼자처럼 보였고, 그 애가 슬퍼하는 걸 알 수 있었다. 여자애는 머리를 기울이고 나를 올려다보았는데 움직임 없는 그 몸에서 나는 조용한 영혼을 느꼈다. "뭔가 잘못된 걸 알겠어."라고 아이에게 눈으로 말했던 기억이 난다. 부드러운 미소로 여자애와 사랑스럽게 접촉했다. 여자애는 그걸 받아들인다는 몸짓을 하면서 내가 일어설 때까지 우리의 말없는 대화에서 눈길을 거두지 않았다. 나는 작은 손짓으로 작별인사를 했고 여자애도 자신의 손을 들었다. 마치 나를 내 어린 시절 의사에게 마지막으로 가보도록 배웅한다는 듯이.

그날 이후로 나는 아이들과 일을 해왔는데, 정서적으로 불안한 아이들을 위한 캠프의 심리상담자로서, 바사르대학의 양호교사로, 미혼모의 유아들을 위한 벨뷰병원의 치료시설에서, 그리고 내 자신이 엄마로서 함께 해왔다. 컬럼비아대 교육대학에서 발달심리로 내가 받은 학위는 존 볼비(Bowlby, 1969)와 메리 아인스워스(Ainsworth, 1982)에 의해 이해하게 된 애착관계를 기반으로 한 사회정서, 언어, 그리고 인지 발달에 대한 연구에 집중한 것이었다.

1987년부터 지금까지 나는 동료이자 사업 파트너인 진 쿤하트와 함께 세운 심리치료 및 부모교육 센터인 소호부모교실Soho Parenting에서 아동 및 부모들과 치료작업을 해왔다. 진은 벨뷰병원의 외래 소아과에 있는 아동생활과에서 일하면서 만나게 되었다. 1980년대의 벨뷰는 빈곤, 에이즈, 마약 등으로 고통 받는 가족들을 치료하는 최전선에 있었다. 진과 나는 청소년부모 집단을 담당하면서 성적 학대의 피해자인 아이들에게 놀이치료를 실시하였고, 소아과 및 산부인과 의사들과 협력하여 가족들에 대한 전반적인 돌봄을 제공하였다. 우리는 무시무시한 트라우마와 도전적인 과제들에 직면한 가운데 보이는 인간의 회복력에 대해 배우게 되었다.

우연히도 1986년에 진과 나는 몇 달을 사이에 두고 임신하게 되었다. 우린 둘 다 벨뷰를 떠나 우리의 새로운 가족에 집중하기로 했다. 미혼모 집단을 운영했던 우리의 경험은 벨뷰 이후의 경력에 대한 아이디어를 촉발했다. 우리는 미혼모 집단을 개조 및 개선하는 계획을 꾀하면서 그들에게 다른 거주환경을 제공하기 시작했다. 우리는 아이에 대한 실용적인 발달 관련 정보와 함께 엄마가 되면서 생기는 심리적 변화에 대한 탐색을 균형 있게 제공하는 교육 과정을 고안해냈다. 우리는 그 프로그램을 부모대화ParenTalk라고 이름붙이고 첫 집단을 맨해튼의 어퍼 웨스트 사이드에 있는 우리 집 거실에서 운영하였다. 이 집단들에 제공된 지지와 지도는 새롭게 엄마가 된 이들의 삶에 필수적인 부분이 되었다. 당시 뉴욕시에는 이와 같은 프로그램이 전혀 없었다. 우리는 이 서비스를 향상시켜서 보다 넓은 대중에게 제공하고 싶은 생각이 들었다. 벨뷰에 있는 한 동료가 우리를 소호소아과에서 활동하는 마리 키스 및 로버트 코피 박사와 연결시켜주었다. 전향적인 사고를 하는 이 소아과 의사들은 자신의 고객들에게 심리 및 자녀양육 지원을 제공하는 데 관심이 있었다. 우리는 소호소아과와 유익한 협력관계를 맺기 시작하면서 그들의 환자들에게 부모교실 집단과 심리상담을 제공하였다. 그 프로그램이 성장해가고 내담자들과의 관계가 깊어짐에 따라, 부모들 또한 자신의 원가족과 관련한 그들 자신의 개인적 문제들 그리고 결혼생활과 관련된 문제들을 안전하게 탐색할 공간이 필요한 게 분명해졌다. 우리가 제공하는 서비스는 성장해갔다. 진과 나는 엄마가 된 첫 해에 진의 자매인 산드라 K. 바실과 함께 『모성의 순환 A Mother's Circle』(Kunhardt, Spiegel, & Basile, 1996)라는 책을 썼다. 우리는 소호소아과와 함께 아름다운 새로운 공간으로 옮겨갔다. 그리고 우리가 태동시킨 부모대화는 전반적인 부모교육과 심리치료를 제공하는 센터인 소호부모교실이 되었다.

이러한 기간 동안에도 나 자신의 지적 성장과 치료기법의 최신 경향의 파악을 위하여 교육훈련에 지속적으로 참가하였다. 지난 25년간 심리치료 분야는 엄청난 성장을 해왔다. 인지행동 개입기법들과 함께 뇌 연구, 마음과 몸의 연결성의 중요함, 그리고 동양의 수행방식들 및 심리학의 부상 등으로 꽃피우게 되었다. 내 전문성의 발달은 이 분야의 성장과 가까이 병행하며 진행되었다.

1980년대의 많은 임상가들처럼 나의 초기 작업은 정신분석 지향의 놀이 및 대화 치료에 기울어 있었다. 사실 마가렛 말러의 제자이자 그녀 자신이 정신분석 사상의 주요 공헌자인 애니 버그먼 박사는 내게 가장 영향을 많이 끼친 멘토들(Mahler, Pine, & Bergman, 1975) 중의 하나다. 이러한 이론적 틀은 정통적인 토대를 굳건하게 제공하였고 그 위에서 절충적이면서 풍부한 임상 실무를 구축하였다. 나는 안구운동 민감소실 및 재처리 요법EMDR(Shapiro, 1998, 2001; Parnell, 2006), 불안과 우울을 위한 생명력 요가LifeForce Yoga(Weintraub, 2004, 2012), 커플 심리상담을 위한 테렌스 리얼의 관계적 삶 치료Relational Life Therapy(Real, 2007), 그리고 이혼 중재 등을 훈련받았다. 또한 요가를 20년 가까이 수련하면서 이 자기돌봄의 고대 체계에서 신체적, 영적, 심리적 지혜를 연구해왔다.

2010년 케이프 코드 연구소Cape Cod Institute에서 나는 리처드 슈워츠 박사에 의해 개발된 내면가족체계치료 워크샵에 일주일간 참여하였다. 참가 전에 슈워츠의 책 『내면가족체계치료Internal Family Systems Therapy』(Schwartz, 1995)를 읽고서 그가 인간 마음의 작동방식을 기술하는 방식에 호기심을 갖게 되었다. 내면가족체계(IFS)는 체계 사고systems thinking와 마음의 다중성multiplicity에 대한 신념을 결합한 심리치료 양식이다. 마음챙김mindfulness에 기초한 이 자기탐색 과정은 보다 커다란 자기이해, 자기자비/자기연민[1]self-compassion, 그리고 정서적 긴장의 감소로 이끈다.

슈워츠는 전략적 가족치료 학파인 제이 헤일리(Haley, 1980)와 아울러 살바도르 미누친과 그의 구조적 가족치료 학파(Minuchin, 1974)의 영향을 받은 가족치료사였다. 그의 경력 초기에 슈워츠는 섭식장애 내담자들, 특히 폭식으로 고통을 받는 내담자들과 치료작업을 하였다. 그의 초기 접근은 가족의 맥락에서 그 질환을 보는 것이었다. 그는 가족치료 기술을 활용해서 그 질환의 뿌리에 있다고 생각되는 가족의 불균형을 변화시켜 치유하려고 했다. 하지만 내담자의 증상이 제거되지 않자 좌절하게 되었다. 그 결과 슈워츠는 초점을 외적 가족에서 내담자의 내적 경험 묘사를 더욱 경청하는 것에 두었다. 다양한 하위인격들subpersonalities이 마치 서로 다른 시기에 임무들을 맡고 있다는 듯이 폭식, 구토, 안도relief, 죄책감, 수치심이 계속해서 반복되는 것에 대해 들었다. 슈워츠는 내담자의 말을 다

1) 'compassion'은 역자에 따라 '동정'(동기면담MI), '연민'(마음챙김-자기연민MSC), '자비' 등으로도 번역되고 있다. 학계에서도 'self-compassion'의 번역어로 자기자비와 자기연민 둘 다 사용되고 있기에 본서에서는 병용하도록 한다. Schwartz는 『Introduction to Internal Family Systems Model』(2001)에서 'pity', 'empathy', 'compassion'의 차이점에 대해서 설명하고 있다.

음과 같이 인용한다. "저는 동반 전문가together professional 상태에서 불과 10분만에 겁먹고 불안한 아이로, 분노에 찬 암컷으로, 외곬수로 먹어대는 기계로 변해요. 이 중에서 어느 게 진짜 '나'인지 도대체 모르겠어요. 그게 무엇이든지 어쨌든 전 이런 방식으로 사는 게 싫어요."(Schwartz, 1995). 슈워츠는 이 사이클에 주목하였다. 다른 부분들parts이나 인격들personalities이 내담자의 마음 안에서 서로 대화하고 다투는 것처럼 보였다.

마음의 다중성에 대한 생각은 수세기 동안 있어왔다. 플라톤이나 흄(Hume, 1739)과 같은 철학자들, 프로이트(Freud, 1976) 및 융(Jung, 1976)과 같은 정신분석가들, 그리고 한층 더 현대적인 사상가들(Satir, 1972, 1978; Rowan, J. 1990; Carter, 2008; Steinberg, 2001; Schwartz, 1995; Schwartz & Goulding, 1995)이 이러한 개념을 가정하였다. 마음의 다중성multiplicity은 인간이 경험하는 정서의 복잡성을 이해하는 하나의 방식이다. 그것은 우리 각자가 다르면서도 모순적으로 보이는 수많은 감정 상태나 생각들을 동시에 지닐 수 있는 이유를 설명해준다. 우리의 정체성 전체를 구성하는 수많은 다양한 인격들personalities이나 자아들selves이 있는 게 인간 마음의 자연스런 상태라는 생각이다. 이러한 이론이 새로운 것은 아니지만, 슈워츠로 하여금 인간의 마음을 다양한 '부분들parts' 또는 하위인격들subpersonalities—이들 각각은 자신만의 생각, 감정, 행동, 목표의 조합을 지닌다—의 일관된 체계로 보도록 했던 것은 내담자와의 직접적인 경험이었다.

다중성은 연속선상에 존재하고, "내적 자아들inner selves 간의 건강한 구분은 우리가 심리적 정서적 풍부함을 향유하고 매일의 삶이 요구하는 것에 적응하도록 해준다. 우리는 공상에 빠지면서도 여전히 아이들을 목욕시킬 수 있다. 어떤 친구에게 화가 나면서도 여전히 회사 이사회에서 발표를 진행할 수 있다"(Goulding & Schwartz, 1995). 연속선의 또 다른 끝에는 해리성 정체성 장애[2]dissociative identity disorder가 있는데, 다중성이 매우 심각해서 응집된 정체성이 없고 독립적으로 기능하는 부분들이 서로를 분명하게 의식하지 못하는 상태다(American Psychiatric Association, 2013).

이 연속선의 중간에 슈워츠의 폭식 내담자들이 있다. 이러한 여성들의 부분들은 서로 갈등에 깊이 연루되어 있다. 슈워츠가 조심스러우면서도 용감하게 변화를 가져오려고 아무리 노력을 해도 내담자들의 증상은 줄곧 지속되었다. 흔한 일이지만, 좌절은 창조성을 발휘하게 하였다. 슈워츠는 다른 목소리들에게 직접 말을 걸고 그들의 관점에서 문제를 들어보는 실험 작업을 시작하였다. 많은 부분들이 즉시 이야기를 하는 것으로 보였고, 이때 슈워츠는 특정 부분들에게 상상 속의 대기실로 들어가줄 것을 요청하였는데, 그것은 슈워츠가 가족치료 회기에서 실제 피와 살을 지닌 가족 구성원에게 요청하곤 했던 것이었다.

어떤 폭식 내담자에게 초점을 맞추는 가족치료 회기를 생각해보자. 치료자는 비난을 해대는 아버지에게 대기실로 자리를 비켜주기를 요청함으로써 나머지 가족들에게 솔직하게 말할 수 있는 더 많은 자유를 허용할 수도 있다. 치료자가 작업하면서 새로운 정보가 나오게 된다. 비난하는 부분에게 가상의 대기실로 비켜주기를 슈워츠가 요청했을 때도 동일한 현상이 일어났다. 다른 부분들은 자신들의 관점을 교환하는 데 보다 안전감을 느꼈다. 이러한 접근이 비전통적으로 보일 수 있지만, 내담자들은

2) 과거에는 '다중성격장애'로 불렸음.

즉각적으로 이 접근방식에 반응하였다. 슈워츠는 이러한 목소리 또는 존재들을 마치 가족 체계처럼 작동하는 내면의 체계로서 보게 되었다.

슈워츠는 또 다른 존재presence가 있다는 것을 또한 알게 되었다. 그 존재는 각각의 모든 내담자에게 건강하고 지혜롭고 자비로운 어떤 중심, 또는 '참나Self'로서 존재하였다. 시간이 흐르면서, 부분들이 옆으로 비켜서는 데 동의한 다음에 내담자들은 자신들이 '참된 나true self'의 상태에 있다고 보고하거나 이것이 '자신처럼like me' 느껴진다고 보고하곤 했다. 임상 장면에서의 이러한 현현顯現, epiphany은 IFS에서 아주 중요한 개념을 이끌어냈는데, 그것은 참나Self의 존재에 대한 신념이다. 이렇듯 비심판적nonjudgemental이고 애정 어린 건강한 현존presence은 내담자의 부분들에게 자비와 돌봄과 연결감의 깊은 느낌을 가져온다. 참나와 관계를 맺게 될 때 가장 공격적인 부분 또는 자기파괴적인 부분조차도 자신들이 내담자를 위한 긍정적인 의도를 갖고 있다고 보고하는 것이 분명해졌다. 다른 부분들에 의해 공격받거나 기피당한다고 느끼기보다는, 내담자의 참나가 그러한 긍정적인 의도를 이해하고 진정으로 인정해줄 수 있게 됨으로써 내담자의 내면에서 변화가 일어나는 것을 보았다. 내면 체계에서 반사적反動的 reactive이고 극단적인 부분들보다는 참나가 통솔leadership 역할을 맡게 되면서 부분들 사이에 더 많은 수용과 자비와 협력이 존재하게 되었다. 놀랍게도 슈워츠와 내담자들은 증상들이 경감하는 걸 보게 되었다. 슈워츠는 심리적 변화가 일어나는 것을 보면서 고무되었고, 이렇듯 자신이 목격한 심오한 치료적 만남과 긍정적 변화에서 자신의 모델을 더욱 발전시키기 시작하였다. 내담자의 마음이라는 내면의 실험실에서의 이러한 실험 작업은 IFS 프로토콜의 발전을 가져왔다.

많은 심리치료 양식들 그리고 우리의 전반적인 문화는 우리에게 상처를 입히는 것은 무엇이든—그것이 불안이든 중독이든 심지어 공격성이든 간에—우리의 적이고 따라서 추방되거나 회피될 필요가 있다고 가정한다. 슈워츠는 이와 대조적으로 그러한 부분들조차 그들 나름의 방식으로 우리를 보호하고 돌보려고 노력하고 있다고 가르친다. 이러한 부분들과 직접적이고 자비로운 마음으로 하는 치료작업은 그들로 하여금 마음을 누그러뜨리게 하고 돌봄을 받고 있다고 느끼도록 도와준다. 슈워츠는 우리의 모든 부분들, 심지어 우리의 삶에 엄청난 황폐감을 초래하는 것으로 보이는 부분들까지도 환영할 수 있을 때 우리의 내면 체계는 안정되고 우리의 부분들은 보다 조화롭게 작동하게 된다는 것을 알게 되었다.

케이프 코드에서의 워크샵 첫날에 리처드 슈워츠는 자신의 전문가로서의 지난 얘기를 나누었는데, 나는 호기심을 느끼게 되었고 이 모델의 실행을 실제로 보고 싶었다. 처음에 슈워츠는 명상을 이끌면서 우리가 부분 또는 부분들에게 접근하도록 했고, 가능하다면 부분들을 몸에서 느껴보도록 하거나, 부분의 이미지를 보거나, 내면의 대화를 들어보도록 했다. 나로서는 IFS를 경험적 차원에서 처음 맛본 것이었다. 여러분도 실습을 해볼 수 있다. 다음의 실습 안내를 다 읽은 후에 눈을 감고 앉아서 여러분의 부분에 접근할 수 있도록 해보자.

실습: 부분을 찾아보기

- 편안한 자세로 앉아서 자리를 잡는다. 오른손을 무릎에 있는 왼손 위에 올리고 엄지손가락을 붙인다. 열 번의 심호흡을 콧구멍으로 하는데 들이마시고 내쉴 때 각각 숫자를 넷까지 센다.
- 몸에서 느끼는 감각과 생각의 흐름을 모두 알아차린다.
- 당신을 불편하게 했던 어떤 사람이나 사건의 최근 시나리오를 회상하면서 당신의 상상속에서 그 장면을 상영한다.
- 당신의 몸에서 감지하는 그 어떤 변화든 주의를 깊게 기울인다. 그것은 아마도 근육의 긴장일 수도 있고, 내장의 느낌이거나 호흡 또는 심장박동의 변화일 수도 있다. 단지 그러한 감각들을 알아차리도록 한다.
- 이 장면에서 불편감을 느끼는 당신의 부분에 초첨을 맞추도록 한다. 어쩌면 당신 자신의 이미지를 볼 수도 있고 또는 흥분감을 표상하는 이미지를 볼 수도 있다. 자비심과 호기심으로 그 이미지 또는 부분에게 물어보도록 한다. 무엇이 그 부분을 불편하게 만들었는지.
- 그 부분이 무엇 때문에 불편해하는지 당신이 알고 싶어 한다는 것을 알려주도록 한다. 당신의 이러한 측면과 당신의 호기심 있고 개방적인 가슴 사이에 무언가 다른 반응들이 끼어든다면, 당신이 이 불편함을 느끼는 부분에 귀를 기울일 수 있도록 대기실로 비켜달라고 친절하면서도 확고하게 요청하도록 한다.
- 이 불편해하는 부분에게 어떤 방식으로 당신을 도우려고 노력하고 있는지 물어본다. 그 부분은 당신이 무엇을 알아주기를 바라는가? 이 부분과 어느 정도 시간을 함께하도록 한다.
- 당신이 어떻게 하면 그 부분에게 도움이 될지 물어본다.
- 그 부분이 당신에게 자신의 감정과 신념에 대해 말한 뒤에 그 부분이 나타나준 것에 대해 감사하도록 한다.

여러분은 자신의 부분을 시각화할 수 있었는가? 이 실습을 하면서 여러분의 몸에서 어떤 신체 감각을 느꼈는가? 여러분과 의사소통하는 어떤 존재entity가 있다는 것을 감지했는가? 여러분은 자신에 대해 몰랐던 어떤 것을 알게 되었는가?

내가 케이프 코드에서 슈워츠의 인도에 따라 이 실습에 참여했을 때, 내 자매와 대화하는 이미지가 떠올랐다. 마음의 눈으로 우리 둘을 볼 수 있었다. 가슴이 조여지는 걸 느끼기 시작하면서 체온이 올라가는 것처럼 느껴졌다. 나의 자매가 머리를 숙인 게 보였고 내 팔은 뭔가 몸짓을 하고 있었다. 명상이 인도하는 걸 따라가면서 나는 흥분한 듯이 보이는 부분과 접촉하게 되었다. 나는 그 부분에게 무엇이 잘못되었는지 그리고 그녀가 무엇 때문에 심란해하는지 물어보았다. 그녀는 자신이 자매의 삶의 어떤 상황에 대해 책임질 필요가 있다고 느낀다고 말했다. 자매에게 무엇을 해야 할지 말하지 않는다면 뭔가 나쁜 일이 벌어지리라는 것이다. 나는 그 부분에게 자매가 슬픈 듯이 보이는 걸 아느냐고 물었다. 그녀는 알지 못했다. 그녀는 단지 자매를 돕고자 하는 자신의 뜻을 전달하는 게 급해 보였다. 그녀가 느꼈을 책임감이 얼마나 큰지 내가 알 수 있다는 것을 그 부분이 알도록 했다. 이걸 듣고서 그 부분은 앉더니 자신의 머리를 숙여 절하는 게 아닌가! 그녀는 자신의 어깨에서 세상의 짐을 느낀다고 말했다. 나는 그녀와 함께 앉아서 그녀의 등을 쓰다듬어줄 수 있었다. 그녀는 명상이 끝나갈 때 내가 그녀와 연결된 채로 머물러주기를 요청하였고 나는 그러리라고 답했다.

나는 원가족에게 느끼는 책임감을 오랫동안 알고 있었고 확실히 여러 해에 걸쳐 치료 작업을 했었다. 하지만 내 부분이 직접 얘기하는 걸 실제로 듣는 경험은 전혀 하지 못했다. 내가 위로해주는 것에 대해 이렇듯 부분이 반응하는 게 놀라웠다. 과중하게 짐을 진 상태가 어떻게 해서 내가 두목처럼 으스대면서 타인들의 반응에 무신경하게 되도록 영향을 끼쳤는지 알 수 있었다.

그 실습에 의해서 호기심과 함께 영감을 얻은 나는 함께 참석했던 동료들의 경험을 듣고 싶었다. 경험 많은 아동 심리학자이자 불교심리학에 푹 빠진 명상 지도자인 주디 번스타인Judy Bernstein은 실습에 대해 다른 반응을 보였다. 주디는 상호작용할 부분을 발견하지 못했다. 그녀는 자기 내부에 독립된 존재들이 있다는 생각을 걱정스러워했다. 그것은 우리가 분리되어 존재한다는 믿음이 기본적으로 우리를 고통으로 이끈다는 불교의 견해에 어긋나는 것이었다. 불교의 관점에서는 '나'에 집착하면 할수록 더욱 더 고통을 겪게 된다고 본다. 주디는 슈워츠의 이론을 받아들이지는 않았지만 앞으로 진행될 내용에 대해서는 여전히 흥미가 있었다. 내 사업 파트너인 진은 자신의 내면에서 매우 회의적인 부분이 있는 것을 알아차렸다. 그것은 진의 머릿속에 있는 것처럼 느껴졌다. 진에게는 그 부분이 눈을 부라리며 실습을 냉소적으로 조롱하는 남성으로 보였다. 진이 놀라움과 함께 깨달은 것은 그 회의주의가 하나의 독립된 부분으로서 이미지와 신체적 감각과 언어를 지니고서 그걸 표현한다는 것이었다!

우리의 다양한 반응들은 많은 감정들—감히 말하자면 부분들—에 대한 유용한 상기수단reminder으로 기여하는데, 그 감정들은 새로운 정보가 제공될 때 이끌려 나온다. 나는 전형적으로 새로운 생각과 자료에 대해 개방적이고 호기심을 느낀다. 완전히 새로운 모델—심리치료에서의 일반적인 실천들을 근본적으로 뒤집는 모델—을 배우는 것은 여러 가지 반응들을 이끌어낸다. 우리가 치료자로서 여러 해, 심지어는 수십 년을 자신의 훈련과 임상 실천에 바쳐왔을 때, 새로운 치유 모델에 대해 듣게 되는 것은 거부적이고, 방어적이고, 회의적이고, 불안해하며, 부적절감을 느끼는 우리의 부분들에 불을 붙일 수 있다. 내 경력의 여러 순간에 그러한 감정들이 올라왔던 것을 기억한다.

1999년에 EMDR에 대해 처음 들었을 때가 기억난다. 프랜신 샤피로(Shapiro, 1998)에 의해 개발된 EMDR은 트라우마를 처리하는 심리치료로서 불편한 생각 또는 기억에 초점을 맞추는 것과 함께 안구 측면 운동을 활용하는 것이다. 나의 한 내담자는 어느 EMDR 치료자와 상의하러 갔었고 나와의 정신분석적 대화치료에서 경험하지 못했던 어떤 증상의 경감을 감지하였다. 그 내담자는 나와의 치료는 중단하고 EMDR을 하기로 결정했다. 그녀가 잘 되기를 바라면서 그녀의 결정을 지지한다는 말도 해주었지만 내적으로 곤혹스러운 감정—부적절감, 혼란, 불안—을 느꼈던 걸 기억한다. 또한 내면에서 어떤 신랄한 목소리를 곧이어 들었던 기억이 난다. "그래, 가서 부두교도처럼 손가락을 흔드는 걸 해봐!"

IFS라는 렌즈로 이 경험을 되돌아보면 상당히 다른 식으로 이해하게 된다. 나는 이제 그 신랄한 목소리가 보호적인 부분이었고, 내가 당시 느끼고 있던 취약한 감정들을 달래려고 노력했던 것임을 이해한다. 내가 보였던 반응은 새로운 프로그램을 배우는 치료자들에게 공통적이라고 나는 믿는다. 감사하게도, 거부적이고 신랄한 입장에 집착하기보다는, 당대의 심리치료 흐름에 대한 나의 호기심과 나의 헌신이 승리를 거두어서 바로 다음해에 EMDR 훈련을 받게 되었다. EMDR은 이제 재향군인사무국에 의해 외상 후 스트레스 장애에 대한 치료이자 잘 연구된 심리치료 양식으로 인가를 받았다(van der Kolk, 2014). EMDR은 내가 환자들과 함께 치료작업을 할 때 활용하는 유용한 많은 도구들 중 하나가 되었다. 나 자신의 불안감과 회의감을 관대히 다룸으로써 나의 내담자들에게 풍부한 치료적 개입들을 제공할 수 있었다.

이 책을 읽으며 다양한 개념들을 접하면서 여러분에게 일어나는 일련의 감정들을 알아차리기를 권한다. 즉, 여러분의 호기심, 거부감, 회의감, 또는 위에서 언급한 그 모든 것을 알아차려보자. 여러분의 반응과 생각을 적고서 그것들이 단지 존재하도록 허용해보기 바란다. 우리가 모든 감정을 환영한다면 우리의 진정한 내면 경험에 더욱 밀접하게 접촉하게 된다. 이걸 실행하는 것은 궁극적으로 우리 내담자의 다양한 경험에 대해 더욱 개방적으로 대하도록 해줄 수 있다.

케이프 코드에서의 워크샵 진행 과정에서 여러 강의를 들었고, 작은 집단에서 IFS 치료자와 만남을 가졌으며, 시연을 보았다. 우리 셋은 이 새로운 모델에 대한 우리의 반응을 계속해서 확인하였다. 진의 회의적인 부분은 매우 활동적이어서 75명의 임상가들이 모여 있는 앞에서 슈워츠와의 시연에 참가를 자원하였다. 우리 모두는 진이 '회의주의자' 뿐만이 아니라 '돌봄이'도 찾아내는 것을 바라보았다. 슈워츠는 진의 '회의주의자'에게 뒤로 물러서서 진에게 '돌봄이'와의 작업을 시도함으로써 진 스스로 IFS가 유용한지 알 수 있도록 해달라고 요청했다. 우리는 진이 자신의 원가족에서 여러 어린 형제자매들을 돌보는 책임으로 인하여 부담감을 느끼는 그녀의 부분에 대해 작업을 하는 것을 보았다. 그것은 깊은 감동을 주는 경험이었다. 그 회기 마지막에서 슈워츠는 '회의적인' 부분에게 돌아와서 그 세션에 대해 논평하도록 요청하였다. 그 '회의주의자'는 "난 단지 증거를 확인하고 싶은 거야. 그리고 난 증거를 확인했지!"라고 말했다. 진은 매료되었고 이제는 그녀 자신이 숙달된 IFS 치료자가 되었다.

주디는 IFS라는 렌즈로 어린 시절의 경험들에 대해 생각해보았고 IFS가 유용한 구성개념construct이라는 걸 알게 되었다. 그녀는 IFS 훈련에 푹 담그지는 않았지만 내담자와의 치료작업에서 IFS 개념을 지속적으로 활용하였다. 나는 그 워크샵에서 이제 내 머릿속에서 살면서 주의를 끌기 위해 모두가 와글와글 떠들고 있는 커다란 공동체처럼 보이는 것에 완전히 압도되는 기분이었다. 이렇게 활성화한 부분들에 대해 작업하는 것이 도움이 될지 확인하기 위해 개인 회기를 잡을 수 있을지 집단 리더였던 조앤 개프니Joanne Gaffney에게 물어보았다. 나는 우선 IFS 회기의 흐름—명상과 같은 속도, 한 번에 한 부분과 하는 작업, 나의 한 부분과 깊은 연결감을 형성한다는 느낌—을 경험하였다. 그 회기는 나의 체계를 진정시켜주었고 IFS 훈련을 받겠다는 나의 결심을 확고하게 해주었다. 가장 중요한 단계는 IFS 치료를 나 자신부터 시작하는 것이라고 결정했다. 나는 조앤과의 정기적 치료작업을 시작하였다. 조앤은 지금까지 내게 가장 중요한 IFS 지도자다. 조앤은 개인적 상처를 치유하는 것을 도와주었고 IFS의 힘을 가르쳐주었다.

나 자신에 대한 치료 초기의 개인적인 사례가 이 모델을 묘사하는 데 도움이 될 수 있겠다. 우리 대부분은 마음 안에 자기비난의 목소리들을 지니고 있다. IFS는 이들 목소리를 '내면의 비난자inner critics'라고 부른다. 내가 이룬 성취와 사랑하는 사람들과의 깊은 연결감에도 불구하고 내 내면의 비판자는 활동적으로 목소리를 낸다. 조앤은 내가 이 내면의 비판자를 더 깊게 탐색하고 그것을 하나의 부분으로서 초점을 맞추도록 지도하

그림 1.1 나의 '헐뜯는 채찍끝Snidely Whiplash' 부분

였다. 내가 눈을 감고 이 부분에 초점을 맞추었을 때 보게 된 것에 깜작 놀라면서도 즐거웠던 건, 이 부분이 '더들리 범생이 그리고 록키와 불윙클 쇼Dudley Do-Right and the Rocky and Bullwinkle Show'의 만화 캐릭터인 '헐뜯는 채찍끝Snidely Whiplash'(그림 1.1)처럼 보이게 나타났기 때문이다!

흥미롭게도 나의 많은 부분들이 1960년대의 만화 캐릭터들과 닮았는데, 그것들이 내 인생의 첫 10년 동안 형성되었다는 증거다. '헐뜯는'은 나의 성격과 능력에 대해 비판적이고 조롱하는 논평을 할 때 자신의 콧수염을 심술궂게 비틀었다. 이렇듯 한때 특색 없던 목소리가 시각적 형태,

언어, 그리고 내 몸의 특정 위치에서의 감각으로 입체성을 띄게 되었고, 그 부분과 대화를 하면서 그 부분을 알아가게 되었다. IFS 프로토콜을 통해 이 부분이 내가 여섯 살 때 등장하였다는 것을 듣게 되었다. 그는 누군가 나를 비난하기 전에 스스로를 비난하기 위해 거기에 있었는데, 다른 이에게서 비난을 받는 것보다 그게 덜 아플 것이기 때문이었다. 그는 나로 하여금 스스로에 대해 더욱 더 열심히 작업하게 하려고, 완벽해져서 곤혹스러움과 불명예를 피하게 하려고 나를 다그치는 노력의 일환으로 나를 비난했던 것이다.

몇 번의 회기에 걸쳐 '헐뜯는'은 나의 자비로운 참나와의 연결 속에서 편안해졌고 위안을 받았다. 마침내 그는 자신이 나를 끊임없이 밀어붙이는 데 지쳤고, 그 일을 수십 년 동안 해왔으며, 자신이 탈진된 상태라고 밝혔다. 이 모든 얘기를 들으면서 그를 돌보고 싶은 열망이 일어났다. 여러 해 동안 나를 비난해왔던 이 부분이 이제는 감사와 연민/자비를 이끌어 내고 있다는 것이 믿기 어려웠다. 나에게 힘을 실어주기 위해 더 이상 비난을 이용할 필요가 없다는 것을 그에게 얘기해줄 수 있었다. 나는 그걸 사랑스런 방식으로 할 수 있었다. 나는 이제 그가 휴식을 취할 수 있다는 것을 알려줬고, 그가 눈에 띄게 긴장을 풀면서 다리를 올려놓고 쉬는 것을 볼 수 있었다. 나는 부정적으로 보이는 부분들조차 긍정적인 의도를 지니고 있다는 것을, 그들이 고통스런 감정들을 비껴가기 위한 노력으로 극단적으로 된다는 것을 이해하기 시작하였다. 나는 이제 그녀 자신이 충분히 좋은 사람이 아니라고 느끼는 취약한 부분과 연결될 준비가 되었다.

'헐뜯는'은 뒤로 물러서서 그가 보호하고 있던 나 자신의 다섯 살 때의 어린 부분과 사귀도록 허락을 했다. 그녀는 자신의 부모가 비난할 때 슬퍼했던, 매우 조심스럽고, 조용하며, 취약한 부분이었다. 이 어린 부분을 짐 내려놓기[없애기]unburdening라는 과정에서 치유한 뒤에 '헐뜯는'은 아주 드물게 내면의 비판자로서 나타났다. 그는 자신의 보호 역할에서 자유로워졌다. 나는 그 모든 세월 동안 나를 보호하고 완벽하게 하려는 그의 노력에 감사함을 느꼈다. 하지만 나의 마음은 이제 훨씬 더 자비롭고 사랑스런 장소로서 존재하게 되었다.

내 자신의 치료에 더하여 IFS에 대한 탐색을 지속하면서 레벨 I, II, III 훈련 모듈에서 공부를 하였다. 나는 IFS 자격 과정을 완료하였는데, 제이 얼리와의 집단 및 개별 수퍼비전이 포함되었다. 그는 IFS를 이해하고 연습하기에 유용한 『참자아가 이끄는 소인격체 클리닉Self-Therapy』(Earley, 2009, 2016)이라는 멋진 책의 저자이기도 하다. 얼리의 책들은 IFS 치료의 개념과 프로토콜을 이해하고 활용하기 위한 단계적인 훈련 지침서와 같다. 부분과 참나에 대한 이해하기 쉬운 언어와 그림들을 활용하면서 IFS 치료를 활용하기 쉽게 만들었다. 그는 서문에 다음과 같이 적고 있다. "훌륭한 치료자는 언제나 자신에 대해 작업을 하면서 지속적으로 성장한다. IFS는 나 자신의 자기탐색을 진전시키고 깊이 있게 해주었다. 물론 여전히 나는 내가 오랫동안 실시한 치료에서 획득한 모든 배움과 경험에 의존하고 있지만, IFS는 내가 실행하는 방식을 완전히 변용시켰다." IFS에 대한 내 자신의 경험도 이러한 소감(Earley, 2009)과 공명한다.

나는 또한 운이 좋게도 파멜라 크라우스—아이들과 IFS 작업을 하는 데 가장 숙련된 분—와 알게 되었는데, 나의 레벨 I 과정에서 선임 훈련자였다. 나는 아동과의 IFS 작업에 대한 크라우스의 수퍼비전 집단에 참여하였다. 그녀는 내가 경험한 지도자 중에서 가장 명확하고 체계적인 사람 중 하나였다. 2013년에 발간된 『내면가족체계치료: 새로운 차원들Internal Family Systems Therapy: New Dimensions』 중에서 크라우스의 장章은 아동과 함께 IFS를 적용하기 위한 토대를 아름답게 펼쳐 보이고 있다(Krause, 2013).

IFS를 나의 치료 실무에 통합하게 됨에 따라 아이들뿐만 아니라 어른 내담자들에게도 이 치료 모델을 소개하고 있다. 성인 내담자들의 피드백은 내 자신의 경험과 그대로 일치한다. 사람들은 감정이 내면에서 더욱 더 안정된다고 보고한다. 자신들이 우울하거나 화나거나 절망감을 느낄 때, 그런 감정들이 단지 그들의 부분들이지 그들 전체를 대표하지 않는다는 앎을 유지할 수 있다. 대부분의 사람들은 그들의 까다로운 부분들이 어떤 방식으로든 자신들을 돕기 위해 거기에 존재한다는 것을 발견하면서 놀라게 된다. 이걸 깨닫고 난 뒤에 내담자들은 종종 이 까다로운 부분들과 갈등하기는커녕 감사함을 크게 느낀다. IFS는 수용적이고accepting 병리화하지 않는nonpathologizing 심리치료 모델이다.

IFS 공동체가 성장함에 따라 경험적 연구를 위한 지원기금도 또한 증가하였다. 2015년에는 미국 정부의 물질남용 및 정신건강 서비스국SAMHSA에서 IFS 치료를 공식 인정하였고, 국립 근거기반 프로그램 및 프랙티스 등록원NREPP에 등재되었다. 이러한 인정은 2015년 12월에 발간된 류머티스학 저널에 실린 한 연구에 기초한 것이다(Shadick, Sowell, Schwartz et al., 2013).

그 연구는 매사추세츠주 보스턴에 있는 브리검 앤 여성 관절염 병원의 류머티스성 관절염 환자들을 추적하였다. 환자들은 36주 동안 류머티스성 관절염RA 교육 프로그램 또는 IFS 프로그램에 무선 배당되었다. 벡 우울 척도, 상태 특성 불안 검사, RA 질환 활성지수, 네프 자기자비[연민] 척도 등 다양한 측정도구를 통해 환자들의 신체적 정서적 측면들을 평가하였는데, 연구 초기, 3/6/9개월 시점, 그리고 개입 종료 일 년 뒤에 실시되었다.

9개월간의 개입이 종료되는 시점에 환자들은 위에 기술된 측정도구들로 평가 받았다. 자가평가된 관절 통증, 신체 기능, 자기자비, 그리고 전반적인 고통 처치는 단지 교육만 받은 집단에 비하여 IFS 집단이 통계적으로 유의미하게 효과가 있었다. 개입 일 년 뒤 IFS 집단은 자가평가된 관절 통증, 자기자비, 그리고 우울 증상에서 개선효과를 지속적으로 유지하였다. 이러한 연구 결과로 IFS는 전반적인 기능functioning과 안녕감well-being을 개선하는 데 효과적인 것으로 평가되었다.

성인, 아동, 가족을 다루는 IFS 학술 서적들이 다수 있다. 아이들이 자신의 부분에 대해 알 수 있도록 쓰인 책들이 있고(Biggs, 2013; Kropp, 2012), 부분에 대한 보드게임까지도 있다(Mones, 2014).

이러한 일군의 문헌들의 증가는 효과적인 치료로서의 IFS에 대한 나의 열정과 확신을 지지해주었다. 에스더라는 열두 살짜리 내담자와의 경험은 고무적이어서 내담자들의 미술 작품뿐만 아니라 치료회기 노트를 모으기 시작하였고, 나 스스로 IFS 문헌에 기여하는 방안을 생각하기 시작했다. 추후 본서에서 에스더의 치료에 대한 상세한 내용들을 이어가겠지만, 첫 회기에서의 일화에서 왜 아동과의 IFS가 그렇게 강력한지 알 수 있을 것이다.

에스더는 자신과 부모 양측을 모두 압도하는 강렬한 불안에 대해 도움을 받고자 방문하였다. 에스더는 몇 달 동안 인지행동치료CBT를 받으러 다녔지만 증상의 경감이 전혀 없었다. 에스더의 부모는 IFS에 대해 알고 있었지만 아동들에게도 적용될 수 있다는 것은 알지 못했다. CBT가 딸에게 도움이 되지 않자 부모는 IFS를 시도해보기로 결정했다. 에스더의 첫 회기에서 나는 에스더에게 눈을 감고서 그녀 내부에서 '걱정하는' 부분을 듣거나 느끼거나 볼 수 있는지 확인해보도록 안내했다. 그 부분이 스스로를 에스더에게 드러내고, 호기심으로 열려 있는 그녀의 참나와 대화를 하게 되자, 에스더는 눈을 뜨고 믿지 못하겠다는 듯이 말했다. "얘가 날 사랑한다고 말했어요! 예전 치료자는 이 걱정이 저를 미워한다면서 내 친구가 아니라고, 그래서 얘를 없애버릴 방법을 찾아야 한다고 했어요. 얘는 절 사랑한다고 말하고 있고 어떤 식이든 저를 보호하려고 노력 중이래요."

에스더의 깨달음은 자신의 부분들과 함께 형성할 매우 심원한 연결의 시작이자 불안이 두드러지게 감소하는 시작이 되었다. 몇 달 안에 에스더의 불안은 많이 진정되어서 집을 떠나 잠을 자는 캠프에 참가할 준비가 되었다고 느끼게 되었다. 에스더가 재미가 넘치면서 느긋한 여름을 보내고 있다고 부모는 나중에 알려주었다. 4-12세 아이들의 이와 같은 반응들은 활력을 주었다. 놀이, 상상게임, 미술, 동작을 통해 자신의 내면의 삶과 소통하는 아이들의 엄청난 능력은 언제나 놀라움 그 자체다. 그들의 순진함, 진지함, 그리고 궁극적으로 신뢰하고 치유하는 능력은 지난 여러 해에 걸쳐 내게 하나의 선물이었다. 지난 30년간 내가 놀이치료를 해온 방식에 IFS 프로토콜을 추가한 것은 기념비적인 것이 되었다. IFS를 활용하면서 불안, 선택적 함묵증, 극심한 배변 문제, 신체적 행동화 증상들이 감소하거나 심지어 사라지는 속도는 놀랄 만하다.

본서는 IFS 임상가와 IFS를 활용하지 않고 있는 임상가 모두에게 아동 및 가족들과의 IFS 치료에 대한 이론과 실제를 제공하고자 하는 시도이다. 사례 소품vignettes, 미술 작품, 이 모델에 대한 설명들이 아동 치료자들을 고무함으로써 IFS 훈련을 받게 되기를 희망한다.

이제 IFS 치료를 향한 나의 개인적 여정을 나누었다. 이어지는 장들에서는 IFS의 핵심 개념과 실제에 대해 더 깊이 다루게 된다. 이러한 개념들을 시연하고 조명하는 사례들을 많이 제공할 것이다. 여러분도 알게 되겠지만 이 방법론의 힘은 경험에서 나온다. 개인적 경험이 가장 소중한 학습도구라는 것을 우리는 알고 있다. 이야기, 미술 작품, 회기 축어록의 인용에 더하여 내가 그동안 발견한 유용한 활동들과 도구들도 제공할 것이다. 성격에 대한 우아한 이론이자 변용적인 양식인 이 IFS가 내게 그랬듯이 여러분에게도 전달되기를 희망한다.

참고문헌

Ainsworth, M. D. S. (1982). Attachment: Retrospect and prospect. In C. M. Parkes and J. StevensonHinde (Eds.), *The place of attachment in human behavior.* New York, NY: Basic Books. pp. 3–30.

American Psychiatric Association (2013). *Diagnostic and statistical manual of mental disorders* (5th ed.). Washington, DC. 권준수 외 역. (2015). DSM-5 정신질환의 진단 및 통계 편람(제5판). 서울: 학지사.

Biggs, A. (2013). *Polly and her parts.* Oak Park, IL: The Center for Self-Leadership.

Bowlby, J. (1969). *Attachment and loss* (Vol. 1). New York, NY: Basic Books.

Carter, R. (2008). *The new science of personality, identity, and the self.* London, England: Little, Brown. 김명남 역. (2008). 다중인격의 심리학: 내 안의 또 다른 나를 발견하는 놀라운 여행. 서울: 교양인.

Earley, J. (2009). *Self-therapy: A step-by-step guide to creating wholeness and healing your inner child using IFS, a new, cutting-edge psychotherapy.* Minneapolis, MN: Mill City Press. 이진선, 이혜옥 역. (2014). 참자아가 이끄는 소인격체 클리닉: 참자아 리더십 매뉴얼: IFS 자기치유 프로세스. 서울: 시그마프레스.

Earley, J. (2016). *Self-therapy: A step-by-step guide to advanced IFS techniques for working with protectors.* Larkspur, CA: Pattern System Books. 이진선, 이혜옥 역. (2017). 참자아가 이끄는 소인격체 클리닉.2, 보호자들과의 작업을 위한 고급 IFS 기법 안내서. 서울: 시그마프레스.

Freud, S. (1976). *The complete works of Sigmund Freud.* New York, NY: W. W. Norton & Co.

Goulding, R. & Schwartz, R. C. (1995). *The mosaic mind: Empowering the tormented selves of child abuse survivors.* New York, NY: W.W. Norton & Co.

Haley, J. (1980). *Leaving home.* New York, NY: McGraw-Hill.

Hume, D. (1739). *A treatise of human nature: Being an attempt to introduce the experi mental method of reasoning into moral subjects* (3 vols.). London, England: John Noon. 이준호 역. 도덕에 관하여: 실험적 추론 방법을 도덕적 주제들에 도입하기 위한 시도. 파주: 서광사.

Jung, C. G. & Campbell, J. (1976). *The portable Jung.* New York, NY: Penguin Books.

Krause, P. (2013). IFS with children and adolescents. In Sweezy, M. & Zizkind, L. (Eds.), *Internal family systems therapy: New dimensions.* New York, NY: Routledge. pp. 35–54.

Kropp, J. (2012). *Nathan meets his monsters.* Lake Shore, MD: New Day Enterprises.

Kunhardt, J., Spiegel, L., & Basile, S. (1996). *A mother's circle: Wisdom and reassurance from other mothers on your first year with baby.* New York, NY: Avon Books.

Mahler, M., Pine, F., & Bergman, A. (1975). *The psychological birth of the human infant.* New York, NY: Basic Books. 이재훈 역. (1997). 유아의 심리적 탄생: 공생과 개별화. 서울: 한국심리치료연구소.

Minuchin, S. (1974). *Families and family therapy.* Cambridge, MA: Harvard University Press. 이명홍 편역. (1988). 가족과 가족치료. 서울: 이화여자대학교 출판부.

Mones, Arthur (2014). *KidsWorld: Inside and out. A psychotherapeutic game.* Wood Dale, IL: Stoelting Company.

Parnell, Laurel (2006). *A therapist's guide to EMDR: Tools and techniques for successful treatment.* New York, NY: W. W. Norton & Co.

Rowan, J. (1990). *Subpersonalities: The people inside us.* London, England: Routledge.

Real, T. (2007). *The new rules of marriage.* New York, NY: Ballantine Books.

Satir, V. (1972). *Peoplemaking.* Mountainview, CA: Science and Behavior Books, Inc. 나경범 역. (2003). 아름다운 가족. 서울: 창조문화; 강유리 역. (2012). 가족 힐링: 상처를 보듬고 관계를 회복하는 행복한 가족 치유. 고양: 푸른육아. [두 번역서 모두 원서의 개정판인 *The new peoplemaking* (1988)의 번역]

Satir, V. (1978). *Your many faces: The first step toward being loved. Berkeley,* CA: Celestial Arts.

Schwartz, R. C. (1995). I*nternal family systems therapy.* New York, NY: Guilford. 김춘경, 변외진 역. (2010). 내면가족체계치료. 서울: 학지사.

Shadick, N., Sowell, N., Frits, M. L., Hoffman, S. M., Hartz, S. A., Booth, F. D., Sweezy, M., Rogers, P. R., Dubin, R. L., Atkinson, J. C., Friedman, A. L., Augusto, F., Iannaccone, C. K., Fossel, A. H., Quinn, G., Cui, J., Losina, E., & Schwartz, R. C. (2013). A randomized controlled trial of an internal family systems-based psychotherapeutic intervention on outcomes in rheumatoid arthritis: A proof-of-concept study, *Journal of Rheumatology*, retrieved from http://www.jrheum.org/content/early/2013/08/10/jrheum.121465.

Shapiro, F. (1998). *EMDR: The breakthrough "eye movement" therapy for overcoming anxiety, stress, and trauma.* New York, NY: Basic Books. 강철민 역. (2008). EMDR 눈운동 민감소실 및 재처리: 불안, 스트레스, 충격적 사건을 극복하기 위한 치료법. 서울: 하나의학사.

Shapiro, F. (2001). *Eye movement desensitization and reprocessing (EMDR): Basic principles, protocols, and procedures* (2nd ed.). New York, NY: Guilford Press.

Steinberg, M. (2001). *The stranger in the mirror.* New York, NY: Harper Collins. 홍승원 역. (2017). 거울 속의 이방인: 내 안의 낯선 나를 발견하는 시간. 서울: Tornado(토네이도).

van der Kolk, B. (2014). *The body keeps the score: Brain, mind, and body in the healing of trauma*. New York, NY: Viking. 제효영 역. (2016). 몸은 기억한다: 트라우마가 남긴 흔적들. 서울: 을유문화사

Weintraub, A. (2004). *Yoga for depression: A compassionate guide to relieve suffering through yoga. New York*, NY: Broadway Books.

Weintraub, A. (2012). *Yoga skills for therapists: Effective practices for mood management.* New York, NY: W. W. Norton & Co.

2

IFS 핵심 개념

핵심 용어	
부분parts	모든 범위의 감정, 생각, 신체감각, 신념을 지니고 있는 내면의 하위인격들subpersonalities
보호자protectors	고통을 막아내기 위해 일하는 부분들
관리자managers	심리적 고통을 최소화하는 목표를 위해 사전에 대책을 강구하는 주도적인 부분
긍정적 의도 positive Intentions	모든 부분들이 설사 그 결과가 어떠하던지 간에 우리에게 뭔가 도움이 되고 좋은 것을 행하고자 노력하고 있다는 믿음
소방수Firefighters	심리적 고통이 촉발된 뒤 그 고통을 처리하는 반동反動하는 부분
추방자Exiles	의식awareness에서 추방된 취약한 부분들

짐 burdens	부분들이 짊어지고 다니고 있는 고통스러운 신념, 감정, 신체 감각들
참나 Self	모든 인간에게 내재하는 건강하고, 지혜로우며, 자비로운 현존(참나Self에는 '8C'로 불리우는 여덟 가지 특성, 즉 호기심curiosity, 자신감confidence, 창조성creativity, 용기courage, 평온함calmness, 연결감connectedness, 명료함clarity, 자비/연민/동정compassion과 함께 기쁨, 감사, 유머, 용서 등이 있다. - 역주)

밤 10시에 당신은 냉장고 문을 열고 서 있다. 당신은 내면에서 갈등하고 있다. 머릿속에서 다음과 같은 소리가 들릴 수도 있다.

"음… 이 치즈케이크가 끝내주는데. 알다시피 난 길고도 고된 하루를 보냈어. 이건 날 기분 좋게 만들어줄 거야."

"이봐. 너한테는 이게 필요 없잖아. 문 닫고 부엌에서 꺼져."

"난 대접받을 만해. 단지 약간이더라도."

"넌 뚱뚱보잖아. 먹고 나면 아침에 속이 좋지 않을 거야!"

당신은 치즈케이크를 움켜잡고 게걸스럽게 먹고 나서는 먹어치웠다는 사실 때문에 스스로에게 화가 날 것이다.

우리는 모두 이러한 종류의 경험을 갖고 있다. 우리는 하루 종일 여러 선택에 직면하는 가운데 우리 내면에서 문자 그대로 매우 다양한 목적을 지닌 다양한 목소리들을 들을 수 있는데, 그 목소리들은 우리를 몰아대면서 그들 자신의 방식으로 우리를 돕고자 한다.

내면가족체계치료의 핵심은 다음과 같다: 우리들 각각의 내면에는 많은 다양한 부분들—말하자면 내면 가족—이 있다는 것이다. 이러한 부분들은 하위인격들처럼 각각 그들 자신만의 감정, 표현 스타일, 욕구, 세상을 보는 관점을 폭넓게 가지고 있다(Schwarts, 1995). 리처드 슈워츠는 이런 다중성을 병리적인—우리 문화의 표준이 되어 있는[3]—것으로 생각하기보다는 마음의 자연스러운 상태라고 주장한다. 월트 휘트먼은 「나를 위한 노래」(Whitman, 1855)에서 다음과 같이 적고 있다:

나는 나 자신과 모순되는가?
그렇다면 아주 잘 되었다…… 나는 나 자신과 모순된다.
나는 크다…… 나는 수많은 것들을 품고 있다.[4]

우리는 모두 이런 식으로 말한다. "내 한 부분은 이걸 원해…", "내 한 부분은 저걸 원해…" 이러한 언어는 자연스럽고 직관적이다. IFS 치료도 마찬가지다. 마음에 대한 이러한 관점은 내면의 갈등을 새로운 방식으로 이해할 수 있게 도와준다. IFS 치료는 또한 우리에게 소속된 부분들이 때때로 극단적일 때 좀 더 자비로운 입장으로 이끌어준다. 이번 장에서는 IFS 이론의 핵심적인 개념과 전문용어에 대해 좀 더 자세히 살펴볼 예정이다.

부분parts

부분은 내면의 존재internal entity 또는 하위인격subpersonality이다. 슈워

3) 그 중 대표적인 게 '정신질환의 진단 및 통계 편람(DSM)'일 것이다.

4) 원문: Do I contradict myself? / Very well then I contradict myself, / (I am large, I contain multitudes.) 번역문은 허현숙이 옮긴 ≪풀잎≫(열린책들, 2011)에서 수정하여 인용.

츠에 따르면, 우리는 부분들 및 부분들의 잠재력을 갖고 태어난다. 각 부분들은 그들 자신만의 신념, 행동, 목적, 감정들의 조합을 가지고 있다(Schwartz, 1995). 부분은 내면의 목소리, 일련의 신체적 느낌과 몸짓의 조합 또는 특정한 감정의 현존으로 경험될 수도 있다. 1장에서는 다중성이라는 개념의 역사를 다루었는데, 마음이 부분들로 세분화되는 것은 자연스럽다는 것이다. 슈워츠는 부분을 일곱 개의 특징으로 정의하였다(Goulding & Schwartz, 1995):

1. 동일한 사람 내면에서 지속적으로 느끼는 그 자신만의 특이성 또는 자기감이며, 다른 부분들과 분리된 자율적이고 개별적인 감각
2. 다양한 기능들
3. 다양한 감정 반응들
4. 다양한 행동
5. 그 자신의 특정한 역사를 가진 존재
6. 동일한 사람 안에서 다른 파트들과 분리되었지만 또한 함께 동시에 지속적으로 기능하는 경험
7. 주어진 자극에 반응하는 행동과 감정의 특징적이고 일관된 경향

이러한 일곱 가지 특성을 활용하여 부분들의 개념을 직접 이해하는 연습들을 해보려고 한다. 아마도 배우는 것에 관심이 있는 부분이 이 책을 읽도록 했기에, 우리는 여러분의 '학생' 부분에 초점을 맞출 것이다. 이 부분은 아마도 오랜 역사가 있을 것이고, 여러분이 학교에 다니기 시작한 순간부터 시작하여 지금까지 지속되고 있다.

실습: 당신의 '학생' 부분에 대해 알아보기

- 15분 이상 이 실습을 해본다. 속도를 늦추고 부분에 접근하려면 시간과 실행이 필요하다.
- 눈을 감고 편안한 자세로 앉는다. 약간 길고 깊게 호흡을 해본다. 숨을 들이쉬면서 넷을 세고, 잠시 멈춘 다음, 숨을 내쉬면서 넷을 센다. 이렇게 다섯 번 호흡하면서 당신 자신의 내면으로 주의를 옮겨간다.
- 학교에 있는 당신 자신을 상상해 본다. 초등학교, 중학교, 고등학교, 대학교, 그리고 대학원까지 각각의 단계에서 멈추어본다. 시간을 들여 교실, 선생님들, 등교 또는 하교, 숙제를 하던 장소를 떠올려본다. 여기의 학생들이 어떠해 보이는가?
- 잠시 뒤에 눈에 띄는 학생이 있는지 살펴본다. 그 학생은 어떠해 보이는가? 몇 살인가? 그는 무엇을 느끼고 있는가? 학업에 중점을 둘 수도 있고 아닐 수도 있지만 괜찮다. 단지 이러한 부분에 대한 감정, 이미지, 당신 자신에 대한 반응을 알아차리면 된다. 이러한 반응, 판단 또는 느낌들이 뒤로 물러나거나 옆으로 비켜섬으로써, 당신이 '학생' 부분과 접촉할 수 있도록 해줄 수 있는지 확인해본다.
- 이 부분이 자신의 경험들을 당신과 나눌 수 있는지 확인해본다. 이 부분의 이야기를 듣거나 보면서, 학교에서 당신 자신에 대해 무엇을 배우고 있는지 알아차려 본다.
- 이 부분에게 나타나준 것에 대해 감사하고, 괜찮다는 느낌이 들면 당신이 여기에 있다는 것, 그리고 이 부분에게 관심을 갖고 있고 당신이 되돌아올 수 있다는 것을 알려준다.

이제 슈워츠의 정의로 다시 돌아와서 그의 기준이 당신에게 사실로 느껴지는지 알아본다.

1. **동일한 사람 내면에서 그 자신만의 특이성 또는 개성에 대한 지속적인 감각으로서 다른 부분들에게서 자율적이고 구별됨.** 당신의 '학생' 부분이 그 자신의 정체성을 가지고 있는 것 같은가? 내가 이 연습을 했을 때, 첫 번째로 본 것은 나의 '학생' 부분은 책상에 앉아서 손을 들고 있는 것이었다. 그러고 나서 2학년 때 수업에서 강낭콩 싹이 트는 걸 보고 있는 그녀를 보았다. 나는 대입 시험을 치르고 있는 그녀를 볼 수 있었다. 어린 시절 집에서 그녀가 수학 문제를 풀면서 내 침대에 앉아 있는 것을 보았다. 그녀는 실제로 나의 내면에서 자란 사람처럼 보였다.
2. **다양한 기능들.** 당신의 '학생' 부분이 학교 과제뿐만 아니라 여러 가지 일을 하고 있는가? 그 부분은 당신이 박물관을 가거나 체육관에서 새로운 운동을 배우거나, 새로운 요리법을 조리할 때 활성화될 수 있다.
3. **다양한 감정 반응들.** 당신의 '학생' 부분이 흥분과 호기심, 또는 좌절과 걱정 같이 다양한 것들을 보여주는가? 나는 대학원 첫날 '학생' 부분이 신경성 위경련으로 화장실로 뛰어가는 모습을 볼 수 있다.
4. **다양한 행동.** 당신의 '학생' 부분이 글쓰기, 듣기, 분석하기, 졸기, 미루기와 같은 다른 행동들을 보여주는가?
5. **부분 자신의 존립에 대한 중요한 역사.** 어린 시절부터 성인기에 이르기까지 이 부분을 추적할 수 있었는가?
6. **동일한 사람 안에서 다른 부분들과 함께 동시적으로 계속 기능하는**

걸 **분리적으로 경험.** '학생' 부분이 바보 같거나 자녀를 돌보거나 TV 시청을 좋아하는 부분과 동일한가? 당신의 이러한 부분이 다른 부분과 함께 나란히 기능하는 걸 인지하는가?

7. **주어진 자극에 반응하는 행동과 감정의 특징적이고 일관된 경향.** 학생 부분이 뭔가 새로운 걸 배우는 것에 대해 어떻게 반응하는지 생각해본다. 당신은 성격적으로 새로운 것에 몰두하는가, 또는 그것을 이해하지 못할까봐 두려워하는가, 아니면 그것을 이미 알고 있다고 생각하는가? '학생' 부분에게 습관적으로 반응하는 방식이 있는지 알아본다.

나는 지금쯤 당신이 자신에게도 부분들이 있다는 것을 알기 시작했기를, 그리고 어떻게 부분이 존재하게 되는지 감지하기 시작했기를 바란다. IFS와 더불어 자아 상태 치료ego state therapy(Watkins & Watkins, 1997; Forgash & Copley, 2008), 목소리와의 대화법voice dialogue(Stone & Stone, 1989), 내면 아이 작업inner child work(Bradshaw, 1990) 등의 많은 현대 심리치료들이 부분들에 대하여 작업한다. IFS에서는 부분의 개념이 세련되게 다듬어지고 기술되어 있다. 부분은 외부 세계와 다른 부분과의 관계뿐만 아니라 역할도 지니고 있다.

보호적인 부분들: 관리자 및 소방수

많은 부분들은 균형 잡혀 있고 건강하다. 그들은 우리의 체계 안에서 중요한 역할들을 수행한다. 어떤 부분들은 우리가 고통을 느끼는 것에서 보호해주는 역할을 하고 있다. 그들은 우리의 삶과 정신을 조직함으로써 심리적으로 편안한 영역에서 계속해서 머물려고 노력한다. “그들은 유년기에 묻어버린 고통을 현재의 삶으로 가져올 수도 있는 상처 주는 일들이나 고통스러운 관계에서 당신을 보호하려고 시도한다.”(Earley, 2009) IFS에서는 이런 부분을 보호자라고 한다. 이러한 보호적인 부분들은 삶의 어려운 상황을 관리하거나 다루려는 노력에서 생겨나고 발달하게 된다.

보호자 부분들이 어떻게 존립하게 되고 기능하는지 이해하기 위해서 어린이의 삶에서 일어나는 가상의 딜레마를 사용해보자. 어머니가 직장을 잃고서 우울해지고, 폐쇄적이며, 철수하게 되었다. 그녀의 아이는 이러한 변화를 경험하면서 이 상황에 반응해야 한다. 이 아이가 버려졌다고 느끼면서 혼란스러워한다고 가정해본다. 구조코자 하는 부분들! 혼란으로 인한 불편함을 줄이기 위한 노력으로 상황을 명확히 하기 위해 ‘내면의 비난자Inner Critic’라고 불리는 부분이 생겨난다. “이런 일이 생기기까지 네가 뭔가 나쁜 일을 했음에 틀림없어.” 이 부분은 아이 자신을 비난하면서 혼란 문제를 “해결”하는데, 이제 그 문제는 아이에게 혼란스럽기보다는 분명해진다. 이건 아이 자신의 잘못이다!

버림받음[유기]abandonment의 고통을 진정시키려고 노력하는 다른 부분은 부모를 돌보는 일에 자원을 지나치게 투입하고, 부모의 곁을 떠날 수 없다고 느낀다. 여기서 아이는 자신이 필수적인 존재이고 연결되었다는 느낌을 얻기 때문에 버림받음의 문제가 “해결된다.” 우리는 이러한 부분을 ‘돌봄이Caretaker’라고 부를 것이다. 그 아이의 ‘혼란스러워하는Confused’ 부분과 ‘버림받은Abandoned’ 부분은 추방당하고, 마음의 어떤 보관함에 넣어져서, 의식적 사고 바깥에 저장된다. 그것들을 감지한다는 건 너무 압도적이다. ‘돌봄이’ 부분과 ‘내면의 비난자’ 부분은 취약한 부분들을 의식 바곁에 두기 위해 과도하게 작동한다. '돌봄이'와 '내면의 비난자'가 아이에게 궁극적으로 다른 문제들을 만들어낼지라도 그들의 의도는 도움이 되고자 하는 것이다. 아이의 증상들—스스로에게 가혹하게 대하기 그리고 분리됨의 어려움—은 사실 아이의 부분들이 심리적 딜레마를 해결하고자 하는 시도들이다.

이러한 아이는 학교에서 극심한 분리불안으로 치료에 의뢰되어 올 수도 있다. IFS 치료자는 엄마와 작별하기 싫어하는 아이의 부분이 어떤 방식으로—비록 그러한 방식이 오히려 문제를 일으키는 것으로 보이지만—도움이 되고자 노력하고 있는지를 처음부터 바로 아이가 이해하도록 도울 것이다. 다른 치료들에서는 분리불안을 수정되어야 할 행동 또는 발달퇴행으로 간주할 수 있다. 반면에 IFS 치료는 아이가 문제를 오히려 키우는 것처럼 보이는 측면이 갖는 보호적인 성격에 초점을 맞춘다.

슈워츠는 유년기나 성인기의 증상들을 병리적인 관점으로 보기보다는, 균형을 잃은 체계 안에서 균형을 창출하고자 하는 내면의 시도들로 본다. "IFS가 가족치료에서 가져온 유용한 전제는 사람들의 극단적인 행동은 종종 개인의 특발성idiopathic[5] 병리에 의해 야기되는 것이 아니라 개인의 가족 맥락을 반영한다는 것이다."(Goulding & Schwartz, 1995) 우리의 보호적인 부분들은 우리 삶의 문제해결 체계로 여겨질 수 있다. 불행히도 이러한 방식으로 문제를 해결하는 것은 종종 다른 문제를 불러일으킨다. "이러한 생존 전략들은 단기적으로는 효과가 있지만, 과도하게 사용하면

5) idiopathic: 특발[성](特發[性])의, 원인불명의, 자발의, 고유의, 특발질환(特發疾患)의 성질을 가진. 자발적인. 원인불명의. - ≪이우주 의학사전≫, www.naver.com.

아이의 삶을 더욱 힘겹게 만든다."(Mones & Schwartz, 2007)

IFS 치료에서는 이 내담자에게 울면서 떨어지지 않으려는 행동을 중요한 부분으로 이해하고, 이러한 부분이 자신을 위해 무엇을 하려고 하는 것인지 또는 이 부분이 품은 긍정적인 의도에 대해 호기심을 갖도록 격려할 것이다. 긍정적인 의도, 즉 우리의 각 부분들이 우리를 위해 좋은 일을 하려고 노력하고 있다는 믿음은 IFS에서 중요한 개념이다. 이어지는 장들에 나오는 내담자들의 사례에서 보게 되듯이, IFS 치료는 아이들로 하여금 이러한 보호자들과 애정 어린 관계를 발전시키고, 긍정적인 의도를 밝혀내고 발견하며, 궁극적으로는 이러한 부분들을 안정 및 진정시키도록 돕는다.

관리자managers

슈워츠는 보호적인 부분들을 두 종류, 즉 관리자와 소방수로 묘사하였다(Schwartz, 1995). 관리자는 "우리의 매일매일 삶을 이끄는 일말 workhorses"이다(Mones, 2014). 관리자는 우리의 일정을 조직하고, 체육관에 가도록 자극하고, 업무일지를 작성하며, 제시간에 취침하도록 한다. 관리자는 사전에 대응proactive한다. 방심 않고 경계하는 정찰병처럼 상황이 순조롭게 굴러가도록 유지함으로써 실망, 맞비난, 불쾌, 또는 고통에서 우리를 보호하고자 한다. 많은 경우 이것은 꽤 효과가 있지만, 관리자는 종종 과로하고 과도하게 사용되어 극단적으로 되고 경직된다. 이렇게 될 때 심리적 유연성, 자발성, 기쁨 및 개방성이 방해받을 수 있다.

예를 들어 여덟 살인 헤일리Hailey에게는 '완벽한 작은 소녀'라는 부분이 있다. 이 부분은 헤일리가 공손하고, 협동적이며, 모든 면에서 훌륭히

실습: 관리자에 대해 알아보기

- 불편한 감정들이 올라오기 전에 능동적으로 그것들을 다루는 당신의 한 측면을 생각해본다. 1장에서 언급한 나의 '헐뜯는' 부분을 상기하라. 그 부분은 내가 그 누구에 의해서든 비난받는 걸 방지하기 위하여 나를 비난하거나 내가 완벽해지도록 몰아대길 좋아했다. 불편감을 벗어나려고 노력하는 당신의 한 부분에 대해 숙고해본다.
- 이제 눈을 감고서 내면으로 주의를 집중하면서, 이 부분이 스스로를 더 충분히 드러내도록 초대한다. 당신이 이 부분에 초점을 맞출 때 몸의 미묘한 변화를 알아차릴 수 있는지 본다.
- 당신이 모을 수 있는 만큼의 호기심 및 자비/연민과 함께 무엇이 떠오르는지 알아차려본다. 어떤 장면이 보이거나 감정들이 급격히 밀려오는 걸 알아차릴 수도 있고, 잠시 멍해질 수도 있다. 약간 시간을 들여서 이 부분을 관찰해본다. 그리고 다음의 질문들에 초점을 맞추어본다,
- 당신이 삶을 관리하고 세상과 상호작용하도록 돕는 것에서 이 부분의 역할은 무엇인가?
  - 이 부분은 다른 사람들과 어떻게 연관되어 있는가?
  - 이 부분은 당신을 고통에서 어떻게 보호하는가?
  - 당신을 위해 이 부분이 갖는 긍정적 의도는 무엇인가?
  - 이 부분은 무엇으로부터 당신을 보호하려고 노력하고 있는가?
  - 이 부분의 행위들이 당신의 삶에서 어떤 문제를 일으키는가?
- 이 부분과의 시간을 끝내면서, 괜찮다면 당신을 보호하려고 노력하는 이 부분의 역할에 대해 당신이 감사하고 있음을 알려준다. 앞으로 더 많은 시간을 이 부분과 보낼 수 있다는 것을 알려준다. 당신은 이 부분을 다루는 법을 터득하였는가?[1]

잘 해냄으로써 비난을 피하도록 한다. 6장에서 우리는 헤일리에 대해 더 많이 살펴보게 되는데, 이 '완벽한 작은 소녀'라는 이름의 관리자는 헤일리의 감정의 상당수를 억누름으로써 상당한 압박 상태에 붙들어 놓는다. 10장에서 만나게 될 바트Bart에게는 그가 '지루~한!'이라고 부르는 부분이 있다. 이는 바트가 학교에서 배우는 게 마치 지루하다는 듯이 행동하는 부분이다. 이 부분은 바트가 학교에서 무엇인가를 이해하지 못할 때의 부적절감에서 그를 보호한다. 불행히도 그 과정에서 이 관리자는 무관심—사실은 전혀 아니지만—이라는 신호를 교사들에게 보낸다. 이렇듯 사전 대응하는 관리자들은 '과도하게 사용되는overemployed' 전략들(Mones, 2014)의 한 사례인데, 그들의 의도는 긍정적이지만 궁극적으로는 아이에게 문제가 된다.

소방수firefighters

소방수는 슈워츠가 말하는 두 번째 유형의 보호적인 부분이다. 실제 소방수의 활동—도움 요청을 듣고서 즉각 보호 및 구출 활동으로 반응하는—을 반영하기 위하여 이렇게 이름지었다. 때때로 소방수는 불에 다가가기 위하여 문을 부수고, 창문을 박살내며, 재산을 파괴하게 된다. 불길을 잡는 임무를 수행하면서 종종 이차적인 피해가 있게 된다. 소방수 부분들도 그와 같다. 그들은 반동하고reactive, 강렬하며, 외곬수인데, 고통을 소멸시킨다는 하나의 목적에 필사적이다.

우리는 고통이 너무 심해서 견딜 수 없을 때, 고통에서 분리되어 우리가 계속 기능할 수 있도록 하는 방법들이 있다. 30년 넘게 트라우마의 진행과정, 영향, 그리고 치료에 대한 과학적인 연구가 이루어져왔다(van der

Kolk, Weisaeth, van der Hart, 2007). 우리는 이제 해리, 자해, 공격성, 중독과 같이 치료하기 어려운 증상들이 종종 사람들이 고통스러운 느낌과 기억에서 거리를 두려는 시도의 결과라는 것을 이해한다. 리처드 슈워츠는 이러한 종류의 행동들을 소방수 부분들, 즉 관리자들의 보호조치에도 불구하고 마음 체계psychic system에 침투한 고통을 진화하고자 하는 긍정적인 의도가 있는 부분들로 본다. 소방수의 행동은 우리 모두에게 있는데 어떤 연속선상에 다양하게 존재한다. 냉장고 문 앞에서 치즈케이크를 먹고 싶어 했던 부분과 같이 우리가 심리적으로 불안정할 때 휴대폰 게임을 하거나 물 쓰듯 한턱내는 행동을 하는 부분들이 연속선의 한쪽 끝에 있다. 이 연속선의 다른 한쪽 끝에는 더욱 위험한 소방수들이 있는데, 폭음을 하거나, 베거나cut, 격분하는 부분들이 있다. 그들의 긍정적인 의도는 고통을 마비시키는 것이지만, 그것이 초래하는 이차적인 피해의 대가는 종종 막대하다. 의료적인 은유를 사용하자면, 소방수는 마치 발열發熱과 같다: "감염을 싸워 물리치고 세균이나 기생충을 박멸코자 하는 몸의 방어 전략. 하지만 적절히 점검되지 않은 발열은 사람의 심신을 약화시키고 취약한 상태를 만들어 생존을 위태롭게 함으로써 그 자체로 대혼란을 일으킬 수 있다."(Mones & Schwartz, 2007)

아이들이 보이는 소방수 활동은 반항 행동, 공격성, 또는 부주의함으로 나타날 수도 있다. 퀸Quinn에게는 '내가 하고 싶은 거만 할 거야'라고 불리는 소방수가 있다. 퀸은 자신이 얘기하고 싶지 않은 것들을 어른들이 얘기를 꺼냈을 때 그걸 방해하면서 자신이 흥미를 갖는 무언가—어른들이 얘기하는 것과는 관계가 없는—에 대해 얘기하기 시작한다. 퀸의 어머니

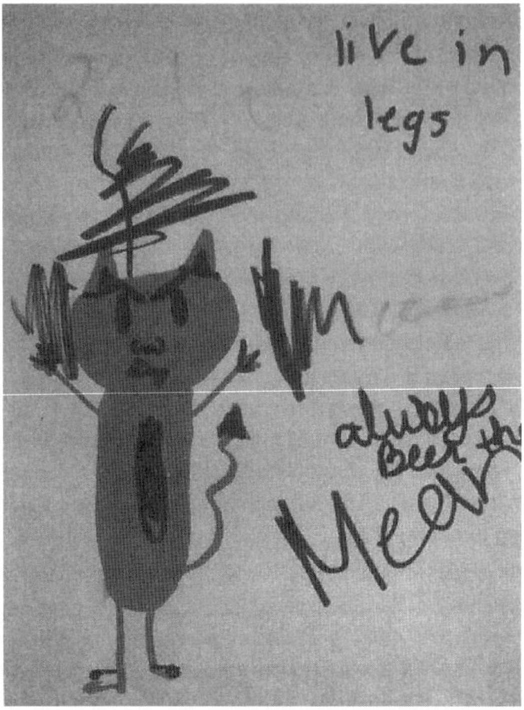

그림 2.1 알렉산드라의 '심술쟁이' 부분

가 자신의 사업 출장에 대해 얘기를 꺼냈을 때 퀸은 전혀 듣고 있지 않은 것처럼 보였고 자신이 매혹되어 있던 자동차에 대해 뭔가 사로잡힌 듯 애기하기 시작한다. 알렉산드라Alexandra에게는 '심술쟁이'라는 부분이 있는데, 아버지에게 비난받는다고 느낄 때 신랄하고 무례해진다(그림 2.1).

추방자exiles와 짐burdens

관리자와 소방수가 우리를 고통에서 보호해주는 부분들이라면, 고통 자체는 IFS 모델 어디에 위치하는 것인가? 그 해답은 두 가지가 있는데,

실습: 소방수 발견하기

잠시 시간을 갖고 당신의 몸이나 마음에 떠오른 고통을 억제하거나, 거기서 기분전환하거나, 고통을 진정시키려고 시도하는 것들에 대해 생각해본다. 우리 중에 많은 이들이 고통스러운 감정에서 벗어나기 위해서 소셜 미디어를 하거나, 과식하거나, 청소를 하거나, 쇼핑하거나, 술을 마시거나, 운동을 한다.

- 이제 눈을 감고 당신이 심리적으로 불편감을 느낄 때 당신을 도와주는 한 부분을 떠올려본다. 이 부분의 이미지를 볼 수 있는지 확인한다. 어쩌면 이러한 활동에 참여하는 자신의 모습을 볼 수도 있을 것이다.
- 모든 부분이 우리를 위한 긍정적인 의도를 지니고 있다는 것을 기억하면서, 또 다른 비판적인 부분이 이 부분을 알아가는 당신을 방해하는지 알아본다. 그 소방수를 좋아하지 않는 다른 부분을 발견한다면, 그 부분에게 옆으로 비켜나서 당신이 방해받지 않고 이 부분을 좀 더 알아갈 수 있도록 해달라고 요청한다.

이 부분과 어느 정도 시간을 보내면서 다음과 같은 질문에 유념한다.

- 고통스러운 감정들을 다루는 데서 이 부분은 어떤 역할을 하고 있는가?
- 이 부분은 당신을 고통에서 어떻게 보호하는가?
- 당신을 위해 이 부분이 갖고 있는 긍정적 의도는 무엇인가?
- 이 부분의 행동은 당신의 삶에서 어떻게 다른 문제들을 일으키는가?
- 이 부분을 싫어하는 또 다른 부분이 있는가?
- 모든 부분들이 수용되고 이해받을 필요가 있다는 것을 기억하도록 한다. 끝마칠 때는 당신이 고통을 다루도록 이 부분이 도와주려고 노력한 것에 대해 감사를 표한다.[2]

하나는 힘들었던 경험에서 오는 것으로서 슈워츠가 짐burdens이라고 부른 심리적 고통 그 자체 그리고 다른 하나는 짐을 짊어지고 있는, 추방자exiles라 불리는 부분들이다. 추방자는 상처를 입었거나, 버림을 받았거나, 심지어 학대를 당한 어린 부분들이다. 그들을 구석에 숨어있는 상처 입은 어린 아이들로서, 무가치한 존재라는 느낌들 또는 "아무도 나를 사랑하지 않아"와 같은 신념들을 짐으로 짊어지고 있다. 추방자들은 또한 신체감각들을 짊어지고 있는데, 이러한 생각과 감정들을 수반하는 가슴의 울적함이나 복통과 같은 것들이다. 이러한 생각들, 감정들, 신체상태의 무리들이 짐이다. 이러한 짐들은 견뎌내기엔 너무나 압도적이어서, 생존을 위해서 이러한 부분들은 자신의 짐과 함께 의식 밖으로 밀려나게 된다. 인간 본성은 우리에게 고통에서 벗어나거나 피하도록 명령하기 때문에, 그러한 상처를 경험하거나 짊어지는 부분들은 "추방자가 되어서, 벽장에 가둬지고 사랑스럽지 못함, 수치심, 또는 죄책감을 뒤집어쓰게 된다."(Schwartz, 1995)

우울한 엄마와 함께 사는 어린 소녀에게 돌아가 보자. 그녀의 '버림받은' 부분과 '혼란스러운' 부분은 추방자이다. 그들은 압도적이고 혼란스러운 느낌들을 짊어지고 있고, 너무 힘겨운 것들이라 미취학 아동이 다룰 수는 없다. 자신의 우울한 부분들에 압도되어 있는 소녀의 어머니는 자신의 딸을 진정시키고 도와줄 정서적 여력이 없기에, 아이의 관리자들이 나서서 장악을 하고 추방자들을 쫓아버린다.

추방자들에게는 짐뿐만 아니라 아이들이 상처를 받기 전에 갖고 있는 창조성, 자발성, 개방성 또한 있다. 그래서 어린 부분이 추방될 때 기쁨,

실습: 추방자 찾아보기

당신이 어렸을 때 경험했지만 여전히 불안하게 만드는 것에 대해 잠시 시간을 갖고 생각해본다. 오직 적당히 불편한 것을 선택하길 바라는데, 왜냐하면 추방자와의 실제 작업은 이 모델에 대한 상당한 경험을 쌓은 뒤에 또는 IFS 치료자와 함께 이루어져야 하기 때문이다.

- 이제 눈을 감거나 부드럽게 응시하면서 그걸 경험했던 나이의 자신을 실제 상상할 수 있는지 또는 그 경험을 생각할 때 일어나는 신체 감각을 느낄 수 있는지 확인해본다.
- 우리는 추방자에게 곧장 접근하지는 않겠지만, 시간을 갖고 관찰하면서 추방자에 대해 알아본다. 이렇게 하면서 다음의 질문들에 유념한다.
  - 이 어린 부분은 무엇을 느끼고 있는가?
  - 이 어린 부분은 자신의 몸에서 무엇을 느끼는가?
  - 이 부분이 자신에 대해 갖고 있는 신념은 무엇인가?
  - 현재의 어떤 상황이 과거 이러한 경험을 상기시키는가?
- 당신은 자신의 이 어린 부분에 대하여 자비심/연민심을 깊이 느낄 수 있는가? 만약 그렇다면 이 부분에게 이러한 공감의 느낌을 강력하게 보내고 나타나줘서 고맙다고 표현한다.

자유분방함, 호기심, 관능성sensualtiy[6]도 종종 함께 추방된다. IFS 치료 프로토콜에서 내담자들은 이러한 추방된 부분들과 연결되고, 그들을 체

6) 여기서 '관능성sensuality'은 신체적 즐거움 또는 만족의 표현이나 모습 정도로 볼 수 있겠다.

계 안으로 데려와서 돌봐주도록 도움을 받는다. 이러한 과정은 어린 추방자들에게서 긍정적 자질들을 해방시켜 다시 한 번 융성할 수 있도록 해준다. 짐 **내려놓기[없애기]**unburdening라 불리는 이 과정은 다음 장에서 더욱 자세하게 다뤄질 것이다. 아울러 우리가 추방자를 돌보게 되면, 그 보호자는 예전처럼 힘겹게 일할 필요가 없고 체계는 더욱 조화롭고 균형을 잡게 된다.

참나Self

IFS 모델은 부분들의 존재와 더불어 우리 모두가 건강하고, 지혜롭고, 손상되지 않은 '참나'와 함께 태어나고, 우리의 삶 전체에 걸쳐 존속한다고 주장한다. 성장 과정에서 어떤 경험을 하든 어떤 트라우마를 겪게 되든, 크든 작든, 이 참나는 여전히 온전하며 우리 모두에게 가용하다. 참나는 모든 인류 안에 있는 치유의 실행자healing agent이다.

모든 위대한 종교 전통들은 참나의 현존에 대해 언급한다: 혼魂, 불성佛性, 네샤마Neshama 7), 아트만Atman 8), 그리스도 의식Christ-consciousness. 참나의 특성과 참나 에너지는 자비/연민, 용기, 창조성, 명료함, 평온함, 호기심, 끈기, 인내를 포함한다.

참나 또는 참나 에너지에 대한 이러한 믿음은 아동 및 성인과의 IFS 치

---

7) 헤브라이어로 혼 또는 영을 의미. [위키피디아]

8) 인간 존재의 영원한 핵을 이르는 인도 철학의 용어. 인도 철학에서 가장 기본이 되는 개념으로, 죽은 뒤에도 살아남아 새로운 생명으로 다시 태어난다고 한다. 브라만이 우주 작용의 근거가 되듯이, 인간의 모든 행동의 저변에 깔려 있으며 브라만의 일부로 서로 통하거나 하나가 되기도 한다. [표준국어대사전]

료 실제에서 결정적으로 중요하다. 치료자의 임무는 자신의 안정되고 마음챙김 상태의 참나를 일으켜서 내담자들로 하여금 그들 자신의 내부에 있는 치유 에너지에 접속하도록 돕는 것이다. 치료자는 전달자이자 안내자이지 치유의 원천은 아니다.

참나의 여덟 가지 'C' 단어들	참나의 다섯 가지 'P' 단어들[9]
• 평온함Calmness • 자신감Confidence • 명료함Clarity • 자비/연민Compassion • 연결감Connectedness • 용기Courage • 창조성Creativity • 호기심Curiosity	• 인내Patience • 끈기Perseverance • 현존Presence • 조망Perspective • 쾌활Playfulness

신경생물심리학과 마음챙김에 대한 연구는 참나 에너지 상태의 현존—치유의 결정적 측면—을 지지한다. 팻 옥던Pat Ogden은 '최적 각성 영역optimal arousal zone' 또는 '인내의 창window of tolerance'을 언급하고 있는데, 여기서 내담자들은 "치료에서의 자신의 경험에 대해 생각하고 말하면서 동시에 자기에 대한 적절한 정서적 상태 및 자기감을 느끼게" 될 수 있다

9) 최근 출간된 ≪내면가족체계[IFS] 치료모델Internal Family Systems Skills Training Manual≫에서는 'IFS 치료자의 특성'이라고 부른다.

(Ogden, 2006). 대인관계 생물학 분야의 개척자인 다니엘 시겔Daniel Siegel 박사는 이렇게 말한다. "개인적인 변화—치료와 삶 모두에서—는 내가 '인내의 창'이라고 부르는 것을 확장하는 것에 종종 달려있다. 그 창이 확장되면 한때 정상 상태를 무너뜨리곤 하던 스트레스에 직면하여 균형을 유지할 수 있다."(Siegel, 2010) 심리치료를 받기 전과 후에 뇌를 스캔한 자료에 따르면 "뇌가 스스로를 유연하게 재조직한다는 것과 치료가 성공적일수록 더 큰 변화를 가져온다는 것을 보여준다."(Doidge, 2007) 치유는 우리가 자비심과 호기심을 갖고서 고통 속에 있는 우리의 부분들을 기꺼이 맞이하고, 이해하고, 보살펴주는 그러한 상태에서 일어난다.

참나에 대해 생각하는 또 다른 방식은 사랑 가득하고 인정 많은 지도자로서이다. 슈워츠의 조직과 재단은 참나 리더쉽 센터Self-Leadership Center로 이름 지어졌다. 세계의 지도적인 트라우마 전문가 중 한 명인 베셀 반 데어 코크Bessel van der Kolk는 참나 리더쉽의 상태를 자기자신에 대해 책임감을 느끼는 상태로 묘사하였다. 트라우마의 회복은 자신의 몸과 마음에 대한 소유권을 복구하는 것이다. "대부분의 사람들에게 이것은… 평온하고 집중하는 상태가 되는 방법을 찾는 것(이고) 과거를 생각나게 하는 이미지, 생각, 소리 또는 신체 감각들에 대응하여 그러한 평온함을 유지하는 것이다."(van der Kolk, 2014) 부분들이 우리를 이끌 때, 우리 행동에는 종종 반동[사후반응]적인reactive 특성이 있다. 참나가 우리를 이끌 때, 우리는 균형감, 유연성, 회복탄력성, 그리고 개방성을 느낀다. 부분들이 환영받고, 이해받고, 치유될 수 있는 것은 바로 이러한 참나 상태에서다. 내면의 끊임없는 수다가 진정되고 우리가 안정감과 개방성을 느끼는 그러한 평온하고 중심 잡힌 연결감의 순간들 속에서 우리는 참나를 경험한다. 참나가 현존할 때, 부분들은 우리 체계에서 추방되거나 단절되기보다는 긍정적인 의도, 재능, 그리고 솜씨를 갖고 있다고 인정받게 된다. 우리가 다음 장에서 배우게 될 IFS 프로토콜은 내담자 자신이 참나 상태에서 자신의 부분들과 연결하고, 목격하고, 위로하도록 돕는다.

내 자신의 치료 사례가 관리자, 소방수, 추방자, 그리고 참나의 본성을 보여줄 수 있기를 바란다. 나는 사업 파트너인 진과 갈등을 겪게 되었다. 우리는 누리집을 갱신하는 중이였고, 워드 문서로 타이핑하고 있던 진은 그 프로그램의 사용 방법에 대해 혼란스러워하고 있었다. 나는 흥분하고 밀어붙이는 방식으로 시작하였고 짜증내는 식으로 말했다. "내가 하게 그냥 둬요!" 진은 상처받고 당황한 듯했고, 나는 죄책감을 느끼면서 내 스스로가 끔찍해졌다. 나의 내면에서 무슨 일이 일어났는지 이해하길 희망하면서 이 삽화를 IFS 치료에 가져가서 그 다음 몇 번의 회기에서 다루었고, 미래에는 이런 행동을 반복하지 않기를 바랐다.

나의 내면세계에 주의 깊게 주목하면서 그 사건을 재연하였는데, 거기서 많은 것을 배웠다. 진의 혼란스러움에 대하여 내가 느꼈던 감정들에 초점을 맞추자, 옛 TV 쇼인 ≪우주에서 길을 잃다Lost in Space≫에 나오는 로봇—팔을 흔들면서 '위험해 윌 로빈슨Danger Will Robinson'을 말하는—처럼 보이는 나의 부분을 보았다. '위험해 윌'—나는 이제 그를 다정하게 부른다—은 뭔가 잘못되었다는 것을 내게 알려주고 있었다. 그러고 나서 나는 또 다른 부분도 알아차렸는데, 그 부분은 끼어들어 나를 장악하고서는, "그냥 내가 하게 둬!"라고 불쑥 말하였다. 그녀는 1960년대 만화 ≪젯슨 가족들The Jetsons≫에 나오는 또 다른 로봇처럼 보였다. 그녀는 젯슨 가정에서 부산하게 오가며 일을 처리하는 가정부였다. 그녀는 '초음속

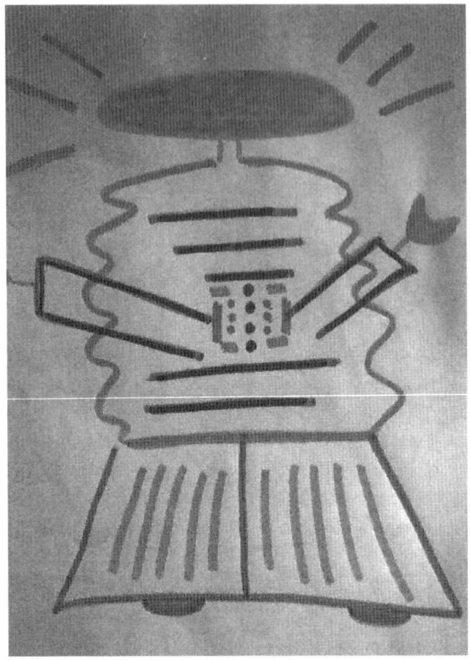

그림 2.2 나의 '위험해 윌' 부분

Supersonic'으로 불리길 원했다.

나는 균형감과 평온함을 느낄 때 많은 일들을 체계적으로 처리할 수 있다. 이러한 순간들에 나는 그 누구도 제압하지 않으며 극단적인 감정에 몰리지 않는다. '초음속'은 스테로이드[10]에 의지하여 균형 잡는 '나'이다. 그녀는 책임을 떠맡고 일을 완수해내는 것은 걱정을 박멸하고 통제할 수 없는 것들을 통제한다고 생각한다(그림 2.2 및 2.3).

나는 이 두 보호적인 부분들에 대하여 많은 것을 알게 되었고, 그들이

10) 항염증, 항알레르기 등의 작용을 한다.

그림 2.3 나의 '초음속' 부분

나를 위해 해왔고 여전히 하고 있는 일들에 대해 감사한 마음을 갖게 되었다. 그들에 대해 작업하면서부터 나는 그들이 촉발될 때 내 몸에서 느껴지는 것들, 그들의 긍정적인 의도, 그리고 나의 초기 시절로 거슬러 올라가 나의 내면에서 차지하는 그들의 역사를 알게 되었다.

'초음속' 및 '위험해 윌'과의 작업은 추방된 어린 부분의 현존으로 이끌었다. 서너 살의 그녀는 강렬하고 정서적으로 불안정한 부모들 사이에서 벌어지는 격렬한 상황들을 목격하였다. 걱정하는 어린 소녀에게 이것은 파괴적이고, 무섭고, 혼란스러웠다. 과경계hyper-vigilant하는 '위험해 윌'과 과도하게 책임을 떠맡는 소방수 '초음속'이 나타나게 되었고 수십 년 동안

이 어린 추방자를 보호해왔다.

진—내가 신뢰하는 동료이자 친구이자 애정 어린 양육과 보살핌의 원천인—이 혼란스럽고 좌절하게 되었을 때, 그 상황은 우선 뭔가 불안정한 것을 항상 세밀히 살피는 '위험해 윌'을 경계하게 만들었다. 이것은 이어서 나의 어린 추방자를 촉발했다. 그러자 '초음속'이 '궁지를 벗어나게' 하려고 끼어들었다: 책임을 떠맡고, 보스처럼 으스대고, 유능해하며, 고압적으로. 내가 IFS에 정통하기 전에는 이러한 상태가 되는 경우 나는 완전히 정당하다는 느낌과 으스대며 지배적으로 행동하는 내 자신에 대해 매우 비난하는 상태 사이에서 널을 뛰었다. 나는 이제 '초음속'이 그저 나의 한 부분으로서, 기술과 에너지를 갖추었지만 다른 나쁜 감정에서 애를 쓰며 나를 보호하려고 노력하는 가운데 때로는 극단적으로 될 수 있다는 것을 이해하고 있다.

나는 관리자, 소방수, 추방자라는 삼각관계에 대해 배움으로써 컴퓨터 사건과 나의 내면에서 촉발되었던 것을 이해하게 되었다. 그 사건은 내가 중요한 IFS 작업을 수행하도록 이끌었다. 이제 나는 보호자인 '위험해 윌'과 '초음속'의 노력에 감사할 수 있게 되었다. 나는 흥분했을 때 우두머리가 되어 통제하려고 하는 나의 한 부분이 정말 있다는 것을 이해하게 되었다. 하지만 나는 또한 그것이 나의 일부이지 전부가 아니라는 것을 이해한다. 내가 참나 에너지에 더욱 접속하고 있을 때 '초음속'이 떠오르는 걸 느낄 수 있고, 나는 개입할 수 있다. '초음속'이 때로는 여전히 장악할 수 있지만 나는 그걸 빨리 알아차릴 수 있고 그 행동에 대해 사과한다. 나의 참나는 인정 있지만 단호한 지도자이다. 나는 또한 그 네 살짜리와 아주 깊이 있는 작업을 하였다. 그 아이가 사랑하는 돌봄 제공자들이 불안정한 상태에 있을 때의 아이의 걱정과 혼란에 대해 경청하였다. 나는 아이의 힘들었던 경험을 목격하고 아이를 치유할 수 있었다. 진은 내가 해낸 작업에 대해 진정 이해하였고, 우리는 좋은 관계를 회복할 수 있었다.

우리의 부분들에 대해 알아가고 그들 사이의 조화로운 관계를 촉진하면 더욱 평온하게 된다. 예의 치즈케이크 상황으로 돌아가서 당신이 더욱 참나가 이끄는 상태에 있는 것을 상상해 본다. 갈등을 겪고 있는 부분들을 감지하고 이름을 붙일 수 있을 것이다: 치즈케이크를 먹음으로써 당신을 달래고 싶어 하는 소방수, 냉장고 문을 닫을 것을 재촉하는 관리자, 그날 이후 압도되어 있고 불안해하는, 불안정하고 취약한 추방된 부분. 당신은 참나 에너지와 함께 이러한 부분들에게서 약간의 분리를 느끼면서 그들 모두에게 감사를 표할 것이다. 다투는 부분들 모두는 긍정적인 의도를 갖고 있다. 참나는 소방수의 진정시키고 보상을 안겨주려는 욕구를 이해하면서 동시에 건강한 섭식에의 욕구를 지닌 관리자를 인정해줄 수 있다. 체계의 리더인 참나는 책임을 떠맡으면서 모든 부분들의 욕구를 고려한다. 참나는 취약한 부분에 자비를 보내고, 박탈이나 방종 대신 화해를 이룬다. 즉, 보다 건강한 선택이 이루어진다. 체계 안에 더 많은 조화로움이 존재하게 된다.

아이들에게도 역시 마찬가지다. 퀸은 '내 일에만 신경 쓸 거야'라고 이름을 짓고 그 부분을 알아가게 되고 난 뒤에는, "난 그것에 대해 지금은 정말 말하고 싶지 않아요"라고 더 많이 말하기 시작한다. 퀸은 그 자신의 경험과 그리고 자신이 지지하는 그 인물과 연결된 상태를 유지한다. 퀸은 자신의 부분*으로부터* 나오는 말을 하는 게 아니라 자신의 부분을 *위해* 말[대변]한다He speaks *for* his part, not *from* it. 알렉산드라가 아빠에게 상처를 받은 후 '심술쟁이'라는 부분이 나타났다는 사실을 알게 되었을 때, 그녀는 자신을 보호해주려는 그 부분의 의도에 감사하지만, 자신의 감정이 상했다는 걸 아빠한테 직접 얘기함으로써 자신이 그 상황을 다룰 수 있도록 해달라고 요청한다. 이러한 예들은 IFS 치료가 어떻게 아이들이 더욱 참나가 이끄는 상태가 되도록 돕는지 보여준다.

이어지는 장들에서 나의 아동 내담자들의 이야기를 통해 이 모델의 모든 측면과 IFS의 멋진 치유력에 대해 기술하고자 한다.

후주 (원저자 주)

1. Jay Earley의 저서 ≪Self-Therapy≫에서 개작한 실습임.
2. Jay Earley의 저서 ≪Self-Therapy≫에서 개작한 실습임.

참고문헌

Bradshaw, J. (1990). *Homecoming.* New York, NY: Bantam Books. 오제은 역. (2004). 상처받은 내면아이 치유. 서울: 학지사.

Doidge, N. (2007). *The brain that changes itself: Stories from personal triumph from the frontiers of brain science.* New York, NY: Viking Penguin. 김미선 역. (2008). 기적을 부르는 뇌: 뇌가소성 혁명이 일구어낸 인간 승리의 기록들. 고양: 지호출판사.

Earley, J. (2009) *Self-therapy.* Minneapolis, MN: Mill City. 이진선, 이혜옥 역. (2014). 참자아가 이끄는 소인격체 클리닉: 참자아 리더십 매뉴얼: IFS 자기치유 프로세스. 서울: 시그마프레스.

Earley, J. (2016). *Self-therapy: A step-by-step guide to advanced IFS techniques for working with protectors.* Larkspur, CA: Pattern System Books. 이진선, 이혜옥 역. (2017). 참자아가 이끄는 소인격체 클리닉. 2, 보호자들과의 작업을 위한 고급 IFS 기법 안내서. 서울: 시그마프레스.

Forgash, C. and Copely, M. (Eds.) (2008). *Healing the heart of dissociation with EMDR and ego state therapy.* New York, NY: Springer Publishing Co.

Goulding, R. and Schwartz, R. C. (1995). *The mosaic mind: Empowering the tormented selves of child abuse survivors.* New York, NY: W.W. Norton & Co.

Mones, A. and Schwartz, R. C. (2007). The functional hypothesis: A family systems contribution toward an understanding of the healing process of the common factors. *Journal of Psychotherapy Integration,* 17 (4), pp. 314–29.

Mones, A. (2014). *Transforming troubled children, teens, and their families: An Internal Family Systems model for healing.* New York, NY: Routledge.

Ogden, P. (2006). *Trauma and the body: A sensorimotor approach to psychotherapy.* New York, NY: W.W. Norton & Co. 김명권, 주혜명, 신차선, 유나래, 이승화 역. (2019). 트라우마와 몸: 감각운동 심리치료의 이론과 실제. 서울: 학지사.

Siegel, D. (2010). *Mindsight: The new science of personal transformation.* New York, NY: Bantam Books. 오혜경 역. (2011). 마음을 여는 기술: 심리학이 알려주는 소통의 지도. 파주: 북이십일 21세기북스.

Schwartz, R. C. (1995). *Internal family systems therapy*[11]. New York, NY: Guilford. 김춘경, 변외진 역. (2010). 내면가족체계치료. 서울: 학지사.

Stone, H. and Stone, S. (1989). *Embracing our selves.* Novato, CA: New World Library. 안진희 역. (2015). 다락방 속의 자아들: 누가 내 삶을 몰래 살아가고 있는가. 서울: 정신세계사.

Watkins, J. and Watkins, H. (1997). *Ego states: Theory and therapy.* New York, NY: W. W. Norton and Co.

van der Kolk, B. (2014). *The body keeps the score: Brain, mind, and body in the healing of trauma.* New York, NY: Viking. 제효영 역. (2016). 몸은 기억한다: 트라우마가 남긴 흔적들. 서울: 을유문화사.

Whitman, W. (1855). Song of myself. *Leaves of grass.* Brooklyn, NY: Self-published. 허현숙 역. (2011). 풀잎. 파주: 열린책들.

11) 2019년 9월에 제2판이 발간되었다.

3

IFS 프로토콜

핵심 용어

마음챙김mindfulness	매순간 의도적으로 경험에 주의를 기울이는 것
내면으로 들어가기going inside	눈을 감거나 초점을 약하게 해서 주의를 외부 세계에서 내면세계로 전환하는 것
내면 통찰in-sight	부분과 연결하고 참나에 접속하는 내면의 경험 및 과정
직접 접속direct access	치료자가 내담자의 부분과 직접 상호작용할 때
목표 부분target part	내담자와 치료자가 치료작업을 하고 있는 부분
물러[비켜]서기/누그러지기 stepping aside/softening	내담자가 목표하는 부분에 접속할 수 있도록 보호적인 부분이 자신의 자리를 옮기는 것에 동의할 때
섞임blending	어떤 한 부분의 신념과 감정들이 참나 또는 다른 부분들과 합체되어 있을 때

탈섞임unblending	참나와의 관계를 촉진하기 위하여 부분이 분화 및 분리될 때
외현화externalization	부분을 구체적 형태로 표상하는 과정: 그림, 작은 조각상, 점토 모형, 또는 오브제 등
양극화polarization	내담자가 어떻게 느끼거나 생각하거나 행동해야 할지에 대해 정반대 입장에 있는 두 개의 부분이 있을 경우
짐 내려놓기[없애기] unburdening	부분이 자신의 짐들을 떼어버리는 내면의 과정
목격하기witnessing	참나가 추방자의 어린 시절의 고통스런 경험을 듣거나 보거나 느낄 때 (『IFS 기술 훈련 입문서』에서는 "부분이 내담자의 참나에게 자신의 경험을 보여주거나 말하는 과정으로서 부분이 이해 받고, 수용 받고, 자기수용이 되며, 사랑받는다고 느낄 때까지 진행"이라고 설명함 - 역주)
구출retrieval	내담자의 참나가 그 고통스러웠던 경험과 시간에서 꼼짝 못하고 있는 부분을 꺼내오는 과정
초대invitation	부분이 짐 내려놓기[없애기] 뒤에 용기, 연결감, 기쁨, 사랑 등과 같은 긍정적인 특질을 들여올 수 있게 하는 행동

IFS 프로토콜은 리처드 슈워츠의 내담자들과의 경험에서 나온 것이다. 그는 단계적이고 반복 가능한 프로그램을 고안하여 전 세계의 4,000명이 넘는 치료자들을 가르쳐왔다. 3장에서 우리는 2장의 개념과 전문용어를 바탕으로 프로토콜의 각 단계를 배우게 될 것이다.

모델 소개

IFS 프로토콜은 대부분 사람들이 가진 치료에 대한 개념이나 과거 경험과는 상당히 다르다. 프로토콜의 의식은 경험적이며 종종 눈을 감거나 부드럽게 응시하는 것을 포함한다. 그러므로 내담자들이 뭔가 새로운 시도를 수월하게 할 수 있도록 이 프로토콜들을 소개하는 방법에 주의를 기울이는 것이 중요하다. 초기 회기에서 부분들의 언어를 사용하는 것은 항상 도움이 된다. 내담자들이 처한 상황과 치료를 찾아온 이유를 들을 때나 또는 부모에게 안내할 때, 부분이라는 프레임 안에서 당신이 들은 것을 반영하면서 시작할 수 있다.

"당신의 한 부분은 만일 자신이 이성을 좋아하는지 동성을 좋아하는지 잘 모르겠다고 말한다면 부모님이 어떻게 반응할지에 대해 궁금해 한다는 말인 것 같군요."

"당신의 한 부분은 가족을 온전하게 지키고 싶어 하고 다른 부분은 이 혼인관계를 끝내는 것이 최선이라고 느낀다는 얘기로 들립니다."

부분들의 언어로 당면한 문제를 반영해주는 것은 두 가지 면에서 유익하다. 하나는 부분을 갖는 것이 얼마나 자연스러운지를 강조하는 것이고, 다른 하나는 내적 갈등을 이해하는 틀을 우리에게 제공해준다는 면에서 그러하다. 우리는 구어로 말할 때 부분의 언어를 사용한다. 부분이라는 용어로 문제를 구조화함으로써 내담자들은 그들 자신으로부터 부분들을 분리하고 구별해내기 시작한다. 내담자들은 서로 다른 내적 관점들에 호기심을 갖고 접근할 수 있다.

때때로 내담자들은 언어적 의미가 말해주는 것을 따라가며 많은 설명 없이도 IFS를 하게 된다.

"분리하는 것에 대해 갈등을 겪고 있는 부분들 중 하나에 초점을 맞춰 보면 어떨까요?" "어느 것을 먼저 하길 원하세요?"

"글쎄요~ 아마도 제가 분리해야 한다고 느끼는 부분?"

내담자의 수락에 따라, 당신은 그녀에게 눈을 감고 잠시 호흡을 하도록 요청하면서 내담자가 분리하기를 원하는 부분에 주의를 기울이는 동안 그녀가 자신의 신체에서 느끼는 것이 무엇인지, 그녀의 마음의 눈으로 보는 것은 무엇인지, 또는 듣는 것은 무엇인지 알아차리게 한다. 의식을 내면으로 이동하거나, IFS에서 지칭하는 내면으로 들어가기going inside를 함으로써 공식적인 절차를 시작한다.

다른 내담자들은 적용되고 있는 치료방식에 대한 분명한 정보를 원하고 좀 더 자세한 설명을 고맙게 여긴다. 이러한 내담자들의 지적知的이거나, 회의적이거나, 또는 감독하는 부분들을 회기에서 받아들여 환영해줄 필요가 있으며 이들을 무시하지 말아야 한다. 종종 약간의 설명으로도 충분할 것이다. 예를 들면:

저는 우리의 마음psyches이 통합된 하나integrated whole라기 보다는 수많은 부분들로 구성되어 있다고 믿습니다. 예를 들어, 나에게는 음식을 건강하게 섭취하는 것에 정말로 관심 있는 부분이 있고 또한 아이스크림을 마구 먹어치우려는 부분도 있습니다. 나에게는 버림받았다고 쉽게 느끼는 부분도 있고, '정치광Political Junkie' 또는 '조직책Organizer' 부분도 있습니다. 그것은 마치 그들이 각각 개별적인 인격을 지닌 것과 같습니다.

제가 배운 것은 이러한 부분들을 깊은 수준에서 알게 되는 것과 부분들 상호간의 이러한 관계에 대해 배움으로써 삶에서의 정서적 갈등이 훨씬 줄어들게 되었다는 것입니다. 많은 사람들이 문제들에 대해 지겹도록

말하고 분석하는 경험을 하고 있으나 그들이 바라는 성장과 변화 같은 것을 경험하지는 못합니다. 반면에, 이러한 종류의 치료는 더욱 경험적이고 덜 인지적입니다. 제 자신의 경험을 통해서 또한 저의 내담자들의 경험으로부터 IFS에 변용적인 힘이 있다는 것을 압니다.

이것이 몇몇의 내담자들에게는 충분한 설명이 되겠으나, 여전히 혼란을 느끼거나 회의적인 내담자들을 위해서, IFS 누리집에 있는 리처드 슈워츠의 기초단계 3부작 웹 시리즈(Schwartz, 2016) 또는 제이 얼리의 저서 ≪참자아가 이끄는 소인격체클리닉Self-Therapy≫(Earley, 2009)을 추천한다.

그림 3.1 ≪인사이드 아웃≫에서 가져온 엘리자베스의 '분노' 부분

과거 몇 년에 걸쳐서 부분들에 대한 개념이 문화적 시대정신으로 부각

되어 왔다. 한 예로 애니메이션 영화 ≪인사이드 아웃Inside out≫이 있다. 이 영화는 다중인격이라는 개념을 문화적으로 수용할 수 있고 비병리적인 것으로 받아들이는데 기여했다. 1976년에 나온 또 다른 영화 ≪시빌Sybil≫은 분열된 마음divided mind에 대한 우리 생각에 깊은 부정적인 영향을 주었다. 비록 이 영화가 트라우마와 해리에 대한 이해를 갖도록 해 주었으나, 불행하게도 다른 한편으로는 다중인격이 단지 심각한 트라우마와 정신병의 증상이라고 믿게 하였다. 다중인격장애는 일반대중들이 인식하기로는 매우 드물고 심각한 병리 증상이라고 생각하여 두려워하는 증상이다. 반면에 ≪인사이드 아웃≫은 부분들을 갖는 것이 마음의 자연스런 상태임을 예시해주며, 그러한 부분들을 가지고 있다는 것을 알고, 부분들 간에 서로 대화하게 하는 것은 긍정적인 효과가 있음을 보여준다(그림 3.1). 소호부모교실에 있는 대부분의 내담자들은 부모이자 자녀이므로 대부분이 이 영화를 본 적이 있다. 당신도 자신의 작업을 통해서 발견할 수 있을 것이다. ≪인사이드 아웃≫은 훌륭한 애니메이션으로서 IFS 프로토콜을 활용하였는데, 그것은 자주 심상 속으로 톡톡 들어가는 것을 수반하는 것으로 너무 뉴에이지 같거나 특이하게 느껴지지 않아 보였다.

아이들과 작업할 때 모델을 소개하는 다른 방법들이 있다. 한 아이가 ≪인사이드 아웃≫을 보았다면 이미 부분들을 인식할 수 있을 수 있다. 한 작은 소년이 두 번째 회기에서 그 영화에 나오는 '분노' 인형을 팔에 끼고 왔다. 소년은 흥분하여 내게 보여주려고 그 인형을 앞으로 거칠게 내밀었다.

"멋지구나! '분노' 인형을 가져왔네. 어쩌면 얘가 너의 화난 부분에 대해 우리가 알 수 있도록 도와줄 수 있겠구나"라고 말하면서 놀이방을 향해 우리는 걸어갔다.

어린 아이들인 경우에, 종종 "너의 어린 동생이 태어나서 집에 데리고 온 뒤로 네가 많이 힘들어하는 것 같다고 엄마가 말씀해 주셨어. 또 네가 많이 슬퍼하는 것 같다고도 말씀하셨어. 너의 슬퍼하는 부분을 그려볼 수 있겠니?"라고 말함으로써 이 모델을 소개할 수 있다. 대부분의 아이들은 마커를 집어서 슬픈 얼굴을 그리거나 커다랗게 파랑색의 낙서를 하는데, 나는 그것을 보고 "야~ 너의 슬픈 부분을 볼 수 있구나. 우리가 그것에 대해 무엇을 배울 수 있는지 한번 볼까."하고 거기서부터 우리는 진행을 시작한다. 다른 아이들의 경우에는, 우리 모두에게는 내면에 서로 다른 많은 부분들을 가지고 있는데, 어리석은 부분, 성난 부분, 또는 아기 같은 부분처럼 다양한 부분들이 있어, 라고 간단한 언어로 설명해줄 수 있다. "눈을 감고 내면으로 들어가서 확인해보고 어떤 부분이 있는지 알아볼래?" 하고 물어본다. 회기를 거듭하면서 아이들은 눈을 번쩍 뜨면서 반응하기를, "와, 내 안에 부분들이 많이 있어요!" 하고 외친다.

회기의 시작

IFS 회기의 시작은 여타 다른 치료적 만남의 시작과 매우 비슷하다. 내담자와 치료자는 앞 회기 이후 그동안의 관계, 일, 그리고 사건들 같이 외부에서 발생한 일들을 점검check in하는 것으로 시작한다. 그러고 나서 내담자는 자신의 내면의 세계, 신체적 정서적 상태, 그리고 마음에 우선순위로 자리 잡고 있는 경험은 무엇인지 보고한다. 마음속에 두드러진 것은 내담자의 부분들의 체계에서 집중해야 할 중요한 영역으로 나아가는 문이 될 수 있다.

슈워츠는 이것을 자취의 기점trailhead이라 부른다. 기점은 하이킹 용어로서 등산로의 입구이다. IFS에서 기점은 더 많은 자기인식self-knowledge과 치유로 가는 입구이다. 이메일을 읽은 후 사라지지 않는 불쾌한 느낌, 배우자와의 다툼, 직장에서의 갈등 등이 기점의 예이다. 이렇게 내면을 탐색하는 과정에서 치료자는 "부분 탐지기parts detector"로서의 역할을 하면서, 스스로를 드러내는 다양한 부분들에 대해 순간순간 포착하여 머릿속에 메모를 한다. 이러한 체크인 기간은 종종 그 회기의 방향을 결정하는데, 탐색해야 할 상황 또는 집중해야 할 특정한 부분을 선택하는 과정이 된다. 예를 들어서, 한 성인 내담자가 직장에서 새로 온 상사나 더 나이가 어린 동료 때문에 혼란스러운 감정을 보고하면서 그녀의 회기를 시작하였다. 나는 그녀에게 눈을 감도록 안내하고 그녀가 이 문제에 초점을 두면서 자신의 감정과 신체감각을 알아차리도록 한다. 그리고 이러한 느낌을 보유하는 부분을 초대하도록 요청하였고, 그녀는 여섯 살 먹은 그녀 자신의 이미지를 보았다. 이 여섯 살짜리 아이는 자신의 어린 여동생을 편애하던 어머니를 만족시키기 위하여 필사적으로 노력하고 있었다. 직장에서의 상황은 어린 부분에게 연결하는 기점으로서 작용하였고, 이것은 내담자를 위한 매우 깊이 있는 작업을 할 수 있게 해주었다.

마음챙김mindfulness 수행으로서의 IFS

회기에서 초기의 체크인 기간 뒤에, 내담자는 눈을 감으라는 요청을 받는데, 만일 이것이 불편하다면, 대신 부드럽게 집중하여 아래쪽 방향을 향하여 바라보도록 한다. 이것은 이슈에 대해 생각하고 말하는 것으로부터 보다 명상적인 자세인 내면으로 주의를 이동하는데 초점을 두도록 하

실습: 기점에서 부분들을 식별하기

- 당신의 감정이나 반동을 촉발하였던 최근의 상황이나 상호작용 중에서 당신이 좀 더 알아보고자 하는 것을 선택한다.
- 몇 분 동안 조용히 앉아서, 먼저 자신의 호흡에 주의를 두고 그 다음 몸의 감각에도 초점을 둔다.
- 당신의 마음속에서 그 장면을 재생하고 또한 신체감각, 시각화, 또는 내면의 대화에 주의를 둔 상태에서 잠시 머무른다.
- 당신이 표면적인 행동에 반응했던 부분으로부터 촉발되었거나 상처받은 부분들을, 외부적인 행동으로 반동하였던 부분들에게서 분리하도록 해본다.
- 눈을 뜨고 난 후, 당신이 알아차렸던 서로 다른 부분들을 배열해보거나 기록하기를 원할 수도 있다. 그리기나 쓰기는 우리를 우리의 부분에게서 분리하거나 외현화하는데 도움을 준다. 당신의 부분들에게 주의를 기울임으로써 당신의 기점이 당신을 인도하도록 한다.

는 것이다.

IFS가 그 자체로는 마음챙김 훈련으로 고안된 것이 아닐지라도 동양의 명상이 이곳 서구에서 번성하기 시작한 같은 시기에 IFS 또한 발전하고 성장해왔다. 세계적으로 저명한 연구자이자 미국의 마음챙김의 아버지인 존 카밧진Jon Kabat-Zinn은 마음챙김을 다음과 같이 정의하였다: "특별한 방법으로 주의를 기울이는 것: 의도적으로, 지금 이 순간에, 그리고 비판단적으로. 이러한 종류의 주의는 더 큰 알아차림과 명료함, 그리고 수용으로 가도록 촉진한다"(Kabat-Zinn, 1994). 마음챙김 명상은 심리적 고통

(Sass, Brenbaum & Abrams, 2013), 불안(Hazlett-Stevense, 2012), 심지어 만성 통증(Greeson & Eisenlohr-Moul, 2014)을 감소시켜주는 것으로 나타났다. IFS, 명상, 그리고 마음챙김 수행 사이에는 많은 일치점과 상승相乘 효과가 있다.

IFS와 마음챙김에서 내담자는 당면한 이슈와 관련해서 나타나는 감정, 신체감각, 심상imagery, 그리고 내면 대화inner dialogue에 주의를 기울이도록 안내받는다. 마음챙김 명상 수행에서와 같이, "사람들은 자신들의 생각들과 정서들로부터 분리하도록, 그리고 마음챙김의 상태에 이르도록… 도움받는다. 그러나 단순히 그들 내면의 과정을 마음챙김하며 관찰하기보다는, 어쨌든 내담자들은 내적 탐구의 연습에 참여하도록, 자신의 생각과 정서에 대한 의문을 갖고 질문하도록 안내 받는 것이다"(Shadick, Sowell, Schwartz 등, 2013).

수잔 맥코넬Susan McConnell에 의해 개발된 IFS의 파생물인 소매틱 IFS Somatic IFS 는 몸의 알아차림somatic awareness, 의식적인 호흡conscious breathing, 신체적 공명somatic resonance, 마음챙김 움직임mindful movement, 조율된 터치attuned touch와 함께 IFS 모델의 모든 도구를 사용한다. 이러한 많은 신체적 마음챙김 수행은 IFS의 효과를 심화시킨다(McConnell, 2013).

목표 부분target part의 발견과 식별

내담자가 회기 시작에서 논의한 기점에 집중하면서 "내면으로 들어갈 때," 그녀는 종종 감정, 이미지, 또는 부분의 현존에 대한 내적감각a felt sense을 알아차리기 시작한다. 이것은 자주 회기 작업의 초점 또는 목표 부분이 된다.

앞 장에서 나는 컴퓨터 앞에서 사업 파트너와 어떤 상황을 처음에 논의했던 IFS 회기에 대해 묘사하였다. 그 경험이 나의 기점이었다. 당신이 기억하는 것처럼, 이것이 나를 '위험해 윌Danger Will'로 이끌었다. 진과의 갈등으로 가게 한 나의 반응에 대하여 내가 알아차리게 되었을 때 그 부분은 나의 첫 번째 목표 부분이 되었다.

목표 부분을 알게 된 후, 치료자는 부분을 구체화하거나 부분에 대해 더 많은 정보를 얻을 수 있도록 내담자를 안내한다. 다음의 몇 개 질문들은 IFS 치료자가 내담자가 부분에 대해 알 수 있도록 돕기 위해 묻는 질문들이다.

"이 부분에 초점을 맞출 때 당신의 몸 안에서 무엇이 느껴지나요?"
"당신에게 부분의 이미지나 장면이 보이나요?"
"어떤 단어를 듣거나 당신이 알아차린 특별한 감정이 있나요?"

이처럼 내면으로 집중한 상태에서 내담자는 어떤 부분들이 존재하는지 주목하도록 요청받는다. IFS 용어로 이 과정을 내면 통찰in-sight이라고 부른다. 그것이 성인들이 IFS를 실습하는 주된 방법이지만, 아주 어린 아이들일지라도 차분하거나 자비심이 있거나 호기심 있는 상태에서는 부분을 알아차릴 수 있고 부분과 함께 작업할 수 있게 된다. 이 장의 후반부에서 우리는 부분과 상호작용하는, 직접 접속direct access이라 부르는 다른 방법을 논의할 것이다.

실습: 당신의 목표 부분 식별하기

- 눈을 감고 잠시 당신의 호흡에 집중하도록 한다. 당신의 속을 부글거리게 했던 상황을 생각한다. 이것이 당신의 기점이 될 것이다. 당신의 몸을 머리부터 발끝까지 스캔하면서 어떤 신체감각이 나타나는지 주목한다. 감각을 식별하게 되면, 신체의 그 부분에 주의를 가져온다. 신체의 그 부분으로 호흡을 보낸다.
- 그 감각에 연결되는 이미지나 감정이 있는지를 본다. 만일 부분의 이미지를 보게 된다면, 잠시 시간을 갖고 그것이 무엇처럼 보이는지 탐색한다. 사람 형상인가? 어떤 모양인가? 어떤 색깔인가?
- 그것이 무언가를 말하는지 주의 깊게 듣고 주목한다. 그것이 다른 부분에게 말을 할 수도 있고 아마도 당신에게 직접 말할 수도 있다. 움직임이나 색깔을 바꾸는 것과 같은 비언어적인 방식으로 소통할지도 모른다.
- 이 부분을 구체화할 때, 그것을 향해 떠오르는 다른 감정들에 주목할 수 있다. 그 부분들에게 목표부분이 얘기하는 것을 당신이 들을 수 있도록 뒤로 물러날 수 있는지 요청한다.
- 그 부분과 함께 잠시 시간을 보내고, 나타나준 것에 대해 고마움을 표현한다. 당신이 다시 돌아가서 이 부분에 대해 더 배우기를 원하는 경우 이 부분에 대해 뭔가 기록해놓기를 원할 수 있다.

그 부분에 대하여 어떤 느낌/마음이 드는가?

다음으로 IFS 프로토콜에서 가장 중요한 질문이 나온다. "그 부분에 대하여 어떤 느낌/마음이 드는가?How do you feel toward that part?" 이 질문에 대한 답변은 내담자가 그 부분과 대화를 시작하기 위하여 충분한 참나 에너지Self-energy가 존재하는지 않는지에 따라 결정된다. 알렉산드라Alexandra

와 그녀의 '심술쟁이 부분Mean part'을 기억하는가? 내가 그녀에게 그 부분을 향하여 어떤 마음이 드는지 물었을 때 그녀는 "그것이 사라져 버렸으면 좋겠어요!"라고 대답했다. 그녀의 반응이 말해주는 것은 '심술쟁이' 부분을 싫어하는 부분이 바로 이런 대답을 하는 부분이라는 것이다. 그녀의 '심술쟁이' 부분이 언제나 문제를 일으켜왔기 때문에 그런 반응은 당연하지만, 이런 반응은 알렉산드라가 아직은 자신의 참나로서 그 부분과 연결되지 않았다는 것을 보여준다. 그녀가 이렇게 대답을 하였다고 하자. "그거 정말 멋진데" 또는 "난 그것이 흥미로워," 그러면 그녀가 그 부분에 대해 긍정적이거나 호기심 어린 태도를 취하고 있으며 참나가 현존한다는 것을 우리가 알 수 있을 것이다. 이것은 바로 이 질문, "그 부분에 대하여 어떤 느낌/마음이 드는가?"라고 묻는 것이 왜 매우 진단적인지를 보여주는 것이다.

상상해보라, '심술쟁이' 부분을 알려고 노력하는데 만일 "심술쟁이 부분이 사라지면 좋겠어!"라고 말하는 입장에서 알아보려 한다면 어떻게 될지를. 당신이 거기에 없기를 원하는 사람에게 당신 자신에 대해 공유하고 싶겠는가? 아니, 당신은 그렇지 않을 것이다. 반면에 누군가가 당신이 멋지다고 생각하거나 당신에게 관심을 갖는다면, 당신은 대화를 시작할 수 있도록 더 마음을 열어놓게 될 것이다. 부분에 대해서도 이와 똑같이 적용할 수 있다. 만일 "그 부분에 대하여 어떻게 느끼는가?"라는 치료자의 질문에 참나의 특성들인, 호기심, 자비/연민, 고요함, 연결감, 인내, 또는 열린 마음 중 어떤 하나의 대답을 내담자에게서 듣게 된다면, 그러면 내담자는 목표 부분을 알아갈 준비가 된 것이다. 만일 그렇지 않다면, 그렇지 않은 경우가 더 자주 있는 상황인데, 내담자가 더 많은 참나 에너지에 접속할 수 있도록 돕는 기술이 있다.

부분에게 물러[비켜]서거나step aside 누그러지기soften를 요청함

만일 "그 부분을 향하여 어떤 느낌/마음이 드니?"라는 질문에 대해 내담자가 "나는 그 부분을 좋아하지 않아"라거나 "나는 그 부분이 두려워"라는 식으로 대답했다고 하자. 그러면 우리는 반응한 부분인 '염려하는 부분Concerned part'에게, 내담자가 목표 부분과 직접 작업할 수 있도록 기꺼이 물러설 의향이 있는지를 묻는다. 이러한 치료적 이동은 슈워츠가 폭식증 내담자들의 가족들에게 사용했던 가족치료 테크닉에서 직접 가져온 기술이다. 그는 엄마나 아빠 또는 심지어 확인된 내담자identified client[12)]에게 대기실로 들어가 기다리도록 요청한다. 가족구도가 변형되면, 가족 역동은 빠르게 이동한다. 이것은 부분들에게도 똑같이 적용될 수 있다.

많은 부분들은 활기차게 대기실로 들어가거나 자신의 에너지를 옆으로 이동해 놓거나 부드럽게 하는 것에 간단히 동의할 것이다. 나와 함께 작업하는 아이들에게서도 볼 수 있듯이, 많은 아이들은 우리가 부분에게 뒤로 물러나달라고 요청할 때 상당수는 부분이 카우치에 앉아 있거나 장난감 보관함에 들어가는 것을 상상한다.

---

12) 확인된 내담자: 심리치료에서 구성원들에 의해 문제를 가지고 있는 것으로 간주된 가족구성원이나 사회집단의 성원을 의미한다. 비록 이 내담자와 관련된 사람들이 이 내담자와 비슷하거나 더 많은 문제를 가지고 있을지라도 이 내담자는 전형적으로 그와 관계가 있는 사람들에 의해 문제가 있는 사람으로 간주되며 구성원 안의 문제들은 이 내담자에게 투영된다. 'client' 대신 'patient'를 써서 'IP'라고도 한다.

다음 단계는 내담자에게, "자, 이제 그 부분에 대해 어떤 마음/느낌이 드니?"라고 질문하는 것이다. 만일에 반응이 흥미로워한다거나, 자비심을 느낀다거나, 부분을 향해 열린 마음이 든다면, 그러면 내담자의 참나 에너지가 충분히 존재하고 있어서 목표 부분을 알아갈 수 있도록 작업을 시작할 수 있게 되며 부분을 향한 참나Self-to-part의 관계를 수립하게 된다.

그러나 때로는 '염려하는 부분들'이 그렇게 쉽게 뒤로 물러서려 하지 않는다. 이 부분들은 그들의 역할이 고통으로부터 시스템을 보호하는 일이라고 생각하고, 만일 부분과 연결하는 것이 고통을 초래할 것이라고 예상하면, 그들은 흔히 그것을 거부할 것이다. 하지만 걱정하지 않아도 된다. 부분들은 협상에 열려 있기 때문이다.

부분과 협상하기

만일 '염려하는 부분'이 목표 부분에 접근할 수 있도록 물러서주기를 원하지 않는다면, 그 부분에 당신의 주의를 맞춘다. 부분의 두려움, 감정 또는 염려는 언제나 정당한 것으로 다루도록 한다. 예를 들어 그 부분이 말하기를, "저 부분은 언제나 너를 어려움에 빠지게 하는데, 너는 왜 그에게 말하려고 하는 거니?"라고 한다. 이것은 합리적인 질문이다. 치료자는 내담자를 안내하여 물러서는 것이 왜 그 부분의 이익에 가장 부합하는지에 주목하도록 할 수 있다. 또는 치료자가 부분에게 직접적으로 말할 수도 있는데, 이러한 기술을 직접 접속direct access이라고 부른다: "그러니까, 우리가 이 부분에게 말을 걸 수 있도록 네가 허용해준다면, 우리가 그것을 도울 수 있게 되어서 그것이 너를 그렇게 많은 어려움에 빠지지 않게 되도록 해줄 수도 있을 거야. 그게 더 낫지 않을까?"

염려하는 부분에게는 단지 약간의 안심시켜주는 말이 필요하며, 그러면 곧 뒤로 물러서는 것에 동의하게 된다. 그러나 어떤 경우에는, 염려하는 부분은 당신이 전진하는 것을 허용하지 않을 것이다. "부분이 계속 물러서기를 원하지 않는다면, 당신은 선택의 여지가 없다—당신은 목표 부분을 바꾸어서 염려하는 부분으로 목표를 잡아야 한다."(Early, 2016) 이렇게 하는 데는 단지 몇 분 정도의 시간이 걸리거나, 한 회기나 그 이상의 회기가 걸릴 수도 있다. IFS 치료자는 결코 속도를 내어 밀고 나가거나 서둘러서 부분을 물러서도록 하지 않는다. 목표는 모든 부분들을 환영하고 이러한 보호자들protectors과의 작업 관계를 발전시키는 것이다.

또 다른 형태의 부분과의 타협은, 부분에게 유인incentive을 제공하는 것이다. 한 아이에게 '회피자Distractor' 부분이 있는데 그것은 아이가 걱정하지 않도록 아이의 마음을 지속적으로 산만하게 만들었다. 그 부분은 처음에는 아이가 '걱정하는 부분Anxious part'과 작업하는 것을 원하지 않았다. 나는 그 부분과 직접적으로 협상하였다. "네가 물러나준다면 그래서 벤이 걱정하는 부분과 작업할 수 있도록 해준다면, 네가 그렇게 힘들게 일하지 않아도 될 거야."

또 다른 협상 방법으로는 "이러한 태도로 부분에 접근하게 되면 네가 치유와 화해로 가는 일을 이룰 수 없게 될 거야"(Earley. 2009)라고 설명해주는 것이다. 많은 부분들이 이러한 근거를 받아들이고 협상 기간을 가진 후 목표 부분으로의 접근을 허용할 것이다.

섞임blending 및 탈섞임unblending

섞임과 탈섞임은 IFS 치료에서 매우 중요한 개념이다. 이들의 의미를 예를 들어 설명해보면, 유리로 된 머그잔 안에 뜨거운 물이 담겨있어 김이 나는 컵을 상상해보는 것이 도움이 될 것이다. 머그잔 옆에는 다양한 종류의 티백tea bags이 놓여 있다. 뜨거운 물을 참나—투명하고 수용적인—라고 생각해본다. 여러 가지 티백을 다른 부분들로—자신들의 고유한 색깔, 향, 경계를 가진 별개의 독립체로—상상해보라. 이 순간에 참나와 부분들은 모두 분리되어 있다. 그것들은 섞여있지 않다. "어떤 부분이든 알아가기 전에 그 부분은 다른 부분들로부터 분리되어 있어야만 하며 참나로부터도 분리되어 있어야 한다. 분리됨이 없이는 어디서 한 부분이 끝나고 다른 부분이 시작되는지, 그리고 어디서 부분들이 끝나고 참나가 시작되는지를 아는 것은 불가능하다"(Gomez & Krause, 2013). 한 부분이 섞여있지 않을 때, 참나가 충분히 그 부분과 분리될 수 있어서 그 부분을 알아갈 수 있게 되고, 그것을 이해할 수 있게 되고, 더 나아가서 그것을 치유할 수 있게 되는 것이다.

이제 컵 속에 한 개나 두 개 이상의 차를 넣는다고 상상해보자. 차는 물과 섞이고 색깔과 향은 물속으로 스며든다. 물은 여전히 거기 있으나 더 이상 투명하지 않은 상태다. 부분들과 참나의 경계는 흐려진다. "부분이 자신의 감정을 참나에게 주입할 때, 참나의 자원들을 가리게 되는데, 어떤 의미에서는, 부분이 참나와 섞이게 되어 시스템을 통제하게 되는 것이다"(Schwartz, 1995).

섞임과 탈섞임의 속성을 다른 방식으로 구성하는 방법은 제이 얼리의 "의식의 자리seats of consciousness"라는 개념이다. 그는 설명한다. "우리 각자는 우리의 마음psyche 안에 어떤 자리를 가지고 있는데 그것은 우리의 정체성, 선택, 느낌, 인식 등을 결정하며, 이 자리는 참나 또는 부분에 의해 점유될 수 있다. *누구든지 주어진 어떠한 순간에 의식의 그 자리에 앉아있는 것은 바로 그 시간에 우리의 마음을 책임지고 있는 것이 된다.*"(Earley, 2009)

최근 당신이 너무나 화가 나서 당신의 존재 전체가 압도되었던 경험을 떠올려보라. 조망을 갖고 바라보는 데에 매우 어려움을 느꼈을 것이고, 그 경험은 아마도 탈취당했다고 느끼는 것과 유사했을지도 모른다. 이것을 의식의 자리를 점령하는 '분노' 부분 또는 참나와 완전히 섞이는 '분노' 부분으로 개념화할 수 있다.

종종 소방수 부분이 섞이면서 시스템을 장악하게 되는데, 이는 위협적인 고통이 침입했다고 느꼈을 때이다. 중독은 이러한 렌즈를 통해서 이해될 수 있다. 중독적인 소방수 부분은 섞이면서 시스템을 장악하고 건강하지 못한 방식으로 행동화한다. 섞임의 또 다른 경우를 보면, 어린 추방자의 고통이 시스템을 장악할 때이다. 절망, 희망 없음, 또는 무가치하다는 느낌이 그들의 존재에 스며들어 견뎌내기 어려운 감정을 갖게 되는 것이다.

IFS 프로토콜의 중요한 부분은 내담자를 도와 섞임에서 분리하도록 하는 것이다. 그것은 부분들이 몸 밖으로 그들의 에너지를 방출하거나 강렬한 에너지 수준을 낮추도록 동의를 구하는 것이다. 부분들은 자기들을 알아주기를 원하고, 이해받기를 원하고, 참나에 의해 도움 받기를 원하기 때문에, 그들은 흔히 얼마간의 분리를 허용하려고 기꺼이 노력한다. 그러면 참나는 호기심이나 자비/연민의 태도로 부분의 이야기를 파악하고자 하고, 부분의 긍정적인 의도를 이해하고, 그리고 특정 부분이 촉발된 계기를 이해하는데 필요한 작업을 시작할 수 있다.

이러한 탈섞임[분리] 과정은 치료 환경 밖으로 일반화될 수 있다. 일단 섞임과 탈섞임의 현상을 내가 알아차리게 되면 언제 내가 강렬한 감정에 의해 섞이게 되었는지를 알아차리기 시작할 수 있거나, 또는 일차원적 시각이나 신체적 감각의 변화조차도 알아차리기 시작할 수 있게 된다. 모든 내담자가 할 수 있는 것처럼, 나 또한 섞임 상태를 인지하고 이름을 지칭하고, 그 부분에게 얼마간의 여유 공간을 요청할 수 있다. 그리고 내 자신의 체계를 안정화시킬 수 있도록 부분은 그냥 나의 부분일 뿐이고 나의 모든 것은 아니라는 것을 경험하고 배운다.

보호자에게 감사하기

내담자가 일단 탈섞임을 하게 되면, 어떤 부분이 섞였던 것이 어떠한 식으로든 돕기 위해서 한 일이라는 것을 인정하기가 쉬워진다. 당신을 거절당한 느낌에서 보호하려고 장악하게 된 '분노' 부분을 떠올려보라. 또는 당신이 실망감을 느끼지 않기를 바라기 때문에 지배적으로 된 '비난하는 Critical' 부분을 떠올려보라. 성인의 경우에 보호자는 종종 수십 년 동안 매우 열심히 일해왔으며, 어떤 아이들에게 있어서 보호자는 여러 해 동안 일하여왔다. 보호자들은 잘못 이해되기도 하는데, 나의 '헐뜯는 채찍끝'이라는 이름의 비난자가 나를 완벽하게 만들기 위해 나를 모질게 채찍질하는 것처럼, 또는 바트의 보호자인 '지루~한!'과 같이 바트가 학교에서 지루해 보이도록 함으로써 곤경에 처하는 것에서 그를 보호하는 것처럼 그들의 의도는 도움을 주려는 것이다. 일단 그들의 노력에 고마움을 표현하면, 보호자 부분은 뒤로 물러서 달라는 요청을 기꺼이 받아들이게 되는데, 그럼으로써 내담자와 치료자가 그들이 보호하는 추방자 부분과 함께

실습: 당신의 보호자들 중 한 부분에게 감사하기

당신이 앞에서 했던 얼마간의 실습으로부터 하나 또는 그 이상의 보호자를 식별할 수 있기를 바란다. 이번 실습을 활용해 보호자가 당신을 도우려고 어떻게 노력해왔는지 들어보기로 한다.

- 안내 사항들을 먼저 읽어보고 부분과 함께 작업할 수 있도록 눈을 감고 내면으로 들어가기 시작한다.
- 이 부분과 접촉하고자 할 때, 당신이 이 부분을 향해 자비나 호기심을 느끼는지 확인하도록 한다. 만일 염려하는 부분을 인지하게 되면, 그 부분에게 한걸음 물러나거나 대기실로 들어가도록 요청해서 당신이 목표 부분을 알아 갈 수 있도록 한다.
- 이 보호자 부분으로부터 듣게 될 때, 참나에서 오는 다음 질문들을 한다.
  - 이 일을 얼마나 오랫동안 해왔는가?
  - 나를 위한 너의 긍정적인 의도는 무엇인가?
  - 그동안 얼마나 열심히 일해 왔는가?
- 위의 질문에 대한 답변을 들은 후에 그 부분을 향해 당신이 어떻게 느끼는지를 알아차린다. 괜찮다면, 보호자 부분이 그동안 노력해 온 것에 대해 당신이 이해했다는 것을 그로 하여금 알도록 한다.
- 보호자 부분에게 그동안 해온 노력에 감사하고 인정해준다. 그리고 부분이 이러한 연결감과 감사에 어떻게 반응하는지를 알아차린다.

작업할 수 있도록 해주는 것이다.

추방자와 작업할 수 있도록 허락 받기

보호자들이 일단 충분히 환영받았다고 느끼고 알아준다고 생각되면, 그들은 흔히 당신이 취약한 또는 추방된 부분과 연결할 수 있도록 기꺼이 허용해준다. 무언가 고통스러운 경험을 하고서 그때 그곳에 얼어붙어 있는 부분을 당신이 보살펴주고 그 부분의 이야기를 들어줄 준비가 되어 있다는 것을 보호자들은 이제 신뢰할 수 있게 된다. 베티나Bettina는 일곱 살짜리 아이인데, 일 년이 넘도록 자기의 속옷에 변을 묻혀왔기 때문에 학교에 갈 때 일회용 종이 기저귀pull-ups를 차게 되었다. 우리가 이 문제에 대해 함께 작업하게 되었을 때, 베티나는 몇 개의 부분들을 찾아냈다: '글

그림 3.2 베티나의 '글루티우스 맥시머스' 부분

---

13) 대둔근(大臀筋, Gluteus Maximus): 둔부에 있는 커다란 근육. 대둔근은 골반 후면에 있는 근육들 중 하나이며, 둔근 중에서는 가장 크고, 근육주사를 할 때 흔히 쓰이는 부위이다. - <두산백과> 네이버

루티우스 맥시머스Gluteus Maximus[13])'는 변이 나오도록 허용하는 부분이다. '보유하기Hold it in' 부분과 '슬픈Sad' 부분은 냄새피워서 비난당한다고 느끼는 부분이다(그림 3.2). '글루티우스 맥시머스' 및 '보유하기' 두 부분이 기꺼이 옆으로 물러서면서 베티나가 '슬픈' 부분에 접근할 수 있도록 허락한 것은 그녀가 그들 두 부분과 작업하고 난 이후였다. 이것은 그녀의 치유과정에서 매우 중요한 국면이 되었는데, 이때에 베티나가 다시 속바지를 입게 되었고 다시 유아용 변기를 사용하기 시작했기 때문이다.

추방자와의 연결

일단 보호자들이 추방자에게 연결하는 것을 허용하는데 동의해 주면, IFS 프로토콜의 가장 통렬한 측면들이 작동하기 시작한다. 추방자는 인간 정서 중 가장 취약한 것들을 짊어지고 있다. 이들은 보호자들에 의해서 밀려나 있었는데, 보호자들은 이런 느낌들이 그들의 주변 사람들에게 수용될 수 없는 것이라고 생각해왔고, 또 개인이 느끼기에는 너무 압도적인 것으로 여겨왔기 때문이다. 추방자에게 연결할 때는 그 과정을 천천히 진행함으로써 신뢰를 쌓을 수 있게 하는 것이 매우 중요하다. 추방자는 자신이 원하는 시간만큼 원하는 방식으로 이야기를 나눌 수 있어야 한다. 내담자에게 추방자를 어떻게 경험하는지를 묘사하도록 요청하라. 내담자는 아마도, "가슴에서 깊은 무게감이 느껴져요."라고 하거나 "구석에 웅크리고 앉아 떨고 있는 작은 남자아이가 보여요."라고 말할 수도 있다. 어떤 아이는 아마도 커다란 슬픈 얼굴에 양 눈에서 눈물이 흐르고 있는 그림을 그릴지도 모른다. 내담자를 부드럽게 안내해서 추방자와 접촉하도록 하라. 당신은 다음과 같이 말할 수도 있다. "너의 손을 가슴의 무거운

곳에 얹어놓아서 네가 그것을 느끼고 있다는 것을 그 부분이 알도록 해줄래." "네가 여기에 있다는 것을 구석에 있는 작은 소년이 알 수 있도록 해줄래." 또는 "그 슬픈 얼굴이 울고 있는 것을 네가 보고 있다고 그녀에게 말해 줄 수 있겠니?" 그러고 나서, "네가 그렇게 할 때 무슨 일이 일어나는지 알아차려 보렴."하고 말할 수 있다.

이러한 섬세한 도입은 작고 무서워하는 어떤 동물에게 다가가는 것과 유사하다. 부드러움과 인내심을 가지고 천천히 움직이며 접근하라. 추방자 부분이 내담자의 참나의 존재를 알아차리는 것조차도 시간이 걸릴 수 있다. 내담자가 추방자를 향하여 어떤 마음/느낌이 드는지를 질문함으로써 접촉하는 존재가 참나임을 확실히 하도록 체크한다. 거기에는 흔히 추방자를 위로하고, 알아가고자 하며, 돌보고자 하는 열망이 있다. 이러한 반응들 중에 어느 하나 또는 그 모든 반응들이 나타나면, 치료자는 추방자와의 연결을 촉진하는 도움을 주도록 진행할 수 있다. 많은 내담자들이 추방자가 올려다보는 것 같고 참나의 존재를 알아차리는 것 같다고 보고한다. 그녀의 추방자 부분을 향하여 애정 어린 느낌들이나 호기심어린 마음을 확장하도록 내담자를 안내한다. "네가 그 부분을 알아 가는데 관심을 갖고 있다는 것을 그 부분이 알도록 해줄래." 또는 "그 부분에게 너의 부드러움을 보내주렴."

목격하기witnessing

치료자는 내담자에게 부분에게 조금 더 다가가도록 하여 부분 가까이에서 그저 얼마동안 시간을 함께 보내라고 안내할 수 있다. 추방자 부분이 조금 더 편안해지도록 하는 데에는 회기 안에서 긴 침묵의 시간이 필요할 수 있다. 당신은 가끔 한 번씩 질문을 하면서 확인해볼 수 있는데, "그러면 지금은 무슨 일이 일어나고 있니?" "만일 참나가 이러한 보살핌과 일관성을 보여줄 수 있다면, 그 부분은 점차적으로 마음을 열고 자신의 감정에 대하여 말할 수 있게 될 것이다"(Schwartz, 1995). 그러면 우리는 프로토콜의 목격하기 단계로 이동하게 되는데, 거기서 참나는 추방자의 고통스러운 경험이나 감정을 듣고, 보고, 느끼게 되는데, 이는 깊은 경청과 공명의 상태에서 가능한 것이다. "이것은 트라우마의 해결을 위한 장場을 마련해준다: 탐색과 안전함의 두 가지 상태 사이를, 언어와 신체 사이를, 과거를 기억하는 것과 현재에서 생동감을 느끼는 것 사이에서 진자운동을 하는 것이다."(van der Kolk, 2014)

이것은 한 회기 또는 한 회기 이상의 과정이 될 수 있다. 만일에 추방자가 자신을 드러내는데 더 많은 시간을 필요로 하는데 회기를 마칠 시간이 거의 되었다면, 다음 회기에 와서 정식으로 작업할 때까지 그 부분이 어디에서 머무르고 싶어 하는지를 물어볼 수 있다. 어떤 부분들은 상담실에 있도록 해달라고 요청하는 반면에, 어떤 부분들은 내담자의 가슴에 있고 싶어 하기도 한다. 나는 내담자가 그 주간 동안에 의도적으로 부분을 확인하는 시간을 갖도록 안내하는데, 이것은 다음 회기 전까지 연결감을 깊게 하기 위함이다.

구출retrieval

추방자가 증언하고 목격됨에 따라, 이러한 어린애 같은 부분들이 그 당시에 얼어붙었던 그대로 지금도 그렇게 살고 있다는 것이 종종 명백해진다. "그러한 부분이 과거에서 회복되고 현재에서 양육될 수 있을 때만이 자신의 극단적인 감정이나 신념들을 내려놓을 수 있게 된다."(Schwartz, 1995) 슈워츠에 의한 이러한 발견은 트라우마 연구에서 우리 모두가 알아낸 것들과 일치한다.

> 트라우마는 마음과 신체가 지각을 관리하는 방법을 근본적으로 재조직하는 결과를 가져온다. 그것은 우리가 생각하는 방식과 생각하는 것들을 변화시킬 뿐만 아니라, 우리의 생각하는 바로 그 역량에까지 변화를 일으킨다. 트라우마 피해자들을 도와서 그들 자신에게 무슨 일이 일어났는지를 표현할 수 있는 단어들을 발견하도록 하는 일은 깊은 의미가 있지만, 일반적으로 그것만으로는 충분하지 않다는 것을 발견했다. 이야기를 전달하는 행위가 우리 몸의 신체적이고 호르몬적인 자동 반응을 조절할 수 있는 것은 아닌데, 이러한 자동 반응은 언제든지 폭행이나 공격당할 것에 대비하여 신체가 과각성 상태를 유지하도록 하는 것이다. 진정한 변화가 오기 위해서는, 우리 몸이 새로이 학습할 필요가 있는데 즉 과거의 위험은 지나갔고 지금은 당면한 현실 속에서 살아야 한다는 것을 배우는 것이다.
>
> (van der Kolk, 2014).

부분들을 현재로 데려오는 일은 IFS 프로토콜에서 중요한 부분이다. 치료자는 간단히 내담자가 부분에게 질문하도록 할 수 있는데, "너는 아직 과거에 있니?" 또는 "그 시간과 장소를 떠나서 지금 현재로 와서 나와 함께 있을 준비가 되었니?"라고 묻는 것이다. 만일 내담자가 동의하면, 참나는 힘차게 또는 시각적으로 추방자 부분을 구출해서 현재 순간으로 데리고 온다. 내담자의 창의성은, 어른이나 아이들 모두에게 있어서, 치료의 이러한 국면에서 눈에 띄게 드러난다. 어떤 경우에는 부분들이 안전하고 편안한 환경을 상상하여, 마술적인 나무 집 같은 것이나 또는 좋아하는 해변처럼 가고 싶은 장소를 설정한다. 어떤 내담자들은 그들의 부분들을 그들의 현재 집으로 데려오거나 내 사무실로 데려와서 부분들이 나하고도 시간을 함께 보낼 수 있도록 해준다. 그런 후에 그 부분은 종종 자신이 짊어지고 있던 짐들을 내려놓을 준비가 되는데 그것은 현재 시제에서 그가 안전하게 느끼게 되기 때문이다.

짐 내려놓기[없애기]unburdening

IFS 모델의 가장 흥미롭고도 독창적인 측면 중 하나는 바로 짐 내려놓기[없애기]이다. 슈워츠는 추방된 부분이 참나에게 자신의 이야기를 하고 참나의 보살핌을 받은 후에, 그 부분에게 깊은 변화가 일어나는 것이 가능하다는 것을 발견했다. 추방자 부분은 그가 지고 있는 짐을 사실상 내려놓을 수 있다. 추방자가 지고 있는 그 짐은 "부분의 본질이 아니라 외부로부터 주어진 것"이라는 것을 추방자에게 확신시키는 것이 핵심이다(슈워츠, 1995). 그 짐은 신념, 감정, 그리고 부분이 견뎌온 고통의 신체적 징후들로 이루어진 무리이다.

이 책의 후반부에서 자세히 설명하겠지만, IFS 치료자가 제공하는 가이드와 참나의 존재에 힘입어서 그 부분은 정동, 생각, 그리고 몸의 느낌의 무리를 모두 한곳에 모을 수 있고 그리고 그것들을 떠나보낼 수 있다. 종종 부분들은 이러한 짐들을 바람, 불, 땅, 또는 빛의 요소들로 떠나보낸다. 때때로 부분들은 그들 자신만의 창의적인 생각들을 떠올리는데, 바트Bart가 화장실에서 변을 보는 형태로 짐을 발산하듯이, 리찌Lizzie가 자신의 짐을 날아가는 '새'로 바꾸어버려서 날아가 버리게 하듯이, 줄리아나Juliana가 자신의 짐을 얼음블록으로 만들어 얼어붙어 버리게 하듯이 그렇게 떠나보낼 수 있다.

IFS의 많은 요소들이 직관적 감각을 만들어내는 것으로 보일 수 있는 반면 짐 없애기는 그와 같지는 않다. 이것은 일종의 "백문이 불여일견이다"와 같은 경험이다. 내가 지난 여러 해 동안 해온 IFS 작업과 나의 내담자들의 경험에서 보면 짐 내려놓기 과정은 영속적이고 확실한 효과가 있는 것으로 볼 수 있다.

초대invitation

일단 추방자 부분이 짐을 내려놓으면, 프로토콜에서 다음 단계는 내담자가 이 부분에게 계속 성장시키고 발전시킬 필요가 있는 특성들을 초대하는 것이다. 짐을 내려놓은 후에 시스템 안에는 더 많은 공간이 생기기 때문에, 이러한 새롭고 긍정적인 감정, 신념, 그리고 신체적 상태가 그 공간을 채울 수 있다. 이것은 회기에서 아주 감동적인 순간이 된다. 내담자가 자기사랑self-love, 자신감, 밝게 빛남, 따뜻함, 사랑, 믿음, 그리고 기쁨 등을 기꺼이 맞아들이는 것을 듣고, 아울러 몸의 이완, 자연스러운 미소, 그리고 만족감으로 빛나는 것을 보는 것은 영광스러운 일이다.

보호자에 대해 재확인하기checking back with protectors

IFS 프로토콜의 마지막 단계는 뒤로 물러섰던 부분들을 나오게 하여 그들이 목격했던 작업에 대해 평가하도록 요청하는 것이다. 케이프 코드에서 나의 친구 진이 슈워츠와 함께 했던 데모에서 나타났던 '회의적인' 부분을 기억하는가? 그 부분은 다른 부분의 짐 내려놓기를 지켜보았다. 슈워츠가 그 부분에 대해 재확인하였을 때 그 부분은 단지 몇 가지 증거가 필요했을 뿐인데 지금은 만족한다고 보고하였다.

관리자들과 소방수들은 치유가 일어나는 것을 보았기 때문에 그들은 더 이상 강력한 보호자 역할을 할 필요가 없어졌다. 그들은 자신들의 기술을 더 온건한 방법으로 자유롭게 사용할 수 있다. 나의 '헐뜯는 채찍끝' 부분은 자신이 보호했던 부분이 짐을 없앤 뒤에는 요가를 한다든지 벽장을 청소하는 것과 같은 일들에 대하여 부드럽게 상기시켜줄 수 있게 되었다. 부분들 사이에 새로운 관계가 형성되었고 "거기에는 더 이상 관리자, 추방자, 소방수는 없으며 이들은 단지 내면 가족의 구성원들일 뿐이다."(Schwartz, 1995)

우리는 이제 임상 사례 소품들clinical vignettes이 하이라이트가 되는 단원들로 이동할 것이다. 이 사례 소품들은 IFS 치료의 개념과 프로토콜을 실례로 보여줄 것이다.

참고문헌

Earley, J. (2009). *Self-therapy: A step-by-step guide to creating wholeness and healing your inner child using IFS, a new, cutting-edge psychotherapy.* Minneapolis, MN: Mill City Press. 이진선, 이혜옥 역. (2014). 참자아가 이끄는 소인격체 클리닉: 참자아 리더십 매뉴얼: IFS 자기치유 프로세스. 서울: 시그마프레스.

Earley, J. (2016). *Self-therapy: A step-by-step guide to advanced IFS techniques for working with protectors.* Larkspur, CA: Pattern System Books. 이진선, 이혜옥 역.

(2017). 참자아가 이끄는 소인격체 클리닉.2, 보호자들과의 작업을 위한 고급 IFS 기법 안내서. 서울: 시그마프레스.

Greeson, J. and Eisenlohr-Moul, T. (2014). Mindfulness-based stress reduction for chronic pain. In Baer, R. S. (Ed.), *Mindfulness-based treatment approaches: Clinician's guide to evidence base and applications.* London: Elsevier, Inc. 269–289.

Gomez, Ana M. (2013). EMDR therapy and adjunct approaches with children: Complex trauma, attachment and dissociation. In Gomez, A. M. and Krause, P. K. (Eds.), *EMDR therapy and the use of family systems strategies with children.* New York, NY: Springer Publishing. 299–319.

Hazlett-Stevens (2012). Mindfulness-based stress reduction for comorbid anxiety and depression: Case report and clinical considerations. *The Journal of Nervous and Mental Disease 200*(11), 999–1003.

Kabat-zinn, J. (1994). *Wherever you go, there you are.* New York, NY: Hyperion. 엄성수 역. (2019). 존 카밧진의 왜 마음챙김 명상인가?: 당신이 어디를 가든 거기에 당신이 있다. 서울: 불광출판사.

McConnell, S. (2013). Embodying the internal family. In Sweezy, M. and zizkind, L. (Eds.), *Internal family systems therapy: New dimensions.* New York, NY: Routledge. 90–106.

Sass, S. M., Berenbaum, H., and Abrams, E. M. (2013). Discomfort with emotion moderates distress reduction in a brief mindfulness *intervention. International Journal of Behavioral Consultation and Therapy 7*(4), 24–27.

Schwartz, R. C. (1995). *Internal family systems therapy.* New York, NY: Guilford. 김춘경, 변외진 역. (2010). 내면가족체계치료. 서울: 학지사.

Schwartz, R. C. (2016, April). The power of the internal family systems model to transform your practice & life. Retrieved from https://internalfamilysystems.leadpages.co/ifs-model/

Shadick, N., Sowell, N., Schwartz, R. C., et al. (2013). A randomized controlled trial of an internal family systems-based psychotherapeutic intervention on outcomes in rheumatoid arthritis: A proof-of-concept study. *Journal of Rheumatology.* Retrieved from http://www.jrheum.org/content/early/2013/08/10/jrheum.121465

van der Kolk, B. (2014). *The body keeps the score: Brain, mind, and body in the healing of trauma*. New York, NY: Viking. 제효영 역. (2016). 몸은 기억한다: 트라우마가 남긴 흔적들. 서울: 을유문화사

4

부분을 찾아내고 친해지기

퍼시, 샬럿, 캐슬린

핵심 용어

부분parts	모든 범위의 감정, 생각, 신체 감각, 신념을 지니고 있는 내면의 하위인격들subpersonalities
관리자managers	정신적 고통을 최소화하는 목표를 위해 사전에 대책을 강구하는 주도적인 부분
긍정적 의도 positive Intentions	모든 부분들이 설사 그 결과가 어떠하던지 간에 우리에게 뭔가 도움이 되고 좋은 것을 행하고자 노력하고 있다는 믿음
내면으로 들어가기 going inside	눈을 감거나 부드럽게 응시하여 주의를 외부 세계에서 내면세계로 전환하는 것
몸 지도body map	부분들을 아동의 몸 윤곽에 그려 넣는 외현화 기술

물러[비켜]서기/누그러지기 stepping aside/softening	내담자가 목표하는 부분에 접속할 수 있도록 보호적인 부분이 자신의 자리를 옮기는 것에 동의할 때
내면 통찰in-sight	부분과 연결하고 참나에 접속하는 내면의 경험 및 과정
참나Self	모든 인간에게 내재하는 건강하고, 지혜로우며, 자비로운 현존 (참나에는 '8C'로 불리는 여덟 가지 특성, 즉 호기심curiosity, 자신감confidence, 창조성creativity, 용기courage, 평온함calmness, 연결감connectedness, 명료함clarity, 자비/연민/동정compassion과 함께 기쁨, 감사, 유머, 용서 등이 있다. - 역주)

지금까지 IFS 핵심 개념과 프로토콜의 단계들에 대해 제시하였고, 이제 아동과 함께하는 IFS를 설명해주는 임상 사례 소품vignettes을 소개하겠다.

퍼시Percy는 11세 소년으로 약간의 영국식 억양, 밝은 녹색 눈, 그리고 강인한 골격을 갖고 있다. 자신의 나이에 비하여 작아서 약간 꼬마 요정처럼 느껴졌기에 나는 그의 조숙한 지성과 정서적 깊이를 알고서 놀라게 되었다.

"저의 부모님이 드디어 저를 여기로 데려와서 누군가를 뵐 수 있게 해주셔서 아주 안심이 되어요. 단지 이걸 말씀드려야겠어요. 전 아프게 될게 너무 무서워서 학교 일과를 거의 해낼 수 없어요. 저는 겉으로는 괜찮은 척 하지만 마음속에서 생각할 수 있는 것이라곤 세균들, 토해내는 거, 그리고 제가 병에 걸려서 죽을 걸 알고 있다는 거죠. 심지어 욕실에 가는 것도 무서워요. 엘비스Elvis[14]가 화장실에서 죽은 걸 알고 계셨어요?"

14) 미국의 유명한 대중음악 가수.

"엘비스가 그랬다는 걸 알고 있었단다."

"엄마가 저한테 말해줬거든요. 엘비스가 정말 마약이랑 술에 중독되어 있었는데 그가 죽을 때 화장실에 앉아 있었다고요. 그런데 그 장면을 머릿속에서 지울 수가 없는 거예요. 정말 그 생각을 멈출 수가 없어요."

자신의 고통에 대한 퍼시의 솔직함과 치료자와 함께 있는 안도감의 표현을 접하게 되자마자 그가 사랑스럽게 여겨졌다. 나는 퍼시의 걱정을 그의 한 부분으로 다룸으로써 IFS 모델을 소개하기 시작했다.

"아프게 될 걸 걱정하는 퍼시의 이 부분이 정말로 강렬하구나!"라고 나는 해석해주었다. "우리 모두는 부분들을 가지고 있는데 그것들은 정말로 크고 강한 감정들을 갖게 된단다."

나는 걱정하는 아이들을 많이 알고 있고, 도와줄 수 있는 흥미로운 방법들을 알고 있다고 전하면서 퍼시를 안심시켰다. 나는 걱정하는 부분이 고요해지도록 우리가 함께 탐정이 되어서 그 부분을 알아보자고 제안하였다.

내가 이렇게 제안하자 퍼시는 환해지면서, "그렇게 하고 싶어요. 좋은 생각인 거 같아요."라고 말했다.

나는 우리의 작업을 '2인조 탐정'으로 조직하는 것이 IFS 치료의 주요 원리인 호기심의 개념을 뚜렷하게 해준다고 믿는다. 그것은 또한 아동 치료에 필요한 작업동맹을 굳건히 해준다. "아동과의 관계는… 아동이 자기와 소통하는 것에 응답하여 치료자가 자기를 미묘하게 사용함로써 촉진된다."(Landreth, 2012, p. 209) IFS 아동치료는 아동중심 놀이치료child-centered play therapy의 토대 위에 세워져 있다. 주요 원리는 "아동은 촉진적인 관계와 환경이 제공될 때 자기를 향상하는self-enhancing 방식으로 나아갈 수 있음을 신뢰할 수 있다"는 생각을 포함한다(Ray & Landreth, 2015).

퍼시의 부모는 퍼시가 유아일 때 런던에서 뉴욕으로 이사를 왔다. 퍼시에게는 샐리Sally라는 여동생이 있었는데, 샐리는 감정을 드러내지 않는 성격으로서 부모에게는 좀 더 편한 아이였다. 퍼시의 부모는 둘 다 예술과 관련된 일을 하고 있었고 아들의 강렬한 감정과 창의성을 이해하고 설명하였다. 하지만 그들은 퍼시를 괴롭히는 불안에 대해 어떻게 도울지 몰라 어쩔 줄 모르고 있었다. 퍼시의 걱정은 가장 단순한 일상 기능조차 가족들을 번거롭게 만들었다. 식사, 날씨 변화, 화장실 이용, 학교 행사 참석은 퍼시에게 너무 많은 불안을 불러일으켰기 때문에 가족들의 초점은 퍼시의 불안에 맞춰졌다. 그의 부모가 이성理性, 위안, 심지어 엄한 사랑을 이용하려고 많은 노력을 하였지만 퍼시를 압도하는 불안은 전혀 개선되는 것 같지 않았다. 특히 퍼시의 행동은 불안과 기분 문제의 가족 내력이 있는 어머니를 촉발시켰다. 어머니는 퍼시가 불안에 휩싸인 채로 살아가야 할 것이 매우 걱정되었다.

퍼시가 그리는 걸 매우 좋아했기에 다음 회기에서는 커다란 스케치북, 색연필, 다량의 마커 펜을 준비하였다. 우리는 마루에 함께 앉았고, 나는 퍼시의 지난 한 주에 대해서 물었다.

"힘든 한 주를 보냈어요. 그동안 아주 뜨거웠거든요. 우리는 캠핑을 가기로 했었는데 저는 탈수될까봐 너무 불안했어요."라고 퍼시가 얘기를 나누었다.

"그래서 그 '걱정하는' 부분이 정말로 강렬했었니?"라고 질문했다.

퍼시는 머리를 쓸쓸히 끄덕였다.

"그 걱정에 대해 우리가 작업해볼 수 있는 방법들이 있다고 얘기한 걸 기억하니? 이제 너의 이 '걱정하는' 부분에 대해 몇 가지 알아보도록 해보자."

IFS 프로토콜의 첫 단계는 내면을 점검해보고 어떤 한 부분에 초점을 맞추는 것이다. 나는 퍼시에게 이렇게 안내하였다,

"이제 눈을 감고서, 아주 깊은 숨을 들이쉬고, 이 걱정하는 부분의 이미지가 보이는지, 또는 이 부분이 말하고자 하는 게 들리는지, 또는 이 부분이 너의 몸속 어디에 살고 있는지를 느끼는지 알아보렴. 또는 만약 다른 부분이 거기에 있다면, 그것 역시 아주 좋은 거야." 나는 그를 인도하였다.

나는 다른 부분에 대해 언급함으로써 어떤 부분이 나타나도 환영한다는 것을 퍼시가 알도록 해주었다. 그리고 실제로 그런 일이 그 회기에서 일어났다. 퍼시는 눈을 감고서 무릎에 손을 얹은 채 몇 분 동안 앉아 있었다. 나는 퍼시가 마치 무언가에 대해 열심히 생각하고 있는 것처럼 그의 눈썹을 올리거나 내리는 것을 볼 수 있었다. 퍼시는 눈을 번쩍 뜨고 놀란 말투로 '화난 악마'를 보았다고 말했다.

"화난 악마가 어떻게 생겼는데?"라고 나는 물었다.

"화난 악마의 귀에서 증기가 나와요. 그는 온통 빨갛고 주먹을 쥐고 있어요." 퍼시는 주먹을 단단히 쥐고서 나한테 보여주었다.

"와, 악마가 확실히 성난 것 같구나! 그를 향해서 어떤 마음이 드니?"라고 물어보았다.

이 질문은 핵심적이다. 이 프로토콜의 목적은 내담자의 부분을 향하여 호기심이나 자비의 태도를 가지도록 도와주는 것이기에, 이러한 간단한 질문을 하는 것에 의해 내담자가 참나 에너지를 충분히 가지고 있는

지 또는 부정적인 감정을 가진 다른 부분들이 방해가 되고 있는지 판정하게 한다. 치료자는 참나가 드러날 때까지 부분들에게 물러서달라고 계속해서 요청하도록 내담자를 안내한다. 내담자가 "그 부분에 대해 어떤 마음/느낌이 드나요?"라는 이 질문에 대한 답으로, "그 부분에 흥미를 느껴요." 또는 "그 부분에게 동정compassion[15]을 느껴요." 또는 "그 부분에 대해 알고 싶어요."라고 한다면 참나가 현존함을 알 수 있다. 만약 내담자가 "이 부분이 싫어요." 또는 "이 부분이 제 삶을 망치고 있어요." 또는 "이 부분은 제가 행복해지는 걸 바라지 않아요."라고 한다면, 당신은 또 다른 부분이 현존하고 있고 그 부분이 참나를 위하여 누그러지거나 뒤로 물러나 길을 내어줄 필요가 있다는 것을 알 수 있다. 태양이 구름 뒤에 언제나 있는 것처럼 참나는 항상 거기에 있지만 때로는 가려진다.

"그가 무서워요."라고 퍼시가 대답했다.

"그래, 그럼 '화난 악마'를 무서워하는 이 부분에게 이 방의 다른 곳으로 이동함으로써 '악마'가 그를 무섭게 할 수 없도록 네가 요청해볼 수 있는지 보자꾸나. 너랑 나랑 그 '악마'에게 말하는 사람들이 되는 거야."

퍼시는 방을 둘러보고서 긴 의자를 가리켰다.

"그는 저 긴 의자에 올라가 있을 거예요." 퍼시는 말했다.

"좋아, 잘 했어. 그를 긴 의자에 앉히고, 거기서 기꺼이 기다려주겠다는 것에 대해 고맙다는 인사를 꼭 하렴. 그가 거기서 안정되면 내게 알려주렴."

---

15) 동정同情 1. 남의 어려운 처지를 자기 일처럼 딱하고 가엾게 여김. 2. 남의 어려운 사정을 이해하고 정신적으로나 물질적으로 도움을 베풂. - 표준국어대사전. www.naver.com.

많은 아동들이 자신의 부분들에게 접속하고 즉각 그들과 상호작용을 시작하는 게 얼마나 자연스럽고 쉬운지 나는 끝없이 놀라게 된다. 퍼시는 내면을 점검하고 프로처럼 자신의 부분들과 의사소통을 하였다.

"좋아. 그럼 이제는 그 '화난 악마'에 대하여 어떤 마음이 드니?"라고 물었다.

"그는 못생겼어요." 퍼시가 외쳤다.

"좋았어. 그가 못생겼다고 생각하는 그 부분이 긴 의자로 가서 무서워하는 부분과 함께 앉아 있을 수 있는지 볼까?"

퍼시는 눈을 감고서 고개를 끄덕였다. "그렇게 하겠대요!"라고 말했다.

"좋아, 잘 했어. 그럼 다시 한 번 점검을 하고서 그를 향해 어떤 마음이 드는지 볼까?"라고 나는 퍼시를 안내했다.

"그가 약간 좀 근사하네요." 퍼시가 대답했다. '악마'에게 감명을 받은 것 같았다.

이러한 반응은 퍼시의 입장이 바뀌었다는 걸 가리켰다. 부정적인 느낌을 지닌 부분들이 물러서서 흥미와 연결감—참나 에너지의 가장 중요한 특성들 중 일부인—을 드러내었다.

"좋아, 그럼 네가 그를 근사하다고 생각한다는 것을 알려주고 그가 어떻게 반응하는지 보자."라고 알려주었다.

나는 그 부분이 어떻게 반응하는지 보도록 퍼시에게 요청함으로써, 그 부분이 퍼시의 존재를 알아차리고 있는지 확인하면서 연결감을 촉진하고 있었다.

"네, 그가 대화를 하고 싶어해요."

"좋아, 그가 몇 살인지 물어보렴."

"그는 2006년 2월 12일에 태어났어요."

"오 정말 그가 자기 생일을 알고 있어?" 나는 놀라움과 즐거움으로 물어보았다.

"네, 샐리가 태어난 날 태어났대요. 그때 그는 아기였어요. 그때에는 그렇게 화가 나지 않았는데, 그 아기가 얼마나 많은 관심을 가져가버리는지 알게 되면서 점점 더 화가 많이 났어요." 퍼시가 전문성을 갖고 얘기했다.

"그게 너는 이해가 가니?"라고 나는 물었다.

"물론이죠, 이해가 가요." 퍼시가 잠시 멈추고서 눈을 감았다. "그런데 그가 샐리에게 화난 게 아니라 엄마와 아빠한테 화가 났대요."

"너무 많은 관심을 아기한테 쏟아서?"

"네, 정말 화가 났대요."

"그가 자신의 감정들을 나누어서 네가 기쁘다고 말해주고, 그밖에 또 알려주고 싶은 게 있는지 물어보렴."

퍼시는 다시 한 번 눈을 감았다. 나는 퍼시의 영리한 머릿속에서 많은 것들이 일어나고 있다는 걸 얼굴 표정에서 읽을 수 있었다.

"그는 때때로 분출하는 작은 화산에서 살고 있대요. 그는 내 머릿속에 살고 있지만 내 주먹들 속에 은신처가 있어요. 그게 내가 주먹질을 하는 이유에요! 그는 걱정을 몰아내려고 삼지창을 무기로 사용해요. 그의 집인 화산에는 하나의 커다란 구멍과 균열들이 있어요. 아무도 들어갈 수 없어요. 그 '화난 악마'는 용암에 끄떡도 하지 않아요. 화산에는 '들어오지 마!', '여기서 없어져!', '화난 악마를 주의해!' 같은 표지판들이 있어요."

"와, 퍼시, 그가 너랑 많은 얘길 나누다니 정말 멋지구나."

퍼시가 미소를 짓고서 스케치북과 펜을 보았다.

"그걸 그려보고 싶어요."

"그렇게 해보렴. 대단하구나. '화난 악마'와 화산이 어떤 모습일지 꽤나 궁금하구나."

퍼시가 자신의 부분들에게서 보고 듣는 좋은 시간을 보내고 있었기 때문에 그에게 그림을 그리도록 제안하지는 않았다. 만약 퍼시가 막혀 있거나 빗나가 있는 것으로 보였다면 나는 퍼시가 '화난 악마'와 연결감을 유지하도록 그림을 제안했을 수도 있다. 퍼시가 그림을 시작하기 전까지, IFS의 내면 통찰in-sight이라고 불리는 것을 하고 있었다. 내면 통찰은 내담자가 자신의 '내면으로 들어가서' 이미지와 대화를 활용하여 부분들과 연결하는 것이다. 다수의 아이들에게는 내면 통찰이 어렵다. 부분들이 외현화하였을 때 아이들은 종종 훨씬 더 쉽게 작업할 수 있다. 부분들은 그림, 점토, 레고 인형들, 자동차, 공룡 또는 인형으로 외현화할 수 있다.

아이들은 자신들이 만든 창작품에 애착을 느껴서 여러 주 동안 계속해서 그 창작품들에게 되돌아온다. 내가 만나보는 아이들은 각각 부분들을 그린 그림 폴더와 미술 재료로 만든 모든 것들이 들어갈 상자를 하나씩 가지고 있다. 상자와 폴더는 캐비넷에 보관되고 아이들은 다음 방문 시까지 그것들이 모두 안전하리라는 걸 알고 있다. 우리가 어떤 걸 보관할 수 없다면 사진을 찍어서 폴더에 넣어둔다.

퍼시의 그림들은 그의 부분들과의 연결성을 깊게 해주었다(그림 4.1). 그림들은 퍼시의 내면 통찰에서 묘사한 생김새와 정확히 일치하였다. 퍼시가 그림을 그리고 있을 때 나는 호기심을 나타내면서 각각의 요소들을 설명해 달라고 요청했다. 나의 주의와 호기심을 언어화하는 것은 나의 참나 에너지를 내담자에게 전달하고 부분들이 편안함을 느껴서 치료 세팅

그림 4.1 퍼시의 '화난 악마' 부분

에서 나타날 수 있도록 해준다. 우리는 퍼시의 '화난 악마'에 대해 작업하고 있었지만, 나는 퍼시를 치료에 오게 만들었던 그의 걱정을 기억하고 있었다. 나는 분노와 걱정 사이의 관계를 이해하고 싶었다.

"그가 걱정을 물리치기 위해 삼지창을 사용한다고 네가 말했던 게 기억나는구나. 내면을 점검해보고 이게—걱정과 싸우는 일이—그의 일의 일부인지 알아보렴."

퍼시는 눈을 감고서 '내면으로 들어갔다.'

"음." 하면서 천천히 대답했다. "그는 훌쩍거리며 우는 것보다 화내는 게 더 낫다고 생각해요. 그는 '슬픈' 부분도 보호하고 있어요."

퍼시가 '화난 악마'의 보호적인 성격 그리고 걱정 부분과 취약한 추방된 '슬픈' 부분에게 연결감을 자각해가는 걸 바라보는 건 뜻깊다. 우리는 나타나준 것, 많은 걸 나눠준 것 그리고 그의 모습과 하는 일과 사는 곳을 보여준 것에 대해 그 부분에게 감사의 말을 전하면서 회기를 마무리한다. 나는 그가 '걱정하는' 부분과 '슬픈' 부분에 연결되어 있는 것처럼 보이는 것에 주목하면서, 우리의 만남에서처럼 그들을 알아가도록 우리가 노력할 것임을 그에게, 그리고 대리를 통해 그들에게 상기시킨다. 우리는 '화난 악마'가 한 주 동안 퍼시에게서 무엇을 원하는지 물어보았을 때, 그는 그저 오늘 대화를 나누어서 기쁘다고 말한다. 우리는 그러고 나서 긴 의자에 앉아 기다렸던 두 부분에게 무언가 더 추가할 것이 있는지 물어본다. 퍼시가 그들이 평온하고 흥미로워한다고 말하기에, 나는 그들이 물러나서 '화난 악마'와 그의 화산을 알게 해준 것에 대해 감사를 표현하도록 퍼시를 안내했다. 우리는 스케치북과 마커 펜들을 치우고 이번 주 만남에 작별을 하였다.

이 회기는 아동이 보호자 부분과 연결될 때의 모습이 어떠한지를 보여주는 완벽한 예이다. IFS 훈련에서 치료자들은 보호자와 연결하고 긍정적인 관계를 발전시키는 방법으로 6F를 배우게 된다.

부분을 발견하기Find the part

부분에 초점을 맞추기Focus on the part

구체화하기Flesh it out16)

부분과 친해지기[사귀기]Befriend the part

부분의 두려움을 찾기Find out its fears

---

16) 'Flesh it out' 다음에 '부분을 향한 느낌/마음Feel toward' 단계가 있는데 여기서 내담자의 참나 에너지를 평가한다.

퍼시는 자신의 '화난 악마'에 대해서 아주 많은 것을 배울 수 있었다. 퍼시는 이 부분에 대해 겁을 먹거나 심판적으로 되기보다는 연결감을 느꼈다. 부분들의 이러한 평화로운 공존은 아동과 성인 모두 비슷하게 더욱 안정된 느낌으로 이끈다.

다음 회기에서 우리는 마커 펜과 도화지, 그리고 퍼시가 지난주에 작업한 그림을 꺼내왔다. 퍼시는 '화난 악마'에 대해 점검해보고, 그가 잘 해내고 있다고 말했다. 나는 퍼시가 지난주에 이름 붙인 '걱정하는' 부분과 '슬픈' 부분을 확인해볼 것을 요청했다.

"걱정하는 부분이 보이는데요, 그의 이름은 '걱정 괴물'이에요."라고 퍼시가 말했다.

퍼시는 6F의 첫 단계로서 그 부분을 발견하였다. 우리는 '화난 악마'와 했던 것처럼 진행하였다. 우리는 퍼시가 그 부분에 대하여 어떤 마음이 드는지 확인해보았다.

퍼시가 대답했다. "그가 싫어요."

"음, 물론 이해가 돼. 그러한 걱정들은 그동안 너를 그렇게 힘들게 해왔어. 하지만 그를 싫어하는 이 부분이 저 긴 의자에 앉아서 너와 내가 '걱정 괴물'을 알아가도록 해줄 수 있는지 확인해보자."

우리가 미워하는 부분이 있는 상태에서 '걱정 괴물'과 연결하려고 시도했다면, '걱정 괴물'은 자신을 드러내지 않을 가능성이 높았을 것이다. 퍼시가 미워하는 부분에 대해 호기심을 가졌을 때, '걱정 괴물'(그림 4.2)의 특성들에 초점을 맞추고 구체화할 수 있었다.

"그는 카멜레온처럼 다양한 색깔이 있어요. 걱정하는 것에 따라 색깔을 바꿔요. 어떤 때는 정말 크고, 또 어떤 때는 작아요".

그림 4.2 퍼시의 '걱정 괴물' 부분

"그는 퍼시의 몸 어디에 살고 있니?"라고 나는 물었다.

"그는 제 머릿속에서 작은 곳을 차지하고 있는데, 제 마음속에서 그에게 힘을 제공하고 있어요."

"좋아, 잘 했어. 그가 너의 머릿속에, 너의 마음속에 살고 있는 것을 네가 알았다는 걸 그에게 알려주렴."

부분들은 우리가 그들을 이해하려고 노력하고 있음을 알아야 한다. "네가 그 부분을 이해했다는 것을 그 부분이 알게 하도록" 지도하는 것은 부분과 참나 사이의 연결감을 증가시켜준다.

"그는 때때로 걱정의 지진을 일으켜요. 그가 지진을 시작할 때에는 창백한 색을 띠어요. 그를 그려볼게요. 그는 걱정 때문에 비명을 질러요." 퍼시가 그 부분을 그려감에 따라 우리는 그걸 함께 바라보았고, 그때 퍼시가 말했다. "하!" 퍼시는 자신이 기대하지 않았던 것을 알게 되었다. "그는 정말 자신에 대해 걱정하지 않아요. 다른 부분들이 걱정하게끔 만드는

게 바로 그예요."

"와, 그것 참 흥미롭구나. 너는 처음에 그가 '걱정하는' 부분이라고 생각했는데, 그를 더욱 알아가게 되면서 그가 다른 부분들을 걱정하게 만든다는 걸 알게 되었구나." 나는 반영해주었다.

우리는 부분들에게서 직접 듣기보다는 부분에 대해 생각하게 될 때 그들이 수행하는 역할에 대해 종종 추정을 하게 된다. 퍼시의 이러한 깨달음은 우리가 부분들을 깊이 경청하고 참된 연결감을 가질 때 일어날 수 있다는 훌륭한 예증이다. "그는 몇 살이니?"라고 물어보았다.

"그는 2002년 10월 6일에 태어났는데, 저도 같은 날 태어났어요. 그는 약했지만 살아남았어요. 그 당시에는 모든 것이 낯설었다고 말하네요. 그는 샐리가 정말로 아파서 병원에 가야했을 그 시점에는 자신이 정말 강렬해졌다고 말하고 있어요. 제가 세균들과 게워내는 거에 대해 걱정하기 시작한 게 그때였다고 말하네요."

퍼시와 나는 IFS 프로토콜을 사용하여 '화난 악마', '걱정 괴물'과 '슬픈' 부분에게 많이 집중하여 작업하였다. 여동생에게 화가 나거나 여동생의 병을 걱정하는 부분들과 퍼시를 병에서 보호하려고 애쓰는 부분들을 분리하는 것은 퍼시에게 매우 도움이 되었다. 그 후 몇 달 넘게 불안과 반추 증상이 뚜렷하게 감소하였다. 우리는 또한 매우 흥미로운 다른 부분들도 만났다: 퍼시에게 너무 추워지는 것에 대해 경고한 '한寒 장군' 부분, 호흡, 혈액 순환, 소변보기, 대변보기를 책임지는 부분들의 조합인 '일꾼들', 위험에 처한 동물들을 구조하길 바라는 '돌봄이' 부분. 이러한 시간 전반을 통해 퍼시는 캠핑가기, 물속에 머리 넣기, 학교 댄스파티에 가기 등과 같은 목표들을 수립하였다. 치료를 받았던 해에 그는 자신의 모든 목표를 성취하였다. 퍼시는 치료를 마친 6개월 뒤에 몇 차례 회기를 가졌고, 그 무렵 퍼시는 중학교에 들어갔는데, 소녀들 그리고 문자 주고받기에 대해 이야기를 나눴다. 퍼시는 이제 제 자리를 잡았다.

*****

샬럿Charlotte은 열세 살로 깊이 있고 감정이 풍부하다. 두 건축사의 막내인 샬럿은 부모 양쪽의 재능과 어머니의 염려하는 경향을 물려받았다. 샬럿의 부모는 첫째 아들이 몇 달 전에 다시 의료상 응급 상황에 처했던 것 때문에 불안감이 상승하는 것에 대해 걱정하고 있었다. 샬럿에게 이미 있는 불면증과 온갖 곳에서의 재앙에 대한 걱정은 이제 너무 지나친 상태에 있었다. 샬럿의 이력에서 중대한 것은 2학년 때 그녀의 할아버지와 친한 친구의 엄마가 둘 다 암으로 돌아가셨다는 사실이다. 샬럿의 부모에게 아동과의 IFS 치료를 설명하자, 부모는 이 치료가 샬럿에게 좋은 방법이라고 확신하게 되었는데, 샬럿은 이미 명상에 관심이 있었고 그와 같은 생생한 상상력이 있었기 때문이다.

샬럿과 나는 첫 회기에 함께 마루바닥에 다리를 꼬고 앉아서 우리의 관계를 형성해갔다. 샬럿은 엄마가 가족을 떠나서 가게 될 여행과 엄마에게 끔찍한 일이 생기리라는 것에 대해 얼마나 불안한지 이야기하였다. 나는 우리가 기분이 더 나아지도록 도울 수 있기를 희망하면서, 그 불안에 대해 더 알아보는 것에 흥미가 있는지 샬럿에게 물어보았다. 샬럿은 즉각 동의하였다.

"눈을 감고 그 불안에 집중해보는 것이 괜찮겠니, 샬럿?"

"그렇게 할 수 있어요."라고 샬럿이 대답했다.

샬럿은 긴 의자에 기대어 천천히 눈을 감았다. 나는 그녀에게 그 불안을 느끼는 몸의 부위를 찾아보라고 했다.

"그건 제 가슴 속에 있어요."라고 샬럿이 슬프게 대답했다.

"너의 손을 그 가슴에, 네가 그 부분을 느끼는 바로 거기에 손을 얹어보면 어떨지 보자꾸나."라고 나는 제안했다.

샬럿이 자신의 가슴에 접촉하였을 때, 나는 그녀의 손 주변의 몸 전체가 부드러워지는 걸 보았다.

"잘 했다, 샬럿. 너의 터치로 그 부분이 거기 있다는 걸 네가 알고 있다고 그렇게 그 부분이 알도록 해주고 있구나. 이제 너의 이 '걱정스러운' 부분에 집중할 때 마음속에 어떤 심상이 있는지 보자꾸나."라고 안내하였다.

"이건 참 이상해요. 저의 심장이 더욱 빠르게 뛰는 게 느껴지고 산들이 보이고 그러고 나서 흰 공이 땅위에 굴러다니고 있어요. 흰 공의 내부는 어둡고 검어요."라고 샬럿은 놀란 말투로 나누었다.

"와, 거기에서 정말 많은 정보를 얻고 있구나. 흰 공을 향하여 어떤 마음이 드니?"

"안됐다는 마음이 들어요."라고 샬럿이 대답했다.

"흰 공에게 불쌍한 마음이 든다고 느끼는 거니?"라고 나는 물었다.

내담자가 어떤 부분에 대하여 종종 안쓰러움을 말하게 되는데, 이 때 짐짓 생색내지만 우월함을 감추는 그런 불쌍히 여김pity, 또는 어떤 부분에 대한 안쓰러움이 그러한 처지에 대한 진정한 공감empathy, 자비/연민compassion, 그리고 이해를 의미하는 것인지 그 둘 사이를 구분하는 것이 중요하다. 이러한 것들은 참나의 특성이다. 불쌍히 여김pity은 또 다른 보호적인 부분일 것이다.

샬럿이 대답했다. "오, 아니에요. 제가 이 부분에 관심이 있는 것 같아요."

"좋았어. 네가 이 부분을 보고 있고 관심이 있다는 것을 어떤 식으로 이 부분에게 알려준다면 어떤 일이 일어날지 지켜보자꾸나."라고 나는 안내했다.

"와, 이 부분이 기지개를 펴고 눕기 시작하네요. 이 부분은 자기가 많은 감정덩어리들로 이루어져 있다고 제게 얘기해주고 있어요. 이 부분의 일부는 질투이고, 다른 일부는 실제로 억눌린 기쁨이에요."

"와, 대단하다. 이 부분이 어떻게 너에게 도움이 되려고 애쓰고 있는지 물어볼래?"

샬럿은 계속해서 조용히 앉아있으면서 내면세계에서 진행되고 있는 것에 집중하였다.

"저를 더 나은 사람으로 만들기 위해 애쓰고 있다고, 제가 더 행복해지길 바란다고 말하고 있어요. 무척 재밌네요, 저는 이 부분이 제게 무언가 좋은 걸 바란다고 생각한 적이 한 번도 없었거든요."라고 샬럿은 놀라서 얘기했다.

회기가 끝나갈 무렵에 나는 샬럿에게 다음 주에 다시 우리가 이 부분과 작업할 것이라는 걸 이 부분에게 알려주고, 그때까지 이 부분이 샬럿에게서 필요한 것이 있는지 확인해보도록 했다.

잠시 조용한 순간이 지나고 샬럿은 대답했다. "없어요. 자기가 거기에 있다는 걸 마침내 제가 알아차린 것으로 정말 행복해하네요."

샬럿의 이 부분과의 작업은 모두 그녀의 마음과 몸 내부에서 일어났다. 부분들과의 이러한 종류의 상호작용을 내면 통찰in-sight이라고 한다. 참나에서 부분에게 접속하는 내면의 과정을 통해서 샬럿은 이 부분의 위치를 찾아내고, 친분을 맺고, 사귀게 되었다. 대부분의 보호적인 부분들과 함께하면서 일단 참나와 진심으로 연결하게 된다면, 그들은 종종 자신들의 긍정적인 의도를 공유할 것이다. 그러고 나서 관계의 성격은 협력적이고 친밀해진다. 샬럿과 나는 이 부분이 내면의 어두운 부분에 접근해서 짐을 없애고 치유하는 걸 허용할 준비가 될 때까지 이 부분과 계속 작업하였다. 샬럿은 뚜렷하게 나아졌다고 느꼈고, 그녀의 부모는 상대적으로 단기간의 치료로 그러한 변화를 만들어낼 수 있었던 것에 마음이 놓였다.

*****

캐슬린Kathleen은 하나의 폭죽이다. 캐슬린은 그녀의 나이 이상으로 총명하고 매우 날카로워서, 그녀가 단지 여섯 살임을 나 스스로에게 끊임없이 상기시켜야 한다. 부모도 마찬가지이다. 내가 처음 캐슬린의 부모인 크리스토퍼와 베스를 만났을 때 캐슬린은 유치원에 다녔다. 이 가족은 끔찍한 상실로 고통 받고 있었다. 사랑하는 이모가 갑자기 죽었기 때문이다. 캐슬린은 학교에 떨어져 있으면서 아주 힘든 시간을 보내고 있었고 이모의 죽음에 강하게 사로잡혀 있었다. 그 당시 우리는 부모 상담을 몇 회기 하면서 크리스토퍼와 베스가 캐슬린에게 가장 편안한 도움을 주도록 했다. 2년 뒤에 캐슬린은 같은 문제로 분투하고 있었고, 우리는 일주일에 한 번씩 놀이치료 회기를 갖는 것이 도움이 될 것이라고 결정하였다.

첫 회기에 캐슬린과 나는 마룻바닥에 앉아서 파이프 청소기 줄에 구슬을 꿰어 목걸이를 만들었는데, 이때 캐슬린은 마음을 열기 시작하였다.

"저는 항상 다나 이모를 생각해요. 학교에 있을 때도요. 무슨 말인가 하면요, 천사들은 왜 [하늘에서] 내려와 하필이면 이모를 선택해서 하나님께 데려간 걸까요?" 캐슬린은 고통으로 혼란스러워 하며 물었다.

"죽는다는 건 이해하기 무척 어려운 거란다. 어른들에게도 그래. 이런 모든 의문들이 학교에서 집중하기 어렵게 만드는 것처럼 느껴지는구나."

"학교에서뿐만이 아니에요. 밤에 너무 무서워져서 제 방에서 자는 게 싫어요. 아빠가 제 옆에 바닥에서 자야만 해요."라고 캐슬린이 비밀을 털어놓았다.

"이러한 느낌들이 꽤 압도적일 수 있다는 걸로 들리는구나. 나는 그러한 느낌들을 알아가고 진정시키는 방법을 알고 있어. 이걸 배우고 싶니?" 라고 나는 물었다.

캐슬린은 투지가 왕성했다. "그게 제가 여기에 온 이유죠, 리자. 절 도와주셔야만 해요."

"너의 몸의 윤곽을 그려보고, 이러한 느낌들이 내부 어디에 있는지 지도를 그려볼까?

몸 지도는 아이들에게 그들의 부분들에 대해 가르치기 시작할 수 있는 아주 좋은 방법이다(그림 4.3). 여러분이 아이를 위해 윤곽을 그릴 수 있고, 또는 인터넷에서 몸 모양의 이미지를 내려 받아 인쇄하여 상담실에 준비해놓을 수 있다.

"이제 우리가 몸의 윤곽을 그렸으니까, 이러한 느낌들을 찾아보고 지도

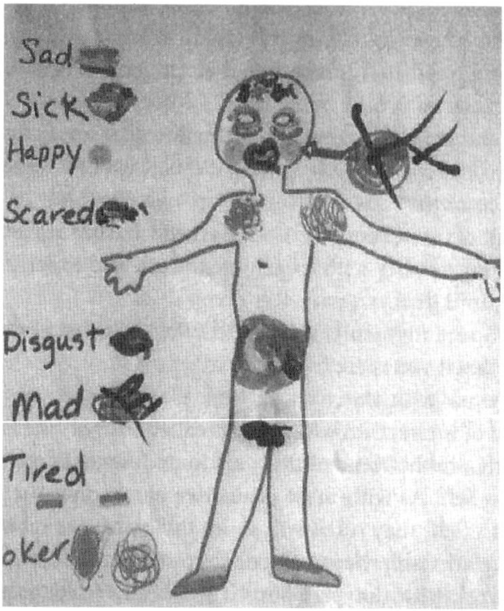

그림 4.3 캐슬린의 몸 지도 Body map

를 함께 만들어볼 수 있겠다. 좋았어. 그럼 눈을 감고 내면을 점검하고서 이러한 큰 느낌들 중 하나를 찾아보자."

캐슬린은 몸을 바로세우고 앉아 눈을 감았다. 나는 캐슬린에게 숨을 쉬면서 자신의 몸과 마음에 주의를 기울이라고 안내하였다,

"슬픈 느낌들을 발견했어요!"라고 캐슬린이 소리쳤다. "잘 했어. 몸 어디에서 그것들이 느껴지니?"

"제 눈 주변에서 느껴져요, 눈물처럼요."라고 캐슬린이 슬프게 말했다.

"그럼 그 '슬픈' 부분에게 가장 알맞는 색깔을 골라서 너의 지도에 그려보렴."

캐슬린은 자신의 눈을 갈색으로 그리고 나서 마커 상자를 손으로 뒤적

여서 푸른 색조 세 개를 찾았다. 캐슬린은 상당히 집중하면서 조용히 작업하였는데, 이제부터 내가 '슬픈' 부분이라고 부르는 것을 그려냈다.

나는 캐슬린에게 또 다른 부분을 찾을 준비가 되었는지 물어보았다. 캐슬린은 눈을 감고 손으로 명상하는 자세를 취하는 것으로 답했다.

"네가 명상가라는 걸 알겠구나. 그렇게 하니까 근사해, 캐슬린, 이거는 특별한 종류의 명상이란다. 내면에서 또 다른 부분을 확인해보렴."

"오, 그래요. 이건 정말 거대하네요. 항상 아픈 느낌이 있는 바로 그거네요, 엄마가 신경성 위장胃臟이라고 부르는 부분이에요."

"너는 뭐라고 부르고 싶니?"라고 나는 물었다.

"전 단지 '병病'이라고 생각해요. '병'은 많은 색깔이 있고 저의 배 안에서 살아요. 항상 제 배 안에서 껑충껑충 뛰어 다녀요."라고 캐슬린이 보고했다.

이 회기의 나머지 부분도 이러한 방식으로 진행되었는데, 캐슬린의 부분들을 확인하고서 지도와 요소들을 사용하여 캐슬린의 내면세계를 표현하였다. 아이들은 부분들을 지도화하는 걸 매우 좋아한다. 이것은 유쾌하고, 다채롭고, 상호작용적인 활동으로서 부분들을 더 많이 더 깊이 탐구하기 위한 토대 작업이 된다.

다음 회기에서 우리는 폴더를 꺼내 그 지도에 대해 함께 점검하였다.

"이 부분들 중에서 오늘은 어떤 것에 초점을 맞추고 싶니? 우리는 한 부분을 제대로 알아나갈 수 있어. 눈을 감고 점검해서 어떤 부분이 먼저 해보길 원하는지 확인해보자."라고 나는 안내하였다.

"'조커'가 먼저 해보고 싶어 해요."라고 캐슬린이 외쳤다. "조커를 그려보고 싶어요."

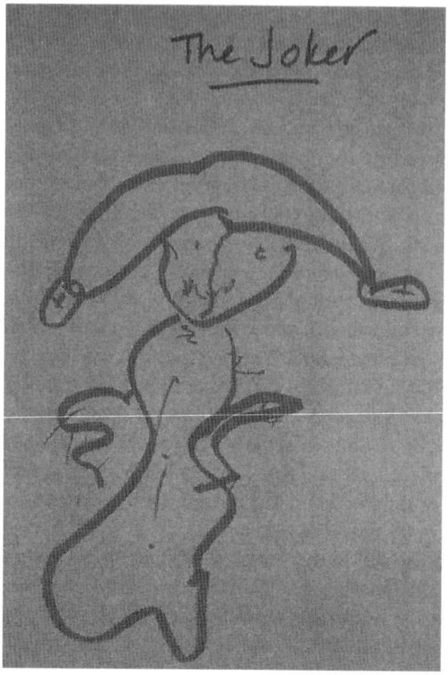

그림 4.4 캐슬린의 '조커' 부분

캐슬린이 '조커'(그림 4.4)를 그린 뒤에, 나는 캐슬린이 '조커'에 대해 알아감에 따라 내가 클립보드에 기록을 해놓겠다고 말해주었다. 나는 '조커'를 좋아하지 않거나 두려워하는 다른 부분들이 있는지 분명히 확인하였고 그들에게 물러서달라고 요청하도록 했다. 캐슬린이 '조커'에게 진정 호기심이 있다는 것이 명확해졌을 때, 우리는 그를 알아가는 일을 시작하였다. 그가 그녀의 양팔 겨드랑이 밑에 살면서 "난 조커야. 난 조커야. 너에게 재밌는 얘길 해줄게!"라고 짧은 노래를 부른다고 캐슬린은 보고하였다. '조커'는 캐슬린의 뇌腦에 뛰어들어서 장악할 수 있다. 그는 어떤 농담을 접수해서, 그 농담을 더 재미있게 만들기 위해 뭔가 사실이 아닌 것을 거기에 추가한다. 캐슬린은 조커가 사소한 거짓말들을 해온 것을 깨닫고 겁이 나고 죄책감을 느낀다.

'조커'가 이러한 정보를 공유한 뒤, 우리는 그의 역사를 알아내기 위해 얼마나 오랫동안 이 일을 해왔는지 그에게 물어보았다. '조커'는 다나 이모가 죽은 뒤부터 거기에 있었다고 답하였다. '조커'는 캐슬린의 아버지와 할아버지가 세상에서 가장 슬픈 사람들이고 그들을 힘이 나게 하는 게 자신의 일이었다고 말했다. 그는 그들을 웃기기 위해서는 무엇이라도 줄곧 해댔는데, 심지어는 거짓말도 했다.

캐슬린은 '조커'의 얘기를 경청한 다음에, 그와 그의 일에 대해 감사함을 느끼기 시작했다. 캐슬린은 또한 조커가 자신도 또한 보호해주었다는 것을 이해할 수 있었다. 아버지와 할아버지가 매우 괴로워하는 걸 지켜보는 게 캐슬린에게는 너무 무서웠다. '조커'는 캐슬린이 그러한 느낌들을 경험하길 원하지 않았다. '조커'는 자신의 노력을 인정해주고 고마움을 표현해주어서 매우 행복해했다. 캐슬린은 '조커'와 협약을 맺었다: 캐슬린이 겨드랑이에서 그를 느끼게 될 때에는 그에게 주의를 기울임으로써 다른 사람들을 고통에서 벗어나게 해주려고 그가 완전히 장악을 하고서 거짓으로 농담할 필요가 없게 하겠다는 것이다. 캐슬린과 그녀의 부분 사이의 연결감은 '조커'가 캐슬린과 섞여서 장악해야 할 시간의 양을 현저하게 줄여주었다. '조커'를 알아가고 감사하게 된 이 강력한 경험은 캐슬린으로 하여금 부분 작업Parts work이 지닌 치유적인 힘을 믿는 신자信者로 만들었다.

참고문헌[17]

Landreth, G. (2012). *Play therapy: the art of the realationship, 3rd ed.* New York, NY: Routledge. 유미숙 역. (2015). 놀이치료: 치료관계의 기술. 서울: 학지사.

Ray, D. & Landreth, G. (2015). Child-centered Play Therapy. Crenshaw, D. A. & Steward, A. L. Ed. *Play Therapy: A Comprehensive Guide to Theory and Practice.* New York, NY: Guilford. 이순행 역. (2018). '아동중심 놀이치료.' 놀이치료 1: 이론과 기법편. 서울: 학지사.

17) 이번 4장 참고문헌은 원서에서 누락되었으나 역자가 조사하여 수록함.

5

보호자와 협상하기

에스더, 탈리아

핵심 용어

용어	정의
협상negotiation	어떤 부분을 치유하기 위하여 그 부분에 접속하도록 보호적인 부분들이 허락을 해주는 것이 왜 그들에게 최선의 이득이 되는지 이해하도록 도와주는 과정
관리자managers	정신적 고통을 최소화하는 목표를 위해 사전에 대책을 강구하는 주도적인 부분
소방수firefighters	정신적 고통이 촉발된 뒤 그 고통을 처리하는 반동反動하는 부분
허락permission	보호적인 부분의 명시적인 허락 없이는 그 어떤 부분에도 치료작업을 하지 않는다는 내면가족체계 치료의 입장
긍정적 의도 positive Intentions	모든 부분들이 설사 그 결과가 어떠하던지 간에 우리에게 뭔가 도움이 되고 좋은 것을 행하고자 노력하고 있다는 믿음

내면으로 들어가기 going inside	눈을 감거나 부드럽게 응시하여 주의를 외부 세계에서 내면세계로 전환하는 것
물러[비켜]서기/ 누그러지기 stepping aside/softening	내담자가 목표하는 부분에 접속할 수 있도록 보호적인 부분이 자신의 자리를 옮기는 것에 동의할 때
섞임blending	어떤 한 부분의 신념과 감정들이 참나 또는 다른 부분들과 합체되어 있을 때
탈섞임unblending	참나와의 관계를 촉진하기 위하여 부분이 분화 및 분리될 때
참나Self	모든 인간에게 내재하는 건강하고, 지혜로우며, 자비로운 현존(참나에는 '8C'로 불리는 여덟 가지 특성, 즉 호기심curiosity, 자신감confidence, 창조성creativity, 용기courage, 평온함calmness, 연결감connectedness, 명료함clarity, 자비/연민/동정compassion과 함께 기쁨, 감사, 유머, 용서 등이 있다. - 역주)

IFS 치료의 주된 목적 중의 하나는 상처받고 취약한 부분들을 치유하는 것이다. 이 부분들을 치유하기 위해서 내담자의 참나는 이 추방자 부분들과 연결하여 관계형성을 할 수 있어야 한다. 그러나 종종 이 부분들은 쉽게 접근하기 어렵다. 왜냐하면 보호자 부분들이 이들을 의식에서 멀리 떼어놓아 보호하고 있기 때문이다. 보호자들은 궁전을 지키는 문지기와 같고 중요한 임무를 지고 그 자리를 지키고 있다. 이들의 사명은 정신 체계가 고통으로 압도되는 것을 막아내는 것이다. 퍼시의 '화난 악마Angry Devil'를 생각해보라. 퍼시에 의하면 그 부분은 그의 어린 여동생이 태어나던 바로 그 날에 생긴 것이다. 그는 자기 부모가 아기 동생에게 주의를 기울일수록 분노가 점차 증가하였고 그에 따라 분노 부분이 또한

크게 자라났다. 퍼시와 나는 '화난 악마'가 다른 부분, 즉 어린 동생 샐리가 태어났을 때 슬픔을 느끼고 부모에게서 버려졌다고 느끼는 부분을 보호하고 있었음을 발견했다. 퍼시의 시스템에서 보면, 버려지고 약한 것보다는 분노와 강인함을 느끼는 것이 더 낫다고 여겼을 것이다. 퍼시와 내가 '슬픈Sad' 부분을 알게 되었을 때 일어날 수 있는 감정들을 다룰 수 있다는 것을 '화난 악마' 부분이 믿게 되었을 때 그는 옆으로 비켜서는데 동의했다. 그러고 난 뒤에야 퍼시의 추방된 취약한 부분과 작업할 수 있게 되었고 도움을 줄 수 있었다.

IFS의 많은 작업들이 보호적인 부분들과의 협상에서 일어난다. 보호자 부분은 자신의 역할을 진지하게 수행한다. 많은 보호자 부분들은 그들의 역할을 수년 동안 해왔다. 그렇기 때문에 보호자들이 옆으로 물러나 주어서 치료자와 내담자가 고통 속에 있는 부분에게 접근하고 연결할 수 있도록 허용해주는 것에 머뭇거리는 것은 이해할 만하다. 그들이 보호하고 있는 부분들과의 접촉을 허용할 수 있도록 보호자들을 안심시키고 설득할 필요가 있다.

보호자들은 두 가지 방식으로 일한다(Schwartz, 1995). 하나는 사전 대책을 세워서 고통스러운 반응을 유발하는 상황이나 사람들을 피하는 것과 같이 내적, 외적 세계를 관리하는 방식이다. 슈워츠는 이런 보호자들을 관리자라 칭한다. 보호자 부분이 일하는 또 다른 방식은 일어나고 있는 고통을 주의전환을 통해 재빨리 제거하는 것이다. 이것의 범위는 비디오 게임을 하는 온건한 행위로부터 약물을 사용하는 것과 같은 파괴적인 행위에까지 이어진다. 이러한 보호자들을 소방수라고 부른다. 그들은 불을 끄기 위해서 창문과 문을 부수고 들어가야 한다면 그렇게 해서라도

들이닥친다.

슈워츠(1995)는 보호자와 협상할 때 생기는 일곱 가지 일반적인 두려움에 대해 설명한다. 여기에 더하여 보호자들을 안심시킬 수 있고 협력을 요청하는 몇 가지 대응 기술이 있다. 비록 이 모델은 성인들을 염두에 두고 개발되었지만, 어린이의 부분들에게도 매우 유사한 두려움이 있는 것으로 밝혀지고 있다. 어린이들 마음 안의 보호자 부분들이 가지고 있는 전형적인 몇 가지 걱정들과 그들을 안심시킬 수 있는 방법들을 아래에 제시한다.

두려움: 아무것도 달라지지 않을 거예요.

안심시키기: 이건 고통을 치유하는 새로운 방식의 작업이란다. 한번 시도해보면 어떻겠니?

두려움: 그것에 대해 말한다면 너무 아프게 될 거예요.

안심시키기: 우리는 부분에게 네가 고통으로 압도되지 않도록 하는 데 동의할 수 있는지를 먼저 요청할 거란다. 그 부분이 동의하지 않으면, 우리는 바로 시작하지는 않을 거야.

두려움: 이 부분과 작업하게 되면, 다른 무서운 부분이 나타나게 될 거예요.

안심시키기: 우리는 이 두려움에 주의를 기울일 거고, 고통 중에 있는 부분과 작업하기 전에 우리의 연결을 필요로 하는 다른 강렬한 부분이 있는지를 미리 살펴볼 거란다.

두려움: 부모님은 내가 이것에 대해 말하는 것을 좋아하지 않으실 거예요.

안심시키기: 너의 부모님은 내가 너를 도울 수 있도록 너를 여기에 데리고 오셨어. 그래서 나는 너의 부모님이 너의 부분들을 이해하실 수 있도록 도울 거란다.

두려움: 부분이 더 이상 필요하지 않게 되면 그건 없어지고 말 거예요.

안심시키기: 우리는 절대로 부분들을 잃지 않아. 부분들은 다른 일을 선택하거나 그냥 휴식을 취할 수 있지만, 그들은 절대 너를 떠나는 일은 없을 거란다.

두려움: 어떤 부분들에게는 집에서 나오는 일이 안전하지 않을 거예요.

안심시키기: 부분들은 여기에 나올 수 있고, 그래서 너는 그 부분들을 더 잘 알아갈 수 있게 된단다. 그리고 만일 필요하다면, 네가 여기를 떠날 때 너의 보호자들이 다시 돌아가서 그들이 하던 일을 할 수 있단다.

두려움: 나는 말 할 수 없어요. 그건 비밀이거든요.

안심시키기: 이 부분이 준비됐다고 느낄 때까지 너는 그 비밀을 나에게 말하지 않아도 돼. 나는 네가 네 자신에게 비밀을 숨기지 않도록 도우려는 거란다.

위에 언급한 마지막 두려움은 아이들의 부분들과 작업할 때 복잡하면서도 현실적인 양상을 띤다. 현실은 아이들이 그들의 양육자들에게 의존한다는 것이고, 의존대상이 되는 양육자가 한편으로는 아이들에게 해로운 일을 할 수도 있다는 것이다. 분명한 신체학대나 성적학대가 없는 상황이라면, 치료자는 아이가 자신의 상처 부분을 부모에게 이야기하도록 도움을 주어서 가족 안에서 변화를 이뤄낼 수 있도록 작업을 한다. 흔히 부모의 부분에 대하여 이야기하는 것은 아이들에게 매우 도움이 된다. 왜냐하면 아이들은 부모 자체에 대하여 거부하거나 분노할 필요가 없기 때문이다. 다시 말하면, 아이들은 부모의 부분 또는 그들의 생활 속에서 만나는 다른 어른들의 부분에 대해서만 싫어하거나 무서워하는 것이지 부모나 가까운 어른의 인격 전체를 두려워할 필요가 없게 되기 때문이다. 가족 안에서 IFS를 사용하는 것은 전적으로 비난받는다는 느낌에서 일어나는 갈등이나 상처를 완화하는데 큰 도움이 된다.

신체적이거나 정서적인 또는 성적인 학대가 드러난 경우에, 우리 치료자들은 법으로 위임받은 보고자이며 우리의 어린이 내담자들에 대해 보호적인 입장을 취해야 할 필요가 있다. 그런 일들을 드러냄으로써 끼칠 영향에 대해 우리가 그 결과를 보장할 수는 없지만 아이들의 부분들과 안전을 위하여 보살핌과 지지를 우리는 제공할 수 있으며, 그렇게 함으로써 아이의 내적 그리고 외적 세상의 변화를 이루어 낼 수 있게 되기를 희망한다.

다음에 나오게 될 사례들은 보호자들과 함께 협상과 공동작업을 하는 과정을 보여줄 것이다. 아이들이 자신의 부분들과 창의적이고 사랑스러운 방식으로 작업하는 것을 보는 것은 경이로운 일이다.

에스더Esther는 불안으로 힘겨워하는 열두 살짜리 하시드 소녀이다. 하시드 유대인들Hasidic Jews18)은 보통 소호부모교실에 오지 않기 때문에, 나

---

18) 하시드 유대교: 이는 유대교중에서도 신비주의적 또는 극단적인 교파에 해당되는 교리로써, 이들을 일컬어 Hasidic Jewish라고 한다. 이들은 검정 옷, 검정코트, 검정 중절모의 의복코드가 있고 남녀를 한자리에 앉지 못하도록 분리하는 문화를 가지기도 한다. - Naver 지식iN

와 다른 그런 배경을 가진 내담자와 작업하는 것이 매우 흥미로웠다. 나는 내 자신의 부분들을 알아차리면서 이 가족에게 접근하였는데, 조금은 조심하면서, 조금은 판단하면서 또 얼마간은 극도의 호기심을 가지고 그 가족에게로 다가갔다.

첫 회기에서, 나는 에스더의 부모인 샤이나Shayna와 메나헴Menachem을 만났다. 샤이나는 가발을 쓰고 긴 스커트를 입고 있었다. 메나헴은 전형적인 하시드 옷차림인 검은 모자와 코트를 입었다. 그들의 모습은 매우 이질적이었으나, 그들과 대화를 시작하자마자 고정관념을 갖고 있던 나의 부분은 즉각 무장해제하였다. 두 사람 모두 IFS 치료에 참여한 바 있으며 꽤 심리적인 마인드가 갖춰져 있는 사람들이다. 그들이 나를 "온전한 유대인Jewish enough"으로 받아들이지 않을까봐 걱정했던 나의 부분들 또한 놀라움을 감추지 못했는데 이는 서로가 문화를 재빨리 나누게 되면서 매우 편안하게 느껴졌기 때문이다.

이 만남이 있기 몇 개월 전에 샤이나와 메나헴은 에스더를 인지행동치료사에게로 데려갔는데 그것은 아이의 불안을 도와주기 위해서였다. 에스더는 모든 회기에 다 참여하였고 회기 사이에 주어진 모든 숙제를 의무적으로 다 해냈다. 하지만 불행하게도 그녀의 걱정과 고통의 수준은 줄어들지 않았다. 샤이나는 걱정하고 좌절하였으며, 그녀 자신의 치료자에게 아이와 IFS를 하는 것이 가능한지를 물었다. 샤이나의 치료자는 이 사례를 나에게 연결해주었다.

우리의 초기 부모 면담에서 샤이나와 메나헴은 그들의 딸에 대해 걱정하는 바를 얘기해주었다. 에스더는 질병과 죽음에 사로잡혀 있었다. 기침할 때마다, 코를 훌쩍거릴 때마다, 배안에서 꼬르륵 소리가 날 때마다 그런 것들에 대해 걱정하였다. 잠을 잘 자지 못했고, 계속해서 위로해줄 필요가 있었으며, 학교공부에 집중하기도 어려웠다. 샤이나와 메나헴은 더 이상 에스더를 진정시킬 수 없다고 느꼈기 때문에 그들은 딸에 대한 인내심이 한계에 와있는 상태라고 보고했다.

에스더가 첫 회기에 방문했을 때 긴 파란색의 스커트와, 단추로 채우게 되어있는 피터팬 칼라의 셔츠를 입었고, 히브리어로 그녀 이름의 첫 자를 새긴 목걸이를 하고 있었다. 에스더는 보라색 테의 안경을 쓰고 있었는데 브루클린 하시드Hasid라기 보다는 브루클린[19] 힙스터hypster[20]처럼 보였다. 나는 내 소개를 하였고 우리는 종이와 마커를 준비하고 바닥에 앉았다. 서로 친숙해지고 나자, 그녀는 자신의 대가족 그림을 그렸고(그림 5.1), 나는 그 그림에 매혹되었다.

에스더는 걱정과 불안함으로 인한 고통을 묘사하였다. 에스더의 자기 보고는 바로 그녀의 부모가 묘사한 대로였다. 불면, 사로잡힘, 부모와 끊임없는 접촉의 필요성, 그리고 학교생활에 집중할 수 없음 등이다.

"그래서 네게 걱정하는 부분이 있는 거니?" 라고 물었다.

---

19) 브루클린: 미국 롱아일랜드 서쪽 끝에 위치하며 뉴욕시의 5개 자치구 중에서 최대의 인구를 가진다. 브루쿨린은 독특한 문화, 독립 예술 현장과 독특한 건축학적 유산을 유지한다. 특별한 인종 그룹과 문화가 두드러지는 민족거주지가 인근에 있다.

20) 힙스터: 힙스터는 아편을 뜻하는 속어 hop에서 진화한 hip이라는 말에서 유래했고, 1940년대의 재즈광들을 지칭하는 슬랭. 1990년대 이후, 뉴욕을 중심으로 독특한 문화적 코드를 공유하는 일부 중산층 출신의 백인 젊은이들을 힙스터라고 부르고 있다. 힙스터 문화를 상징하는 아이콘으로는 쫄청바지, 무기어 자전거, 유럽식 담배, 미국식 장식품(예, 나이키 마크), 질 좋은 차와 커피, 인디음악, 독립영화 등이 있고, 아는 척하기, 아닌 척하기, 주류에서 벗어난 대안 문화, 냉소, 실없음, 쿨해지기 등의 특징이 있다고 한다. - 네이버 지식백과

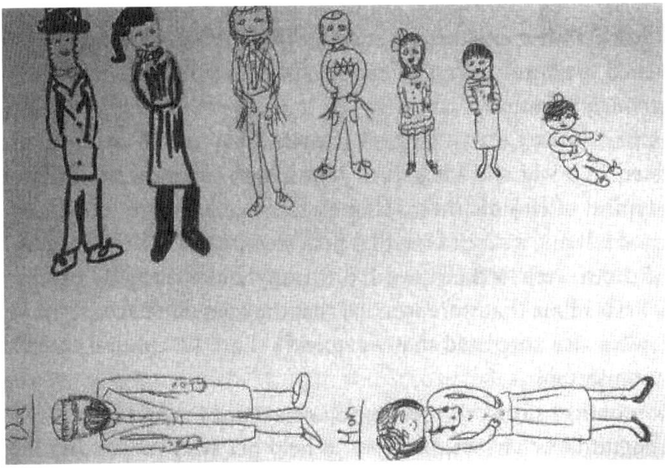

그림 5.1 에스더의 가족화

"네, 물론이죠. 그건 정말 커요."라고 그녀가 대답했다. "저는 모든 것에 대해 걱정을 멈출 수가 없어요. 제게 심장마비가 올 거라고 생각하구요, 어떤 때는 시야가 뿌옇게 보여요, 그리고 언제나 암에 대해서 걱정해요, 제가 부모님을 미치게 만들고 있어요!"

"흠, 네 부모님은 너를 어떻게 도와야 할지 알지 못하고 그리고 바로 그 알 수 없는 이유로 인해 부모님이 미칠 것 같은 거구나! 그래서 너의 부모님이 너를 이곳에 데려온 거고. 네 부모님은 네가 이전에는 해보지 않았던 새로운 치료를 네가 해보기를 원하시지. 우리가 모두 함께 작업하기 전에 네가 그것을 시도해 보기를 원하신단다."라고 그녀를 안심시켰다. "그래, 우리는 너에게 커다란 걱정 부분이 있다는 것을 알고 있어. 눈을 감고 네 몸의 어디에서 걱정하는 부분이 있는지 느껴보고 그것을 알아차리도록 해보자."라고 나는 안내했다.

에스더는 눈을 감고 한동안 조용하게 머물렀고 그리고는 말했다. "저는 그걸 배 안에서 느껴요."

"정말 잘했구나. 그 부분에 대한 이미지가 나타났니?" 나는 물었다.

"아니요, 하지만 그 부분이 제게 말하고 있어요." 에스더는 놀란 목소리로 대답했다.

"멋진 일이야. 그 부분에 대해서 어떻게 느끼는지 볼까."

그 부분이 에스더에게 말하기 시작했다고 할지라도(그림 5.2.를 보라) 나는 그녀가 그 말을 들을 수 있는 충분한 참나 에너지가 있는지 확인하고 싶었다.

"그 '걱정하는Worry' 부분! 그게 저를 미치게 해요," 몹시 화가 난 목소리로 그녀가 대답했다.

"좋아, 그걸 알아차렸다니 훌륭해. '걱정하는' 부분 때문에 미칠 것 같은

그림 5.2 에스더의 부분들의 지도

부분도 거기 있구나. 혹시 그 부분이 한걸음 물러설 수 있는지, 그래서 우리가 '걱정하는' 부분과 연결할 수 있도록 기꺼이 그 부분이 한 걸음 물러나줄 수 있는지 알아볼 수 있을까. 만약에 우리가 '걱정하는' 부분을 도울 수 있게 되면, 이 '미칠 것 같은Driven Crazy' 부분도 조금은 쉴 수 있을 거야. 그 부분에게 한걸음 물러설 수 있을지 물어봐 줄래."라고 말했다.

이것이 목표로 하고 있는 부분과 작업할 수 있도록 허락받기 위해서 보호적인 부분과 협상하는 방법의 예시이다. 그 '미칠 것 같은' 부분은 우리가 '걱정하는' 부분을 도울 수 있게 되면 자신이 덜 힘들게 될 것이라는 것을 그가 알도록 해줄 필요가 있다.

"알았어요, 물어볼게요." 에스더는 침착하게 몰두한다. "음, 해보겠다고 하네요."

"대단하구나. 고맙다고 얘기해줘. 우리가 할 수 있는 일은 시도해보는 것뿐이지." 나는 말했다. "알았어요,"라고 에스더는 약간 웃으며 대답했다. "제가 고맙다고 하니까 약간 고개를 숙여서 절을 하는 것 같아요."

"훌륭해. 이제 '걱정하는' 부분에 대해서 어떻게 느끼는지 볼까," 나는 다시 물었는데, 참나가 현존하는지 알아보기 위해서였다.

"저는 고통 받고 싶지 않아요. 그런데 '걱정하는' 부분이 저를 고통스럽게 해요,"라고 에스더는 슬프게 말했다.

"그렇구나, 그런데 우리가 너의 또 다른 부분을 만나고 있구나, 에스더. '고통 받고 싶지 않은Doesn't Want to Suffer' 부분이 있구나. 그 감정이 맞니?"

"음…, 맞는 것 같아요." 그녀가 대답했다.

"그것을 네 몸 안에서 느낄 수 있니?" 나는 질문했다.

"네, 그 부분은 '걱정하는' 부분 바로 옆에 있어요. 약간 뒤쪽으로요."

"굉장해. 그 부분에게 '미칠 것 같은' 부분에게 가서 그와 함께 시간을 보낼 수 있는지 물어봐줄래." 나는 안내했다.

"싫다고 하네요." 에스더가 웃으면서 말했다.

"무엇 때문에 뒤로 물러서지 않는 건지 물어 볼 수 있겠니?"

"그냥 그러고 싶지 않데요!"

"우리가 '걱정하는' 부분의 모든 것에 대해 배울 수 있고 그를 도울 수 있게 되면 그 부분이 덜 고통스럽게 될 것이라고 알려주겠니."

"그 부분이 '정말?'이냐고 물어요." 에스더가 말했다.

"물론이지, 네가 '걱정하는' 부분에게 얘기할 때 고통받고 싶어 하지 않는 부분이 상황을 지켜볼 수 있고 만일에 어떤 큰 이견이라도 생기면 그것이 그저 네가 알 수 있도록 해주기만 하면, 우리는 하던 일을 멈추고 그 부분에게 말할 거라고 알려주렴."

"그가 그렇게 하겠다고 하네요!" 에스더가 놀란 목소리로 대답했다. "그 부분은 고통을 몹시 싫어해요."

"심각하게 '걱정하는' 부분과 연결할 수 있도록 옆으로 비켜서는 것에 동의해줘서 정말로 고맙다고 말해주렴."

에스더는 조용히 앉아서 눈을 감고 있다. 몇 분이 지난 후에 나는 그 부분이 뒤로 물러났는지 물어보았다.

"그들은 모두 모여서 소파에 앉아있어요," 그녀는 대답했다.

"자 이제 '걱정하는' 부분을 확인하고 나서 네가 그것에 대해 어떤 느낌이 드는지 느껴보겠니," 내가 질문했다.

"제 가슴에서 아픔같은 게 느껴져요," 그녀는 쓸쓸한 표정으로 말했다.

"그래 에스더, 네 가슴에 있는 고통에 집중해보자. 네 손을 가슴에 얹어놓아서 그 부분으로 하여금 네가 그 부분을 느끼고 있다는 것을 알 수 있도록 해볼 수도 있어."

에스더는 가슴에 손을 얹고 눈을 감고 그 상태를 유지했다. 그녀는 조용히 속삭였다. "이것은 내 가슴에 있는 또 다른 부분인데 그것은 내가 하느님[21]을 위해 좋은 일들을 충분히 하지 않은 것에 대해 걱정하고 있어요."

"오, 네 마음속의 고통에 주목하다니 정말 대단하구나," 나는 공감적으로 말했다. "이 부분으로 하여금 이 부분이 거기에 있고 그것은 매우 중요하다는 것을 네가 이해하고 있다고 말해줄래."

에스더는 가슴에 손을 얹은 채로 얼마동안 조용히 앉아 있었다. 그녀는 감았던 눈을 뜨고 말했다. "기분이 조금 나아졌대요."

"그 부분은 네가 지금 여기서 그것을 보살피고 있다는 것을 알고 있어. 그 부분에게 우리가 다른 시간에 그와 함께 작업할 것이고 그때 다시 많은 관심을 줄 거라고 말해줄래. 하지만 오늘은 우리가 '걱정하는' 부분에게 집중할 건데 그 부분에게 그때까지 기다려줄 수 있는지 물어봐주렴."

"알겠어요, 그 부분은 제가 그에 대해 알고 있는지 확인하고 싶었대요. 그는 다른 부분들과 함께 소파에서 기다리고 있겠다고 하네요," 에스더는 말했다.

"정말 멋지구나, 나도 그에게 고마움을 크게 느끼고 있다고 전해주렴! 이제 '걱정하는' 부분에게 집중하고 네가 그것에 대해서 어떻게 느끼는지 살펴보자."

---

21) 유대교에서는 'God'을 '하느님'으로 번역하기에 이에 따랐다.

"저는 그 부분이 친근하게 느껴져요. 무엇을 말하고자 하는지 듣고 싶어요." 그녀는 대답했다.

"정말 훌륭해. 그러면 그 부분이 네가 알기를 원하는 것이 무엇인지 너에게 말할 수 있도록 해줄래."

잠시 후에 에스더는 눈을 번쩍 뜨고는 믿을 수 없다는 듯이 말했다. "그 부분이 저를 사랑한대요! 제가 만났던 치료자는 이 걱정 부분이 나를 미워한다고 말했어요. 그리고 우리는 그것을 제거할 방법을 찾아야 한다고 했어요. 그런데 이 부분이 나를 사랑한다고 말하면서 나를 어떤 식으로든 보호하려고 노력하는 거래요."

'걱정하는' 부분과의 연결을 막았던 에스더의 부분들과 협상을 하고 나서, 그녀는 이 부분이 사실상 그녀를 도우려고 노력했다는 것을 알게 되었다. 그녀가 만일 부분 그 자체로부터 직접 듣지 못했더라면 그녀는 그것에 대해 믿지 못했을 것이다.

우리가 섞임에서 분리하여 한발 옆으로 물러서도록 요청한 부분들은 '미칠 것 같은Driven Crazy,' '고통 받기 싫어하는Hates to suffer' 그리고 '하느님께 충분히 해드리지 못한 것에 대한 걱정들Worries about not doing enough for God'—모두 다 다른 무엇보다 먼저 가장 중요하게 에스더의 참나 에너지와의 연결감을 필요로 하였다. 그것들은 '걱정하는' 부분에의 접근을 차단하는 것을 멈추기 전에 멈춰야 할 근거와 확신이 필요했다. 이러한 부분들은 이제 환영받는다고 느끼고, 에스더의 관심을 계속해서 받게 될 것이고, 그리고 '걱정하는' 부분과의 작업은 이 부분들에게도 도움이 될 수 있는 가능성이 있다는 것을 알아차렸다. 이러한 모든 것은 그 부분들이 한 쪽으로 물러나는 것에 대해 합리적인 선택을 하도록 만들었다.

치료의 나머지는 '걱정하는' 부분과 맺어진 깊은 연결감에서 피어났다. 죽음과 질병에 대한 에스더의 불안과 사로잡힘은 차츰 줄어들었고 그녀는 그해 여름에 집을 떠나 잠을 자고 오는 캠프sleep-away camp에 갈 수 있게 되었다. 그녀의 부모는 가을에 그녀를 다시 데려오지 않았지만, 일 년 후 그녀 엄마의 치료자로부터 에스더가 여전히 잘 지내고 있다는 소식을 들었다.

*****

탈리아Talia는 용감하고 머리가 좋은 일곱 살짜리 아이이다. 그녀의 부모가 치료를 찾은 이유는 집에서 보이는 그녀의 초대형 분노발작 때문이다. 그녀도 자신이 "모든 것을 망쳐버리는 나쁜 아이"라고 말했다. 그녀의 부모인 마크Mark와 마시Marci는 탈리아의 분노발작과 이해하기 어려운 행동으로 인해 자주 가족을 장악해버리기 때문에 때때로 탈리아가 원하는 대로 해줘야했다. 부모는 그녀의 짜증이 덜 빈번하게 나타나는 것과 그들의 딸이 보다 더 사랑스런 자아개념을 갖게 되는 것 두 가지를 치료에서 다루기를 원했다.

몇 번의 모노폴리 주니어Monopoly Junior 보드게임을 하고 부분 작업에 대한 약간의 설명을 듣고 난 후, 탈리아는 '파괴자Destructo'라고 하는 자신의 한 부분을 알아내게 되었다. 그녀는 그에 대한 그림을 그리고 매직모델Model Magic22)을 사용하여 '파괴자'를 조형하였다(그림5.3). 그것은 수퍼히

22) 매직모델: 미국에서 판매하는 레디 메이드(손쉽게 사용하도록 준비 되어있는) 어린이용 공예품.

그림 5.3 탈리아의 '파괴자' 부분

어로처럼 보였는데, 그의 가슴에 'Destructo'에서 딴 대문자 D의 배지를 달았다. 그녀는 '파괴자'를 강한 남성으로써, 그의 앞을 가로막는 것은 무엇이 됐든지 아랑곳하지 않고 파괴하는 자와 동일시하였는데, 그는 물건을 던지고, 책을 찢고, 부모가 정해놓은 한계를 귀담아 듣지 않고 거부하는 등의 분노발작의 행위를 하는 그녀의 한 부분이었다.

'파괴자'를 알아가는 동안 탈리아는 또 다른 부분에 대하여 얘기하였는데, 그것은 그녀의 부모가 언니를 편애한다고 느끼는 더 취약한 부분이었고, 이러한 상황이 그녀를 얼마나 화나게 하는지를 말해주었다. 탈리아가 '아무도 나를 사랑하지 않아Nobody loves me'라고 부르는 이 부분과 대화의 문을 열려고 하자, '파괴자'가 나타나곤 했다. 때때로 우리가 하던 게임이 곤두박이 되고 모노폴리 돈은 날아가곤 했다. 때때로 탈리아가 주의 깊게 만들어 놓은 매직모델 창조물들은 하나의 반죽덩어리가 되어서 한 뭉

텅이로 용기 속에 던져 넣어졌다.

우리가 '아무도 나를 사랑하지 않아'와 작업하는데 무엇이 그렇게 걱정되는지를 '파괴자'에게 물어보도록 탈리아에게 요청했을 때, "아무 소용없어요!" 라고 그녀가 말했다.

"그것이 의미하는 게 무엇인지 그에게 물어보겠니? 호기심이 느껴지는구나," 나는 탐색하였다.

"그가 말하기를 절대로 아무것도 변하지 않을 것이고 그러니까 우리는 그냥 그만둬야 한데요." 탈리아가 신랄한 어조로 말했다.

"흠, 우리는 절대로 그를 밀어붙이지 않을 거고, 그가 동의해준다면 단지 '아무도 날 사랑하지 않아' 부분에 대해 알아보려고 하는 것뿐이라는 것을 그가 알도록 전해주겠니."라고 탈리아와 '파괴자'를 안심시키기 위해 말했다.

"하! 그가 '젠장, 맞아.'라고 말하네요." 그녀가 웃으며 말했다.

"네가 농담하는 게 아니지. 그가 대장이란다. 그건 확실해. 하지만 그가 전에는 이런 일을 시도해 본적이 한 번도 없었을 거야. 그러니까 그는 아마도 이 일이 어떻게 될지 확인해보는 것에 흥미를 가질 수 있을 것 같은데 이걸 그가 알도록 해주겠니?"

탈리아는 눈을 가늘게 뜨고 아래를 바라보면서 깊이 생각했다. "그는 선생님에게 지금 좀 당돌한 것 같아요. 그는 아무것도 바꿀 수 없다고 믿고 있지만 그는 자신의 가슴을 앞으로 내밀고 이런 식으로 말해요. '어디 한번 해봐…'"

"흠, 시도해볼 기회를 주어서 고맙구나! 우리가 너의 언니와 관련하여 슬퍼하는 부분과 연결을 하는 동안에 그가 네 주변에서 시간을 보낼 수 있을지 물어보렴."

"그는 꼼짝도 안 해요!"라고 그녀는 자랑스럽게 말했다.

"알았어, 괜찮아, 그는 움직이지 않아도 돼. 그렇지만 그가 한쪽으로 조금만 비켜서게 되면 무슨 일이 일어날 거라고 생각하는지 물어봐주렴."

탈리아는 머리를 한 쪽으로 올리더니 말했다. "오, 이건 정말 재밌어요. 그는 더 이상 자기 일을 하지 못하게 되는 것처럼 쫓겨나는 걸 원하지 않는대요."

"오, 그는 자기 일을 정말 좋아하나보구나?" 나는 물었다.

"흠, 대체적으로는, 이라고 그가 말하네요."

"그가 자기 일을 대부분은 사랑한다는 것을 네가 이해한다고 말해줘라, 그런데 그가 그 일을 좋아하지 않을 때에 대해서도 물어봐줄래."

"흠, 그는 가끔 한번 씩 완전히 스트레스를 받아 고갈되기도 한대요. 하지만 가끔 한번 씩만 그런대요." 탈리아가 보고했다.

"알겠구나. 어떤 부분들이든지 그들의 일이나 그들의 중요성을 잃게 되는 일은 없을 거란다. 그리고 '파괴자'가 매우 중요하다는 것을 우리가 알고 있다는 걸 그가 알도록 말해주겠니. 우리는 절대로 부분들을 잃지 않을 거야, 하지만 그들이 다른 일을 하기를 원한다거나, 휴가 가기를 원한다면 그들은 그들이 원하는 걸 선택할 수 있단다." 나는 설명해 주었다.

탈리아의 머리가 위로 솟듯 번쩍 들렸다. "휴가요? 어떤 종류의 휴가인데요?" 강렬한 흥미를 보이며 그녀는 물었다.

"흠, '파괴자'가 휴가를 가게 된다면, 그 휴가는 어떤 휴가가 될지를 그에게 물어봐줄래? 그는 자기가 좋아하는 어떤 것이든 선택할 수 있단다."

탈리아는 손을 뻗어서 매직모델을 잡았다. 그녀는 조용히 작업했고 나는 지켜보았는데, 그녀가 '파괴자'를 위해 긴 의자를 만드는 것을 즐기면서 바라보았다.

"그는 해변을 좋아해요." 그녀가 말했다.

"그는 해변의 긴 의자에 눕는 것을 좋아하니?" 내가 물었다.

"네, 어떤 때는 햇빛 아래에 있는 것을, 어떤 때는 파라솔 그늘 아래에 있는 걸 좋아해요."

다음에 그녀는 다채로운 색깔의 비치파라솔을 만들었다.

"그가 좋아하는 특별한 해변이 있니? 어디든 특별한 곳에?" 대화의 문을 계속 열어놓으며 내가 물었다.

"그는 바하마를 좋아해요. 아틀란티스Atlantis[23]를 아세요?" 그녀가 물었다.

"나는 아틀란티스에 가본 적이 없어, 하지만 그곳에 있는 것을 정말 좋아하는 아이들을 많이 알고 있지. 수영장 주변에 강 같은 것이 흐르고 있고 물속에 있는 동안 먹을 수 있는 그런 장소가 있다고 들었어. '파괴자'는 아틀란티스에 있는 해변을 좋아하는 것 같구나."

탈리아는 조심스럽게 파라솔을 만들면서 고개를 끄덕였다.

"그가 바하마에 갈 때를 위하여 네가 그를 위해서 의자와 파라솔을 만들고 있다는 것을 그가 알도록 해줄래." 나는 말했다.

"그는 아주 조그만 우산이 꽂혀있는 특별한 과일 드링크 종류를 원해요!" 그녀는 소리쳤다.

23) 아틀란티스는 해저 속으로 사라졌다고 여겨지는 전설의 섬을 말하지만, 여기서는 아이들을 위한 수중 및 수상 놀이시설을 가리킨다.

"와, 멋있다! 네가 해변에 누워있을 때 그 음료를 마시는 것은 정말 좋을 거야. 그것은 너를 정말 시원하게 해줄 거야."

"그는 또 비치타월을 원해요."라고 그녀가 말했다. 그리고 그녀는 매직 모델로 타월을 만들었다.

"이것들은 '파괴자'의 바하마 여행에 아주 잘 쓰여질 거야. 그것들을 너의 스페셜 박스에 모두 넣어두어 다음 시간까지 건조되고 안전하게 보관될 수 있도록 하자. '파괴자'가 가끔 한번씩 바하마에 가서 스트레스를 날려버리고 휴식 취하기를 좋아할 수도 있다는 것을 우리가 알도록 해주어서 고맙구나." 회기를 마칠 때가 다가오자 나는 말했다.

다음 회기에서 탈리아는 '파괴자'가 사용할 비치용품을 서둘러서 꺼냈다.

그녀는 '파괴자'를 꺼내서 그에게 한 쌍의 선글라스를 씌어주었다. 그녀는 그를 위해 음료와 파라솔을 준비해 놓고 긴 의자에 앉혔다.

나는 그가 서둘러 휴가를 떠나는 것을 제안하지 않도록 매우 조심했지만, '파괴자'가 항상 그렇게 열심히 일을 할 필요가 없게 된다면 어떻게 될 것 같은지에 대해 생각을 해보도록 안내하였다.

"그래서 탈리아, '파괴자'에게 우리가 다른 부분을 만나는 딱 한 회기 동안에 아틀란티스에 가고 싶어 할지 물어봐 줄래. 그러고 나서 그는 회기가 끝나기 전에 돌아올 수 있어."

"그가 해보겠대요, 그렇지만 딱 30분 동안만. 그는 그 이상 오래 머물고 싶어 하지 않아요… 아직은," 그녀가 웃었다.

비록 다른 보호자들이 우리를 '아무도 날 사랑하지 않아' 부분과 차단하기 위해 나타날지라도, 그리고 더 많은 작업을 그들과 함께할 필요가 있을지라도, '파괴자'는 바하마에서 더욱 길고 긴 휴가를 보내며 멋진 휴식을 어느 정도 취할 수 있게 되었다. 탈리아는 그녀의 언니에 대한 상처와 질투에 대해 얼마간 작업을 할 수 있었고, 그녀의 부모는 탈리아의 분노발작이 사라졌다고 보고했다.

위의 두 사례에서는 IFS 치료자가 보호자 부분과 작업할 때 보호자 부분이 아이를 향하여 긍정적인 의도를 가지고 있다는 것을 알아주면서 그 부분을 존중하며 작업하는 방법을 보여준다. 안심시키기와 창의적인 방식으로, 아이들은 그들의 보호자 부분들과 협상할 수 있도록 안내를 받을 수 있는데, 상황은 변화될 수 있다는 희망을 그들에게 주면서 그들 안에 있는 추방된 부분들을 돕기 위한 길을 열어주는 것이다.

참고문헌

Schwartz, R. C. (1995). *Internal family systems therapy.* New York, NY: Guilford. 김춘경, 변외진 역. (2010). 내면가족체계치료. 서울: 학지사.

6

부분들을 외현화하기

헤일리, 레인

핵심 용어	
외현화externalization	부분을 구체적 형태로 표상하는 과정: 그림, 작은 조각상, 점토 모형, 또는 오브제 등
내면으로 들어가기 going inside	눈을 감거나 부드럽게 응시하여 주의를 외부 세계에서 내면세계로 전환하는 것
몸 지도body map	부분들을 아동의 몸 윤곽에 그려 넣는 외현화 기술
추방자exiles	의식awareness에서 추방된 취약한 부분들
짐 내려놓기[없애기] unburdening	부분이 자신의 짐들을 떼어버리는 내면의 과정

참나Self	모든 인간에게 내재하는 건강하고, 지혜로우며, 자비로운 현존 (참나에는 '8C'로 불리는 여덟 가지 특성, 즉 호기심curiosity, 자신감confidence, 창조성creativity, 용기courage, 평온함calmness, 연결감connectedness, 명료함clarity, 자비/연민/동정compassion과 함께 기쁨, 감사, 유머, 용서 등이 있다. - 역주)

헤일리Hailey는 크고 검은 눈과 앞머리를 단발로 다듬은 검은 머리의 사랑스러운 여섯 살짜리 한국계 미국인 소녀이다. 헤일리는 세 자매 중 맏이이고 엄마 라라Lara는 소호부모교실에서 하는 주간 어머니모임의 오래된 멤버이다. 헤일리가 세 살이 되고 라라의 둘째 아기인 베아트리체Beatrice가 태어난 지 수개월 되었을 때, 라라가 잠시 쉬고 있는 동안 헤일리와 베이비시터가 아침에 아기의 기저귀를 갈아주고 있었다. 베이비시터가 무언가 가지러 가기 위해 기저귀 가는 테이블에서 물러났고 그때 베아트리체는 테이블에서 아래로 떨어졌다. 헤일리가 이 상황을 목격했고, 이로 인해 아기는 병원에서 이틀 동안 지내게 되었으며, 가족들은 걱정으로 엄청난 스트레스를 받았고, 베이비시터는 해고되었다. 그 당시에 헤일리에게 외적으로는 어떠한 트라우마 증상도 나타나 보이지 않았다. 그리고 베아트리체는 완전히 회복되었고, 이 문제는 과거로 묻혔다.

라라가 그녀의 셋째 아기인 클로에Chloe를 가졌을 때, 라라는 헤일리가 점점 베아트리체에게 집중하기 시작하는 것을 알아차렸는데, 생일파티와 놀이모임에서 헬리콥터부모처럼 여동생 주변을 맴돌며 따라다니는 것이다. 베아트리체는 활동적이고 모험심이 있는 작은 소녀인데, 언니의 보살핌에 짜증을 내었고 신체적으로 언어적으로 그녀를 밀쳐냈다.

라라와 그녀의 남편 제임스는 이 시기에 헤일리를 위한 부모 교사 회의에 참가했다. 학교 심리학자가 이 회의에 참여하여 학교에서의 헤일리의 행동에 대한 자신의 우려를 그들에게 얘기해주었다. 헤일리는 학업에서는 조숙하나 사교에서는 소심하였다. 헤일리는 완벽주의적이고, 진지하고, 폐쇄적이었다. 헤일리의 맴도는 행동과 결부하여 학교 측에서 보여준 우려로 인하여 헤일리의 치료 작업은 곧바로 시작되었다.

헤일리는 "완벽한 작은 소녀Perfect Little Girl"라고 우리가 부르게 된 부분을 보여주었다. 예의바르고, 사랑스럽고, 성실한 헤일리는 매주 점퍼스커트pinafore24)와 무릎까지 오는 양말을 신고 나타났다. 그녀는 미술을 즐겼는데, 우리가 서로를 알아가면서 정교하게 콜라주 프로젝트를 그려 완성했다. 그녀는 일종의 "전통적인 방식으로 행동하는 아이color inside the lines"와 같았다. 또한 그녀는 두드러지게 독립적인 태도를 보여주었다. 헤일리는 언제나 도움 받지 않고 스스로 학용품을 챙기고 싶어 했다. 미술 재료 상자가 제아무리 무거울지라도 언제나 자신의 힘으로 해내고자 했다. 그녀는 회기가 끝날 때 어떤 지시를 하지 않아도 물건들을 꺼내던 그 장소에 있던 그대로 되돌려놓고 정리를 마쳤다.

헤일리의 부모는 그녀가 여동생을 너무 걱정하는 것 같았기 때문에 치료에 오게 된 것이라고 헤일리에게 설명했다. 베아트리체가 당했던 사고에 대하여 우리가 말하게 되었을 때 나는 부분이라는 개념에 대하여 소개했다.

"너의 한 부분은 베아트리체에 대하여 걱정하고 있는 것 같은데, 혹시

---

24) 블라우스나 스웨터 위에 입는, 소매 없는 웃옷과 스커트가 한데 붙은 옷, 점퍼스커트.

지금까지도 걱정하고 있는 거니?"라고 내가 물었다.

이것에 대해서 헤일리는 납득을 하였다. 아마도 이 '걱정하는Worried' 부분이 놀이터에서 또는 체조 생일파티에서 베아트리체에게 아무 일도 일어나지 않았는지 확인하고 싶어 하며, 베아트리체 주변을 따라다니면서 그녀가 괜찮은지 확인하고자 하는 강한 감정이 있는 것은 아닌지 나는 넌지시 말해보았다. 헤일리는 동의하였다.

"나는 베아트리체가 또다시 떨어지지 않았으면 해요"라고 헤일리가 말했다.

내가 헤일리로 하여금 직접 그 부분과 작업하도록 시도하였을 때—그녀의 몸 안에서 그것을 찾고, 그것의 이미지를 보고, 또는 그것의 이야기를 들을 때—그녀는 어쩔 줄 몰라 했다. 이것은 아이들에게 있어서 드문 일은 아니다. 내가 작업을 했던 많은 아이들이 IFS 프로토콜에 자연스럽게 참여하는 반면에, 어떤 아이들은 부분들에게 직접적으로 접속하는 것보다는 부분에 대하여 얘기를 나누는 것을 더 편안해했다. "상당히 많은 아이들은 내면으로 들어가는 것에 어려움을 겪는다. 그들을 위해 치료자는 외현화 기술에 의해 그 모든 통찰의 유익을 얻을 수 있다."(Krause, 2013) 헤일리가 자신의 부분들과 더욱 깊게 작업하는데 도움을 줄 수 있도록 다른 방법을 사용해야 할 것 같았다.

부분이 외현화될 때, 부분은 아이의 내적 세계에서 놀이의 외적세계로 옮겨진다. 부분들은 많은 다른 방식들로 구체화[체현]될 수 있다—인형, 공룡, 또는 레고사람들 이렇게 몇 개의 이름을 들 수 있다. 아이는 마치 그것이 행위나 감정을 지닌 인물인 것처럼 그 대상과 함께 놀이를 한다. IFS 치료자는 이러한 외현화된 대상을 아이의 부분들로서 바라본다. 예를 들면, 화난 공룡은 개념적으로 아이의 화난 부분이며, 그러한 방식으로 작업될 수 있고, 공룡으로 대신하여 놀이를 유지하지만 아이가 자신의 부분에 대하여 의사소통하는 것으로 인식하는 것이다. 전통적인 놀이 치료에서는, 화난 공룡은 아마 외부 가족체계에서의 다른 인물을 대표하는 것으로 보일 수 있다. 예를 들어, 화를 내는 아빠일 수 있다. IFS 아동 치료에서는, 치료사들은 당연히 아이의 외부 세계—즉, 부모, 형제, 학교, 또는 또래관계—에서 무슨 일이 일어나고 있는지 주의를 기울인다. 그렇지만 치유작업 자체에서는 아이의 내면가족체계에서 부분들을 위해 조화로운 균형을 창조하는 데에 더욱 초점을 둔다. 그런 까닭에, 화난 공룡을 아이의 내면의 부분으로 여기면서 아동의 참나와 부분 사이에서 좋은 관계를 창출하는데 작업의 초점을 맞춘다.

헤일리의 치료에서 드러난 것은 이름하여 '허클베리Huckleberry'라고 하는 외현화된 부분과의 작업이다. 베아트리체가 겪었던 사고에 대해 우리가 이야기하던 회기에서, 헤일리는 그 상황을 매직모형으로 만들어보기로 결정했다. 그녀는 개 두 마리의 조형작업을 진행하였다. 하나는 '허클베리'라고 이름을 지었고, 거의 쌍둥이처럼 흡사한 다른 하나는 '루시Lucy'라고 이름 지었다. 이 회기는 '허클베리'에게 매우 특별한 집—주의 깊게 꾸며놓고 장식해놓은—을 지어주는 여러 달 걸리는 장기간의 프로젝트를 시작하는 회기였다. 우리는 매직모형, 폼(발포 고무 - 역주), 펠트(모직이나 털을 압축해서 만든 부드럽고 두꺼운 천 - 역주), 페인트, 글루, 그리고 마커를 사용했다. 매 주마다 헤일리는 부지런히 집을 작업했고, '허클베리'의 이야기는 천천히 전개되었다.

'허클베리'와 '루시'는 헤일리가 태어날 때부터 함께 살았던 실제의 래브라도Labrador[25] 강아지 두 마리였다. '허클베리'와 '루시'가 실제로 애완견이긴 하지만, 나는 허클베리와 루시를 강아지이자 동시에 헤일리의 부분으로서의 이중적인 실재를 붙들고 있어야 할 필요가 있었다.

매직모형이 마르고 단단해진 후에, 헤일리는 두 마리의 개가 어떻게 뒹굴고 핥아대면서 함께 노는지를 보여주었다. '루시'는 사랑스럽지만 조용하고 '허클베리'는 경쾌하고 제멋대로였다. '허클베리'는 때때로 으르렁거리고 많이 짖었다. 헤일리는 직접 말하는 것보다는 놀이를 통하여 나에게 보여 주는 것을 훨씬 더 편안해 하는 것처럼 보였다.

강아지 집에 대한 헤일리의 작업은 사려 깊고 주의 깊었다. 우리는 어떻게 창문을 만들지, 또는 지붕을 만들기에 무엇이 가장 좋은 재료가 될 것인지에 대해 논의하였고, 그녀는 집의 어떤 부분에 대해서든 우리가 초점을 두었던 부분에 대해 단호함과 부지런함으로 주의 깊게 실행하였다. 헤일리는 조용하게 좌절감을 견뎌냈다. 나는 부정적인 정서를 지니고 있던 부분들을 수용하기 위해 내 자신의 어떤 부분들의 목소리를 내려고 시도하였다.

"으~~, 이 지붕은 우리가 원하는 대로 잘 되지 않고 있네. 이건 정말 짜증나는 일이야!" 헤일리는 그녀의 완벽하게 일직선인 앞머리 아래로 작게 반짝이는 눈으로 나를 올려다보곤 했다. 그렇지만 내가 그녀에게 좌절감을 느꼈는지 물어보게 되면, 그녀는 머리를 흔들며, "괜찮아요."하고 말하곤 했다.

시간이 지나면서 집은 모양새를 갖추었고(그림 6.1), '허클베리' 이야기에

---

25) 흔히 맹도견으로 쓰이는 큰 개.

그림 6.1 "허클베리"의 집

대해 말하는 헤일리의 능력 또한 그러했다.

"'허클베리'와 '루시'는 둘 다 멍청한 개들이에요. 얘네들은 저의 시골집에 와서 뒷마당 주변을 뛰어다녀요."라고 설명했다.

"얘네들은 시골 주변에서 지내는 것을 좋아하니?"라고 내가 물었다.

"네, 하지만 얘네들은 도시에 있는 것도 좋아해요. 하지만 BB[베아트리체를 말한다]가 오면, '허클베리'가 매우 많이 짖어대요." 헤일리는 점프하고 춤추고 큰 소리로 깽깽거리는 '허클베리' 조각상을 만들었다.

"오, 그래서 BB가 막 태어났을 때, '허크Huck'가 많이 짖어댔니?" 내가 질문했다.

헤일리는 힘차게 그녀의 고개를 끄덕였다. "엄마는 허크가 너무 많이 짖어댄다고 하셨어요. '루시'는 착하고 조용하고 전혀 짖어대지 않는대요. 그래서 엄마와 아빠가 '허크'를 농장으로 멀리 보내기로 결정했어요. 부모님은 허크가 거기서 더 행복해할 거라고 말씀하셨지만, 저는 허크가 거기서 행복할 거라고 생각하지 않아요." 헤일리가 이 말을 하면서 그녀의 목소리를 낮추고 그녀의 눈길을 내려 깔았다. 헤일리의 몸은 바닥으로 서서히 가라앉았고 자신의 얼굴을 '허클베리' 점토 옆에 갖다놓았다.

"그래서 아기가 새로 태어났을 때 '허클베리'가 너무 짖어대어서 농장으로 보낸 거니?" 내가 부드럽게 물었다.

헤일리는 그녀의 검은 눈을 감고 속삭이며 말했다. "너무 많이 짖어대는 것은 좋지 않아."

"알겠구나. '허클베리'는 너무 많이 짖어대는 것은 좋지 않은 일이라고 생각하는구나," 이 부분의 감정을 내가 정말로 이해하고 있다는 것을 그녀가 알도록 나는 말했다.

헤일리는 슬프게 고개를 끄덕였다. "그는 '루시'처럼 했어야 한다고 생각해요. 만일에 그가 '루시'처럼 조용했으면 아직까지도 뉴욕시에서 살 수 있었을 거예요."

"그건 아기가 새로 태어나면 거쳐야 하는 정말로 힘든 일이야. 생각해보면 이건 세 살짜리 작은 헤일리에게도 마찬가지로 정말로 힘든 일이었던 것 같구나." 나는 강조하여 말했다.

헤일리는 나를 똑바로 쳐다보았고 매우 오랜 시간처럼 느껴질 만큼 나의 시선을 붙잡고 있었다.

"헤일리의 어린 부분은 그녀가 조용해야만 하고 착해야 하고 너무 시끄럽지 말아야 한다고 생각하니?" 나는 조용히 물었다.

헤일리는 머리를 천천히 끄덕이고, 그리고 자신의 몸을 나한테 기대었다.

회기를 마칠 때가 가까이 오자, 나는 헤일리에게 일러주었다. "그래서 오늘 우리가 마치기 전에, '허클베리'가 알 수 있도록 해주자. 그에게 정말로 무슨 일이 일어났는지, 그리고 그가 자신에 대하여 무엇을 생각하는지를 우리가 이해하기 시작했다는 걸 말이지."

헤일리는 점토로 만든 개를 들고서 그의 귀에 대고 속삭였다.

"우리가 다음 주에 '허크'와의 작업을 할 때까지 그는 어디에 머물고 싶어 하니?" 나는 물었다."

"그는 아무도 자기를 만질 수 없는 집밖의 문턱에서 '루시'와 함께 앉아 있을 거래요." 헤일리가 대답했다.

"좋아, '허크'와 '루시' 그리고 그 집을 얘네들이 안전할 수 있고 함께할 수 있는 특별한 장소인 여기에 세우자. 그리고 헤일리의 어린 부분 또한 너무 말이 많거나 시끄러운 것은 좋은 생각이 아니라고 여기는 것에 대해 우리가 알고 있다는 것을 그 부분이 알도록 해주자. 네 마음속의 너 자신에게 그걸 그냥 말해주면 된단다."

헤일리는 내려다보았고 그러고 나서 나를 올려다보았다. 나는 헤일리에게 윙크를 했고 그녀는 미소를 지었다.

그 시간과 그 다음의 회기 사이의 주간에 헤일리의 부모에게 만나자고 요청했다. 라라와 제임스James는 '허클베리'를 농장으로 보내서 시골생활을 할 수 있도록 한 것이 헤일리에게 그토록 큰 충격을 주었다는 얘기를 듣고 놀라워했고 슬퍼했다. 그들은 지금은 납득이 가지만 그 당시에는 그것에 대하여 전혀 생각해보지 못했다고 고백하였다. 그들은 둘째 아이를 갖는 것과 두 아이들을 보살피는데 꽤 몰두해 있었다. '허클베리'의 혈기 왕성함은 걱정스러운 부분이었고 그렇기 때문에 그들은 가족을 위해서 좋은 선택을 했다고 느꼈다. 헤일리의 회기에 대하여 듣는 것과 아이가 만든 집과 강아지를 보는 것으로 인해 그들은 헤일리의 깊은 정서적 삶에 대해 이해하는데 도움이 되었고, 헤일리에게 그것에 대하여 이제는 수월하게 말할 수 있게 되었다고 느꼈다.

이 부모 회의에서 라라는 가족 내의 놀이를 통해서 세대 간의 역동을 비추어볼 수 있었다. 헤일리가 여동생을 열성적으로 보살피는 것에 대하여, 라라는 자신 또한 어린 남동생에 대한 책임감을 자주 느꼈던 성실한 맏누나로서의 역할을 해왔던 걸 드러내었다. 라라의 아버지는 자신의 일에 몰두해 있었고, 어머니는 우울증과 힘겹게 싸우고 있었다. 라라의 과거와 헤일리의 현재 사이를 연결해봄으로써 라라의 부분이 딸들 사이의 맴돌기와 짜증의 이러한 악순환에 대하여 자신이 왜 그렇게 매우 반동reactive하였는지를 이해하는데 도움이 되었다.

제임스와 라라 두 사람은 더 많은 부정적인 감정들을 담고 있는 헤일리의 다른 부분들을 희생시켜가며 얼마나 많이 '완벽한 작은 소녀' 부분을 강화시키게 되었는지 논의할 수 있게 되었다. 헤일리가 자신의 감정을 좀 더 균형 있게 느끼도록 돕기 위해 헤일리의 모든 부분들을 목격하고 수용해주는 것에 대하여 생각해보도록 하는 것이 부모에게 도움이 되었다.

이것은 몇 개월 뒤 헤일리가 매직모형으로 만든 작은 캥거루 세트에 집중하기 시작했을 때 입증되었다. 그녀는 엄마, 작은 아기, 언니, 그리고 베이비시터 캥거루 형상을 만들었다. 또한 얼마간의 가구도 만들었는데, 아기 캥거루가 떨어졌던 테이블과 엄마가 다른 방에서 누워 있던 침대였다. 라라는 이러한 회기들 중 한 회기에 우리와 함께 참여하였는데, 헤일리가 그 장면을 연출할 때 환영하고 지지해주었다. 라라는 잠자고 있는 엄마에 대해 화가 나 있던 것과 아기가 떨어진 후 엄마를 깨워야 했던 큰언니를 보여줬다. 라라는 이 일을 돌아보며 반영해주는 일을 자신의 딸 앞에서 멋지게 수행해냈다.

"큰언니 캥거루는 엄마가 자고 있던 것에 대해 화가 나 있는 것 같아. 나는 큰언니가 화가 난 게 잘못된 거라고 생각하지 않아. 엄마가 깨어 있었더라면, 그래서 방안에서 아기 캥거루를 지켜보고 있었더라면 좋았을 텐데!" 라라가 자기 딸에게 말했다.

엄마가 이 화난 부분—언니 캥거루로 외현화된—의 경험을 목격하고 타당화해주자 헤일리는 골똘히 듣고 눈에 띄게 안도하며 엄마 품에 안겼다.

여름이 가까워지면서 헤일리는 가족과 함께 도시를 떠나 휴가를 갈 준비가 거의 다 되었을 때, 우리의 '허클베리'와의 작업을 끝마칠 때가 다가왔다. 이 부분이 너무 시끄럽게 하거나 '짖어대기' 때문에 추방된 것으로 느낀다는 얘기를 그녀는 들었다. 헤일리는 그가 슬프고 외롭다는 것과 또한 그가 자신에게 무언가 잘못된 것이 있다고 믿는다는 것을 알았다. 헤일리는 벽에 그림을 그려서 그에게 사랑스러운 집을 만들어주었고, 마당에는 꽃들을, 그리고 우정을 나눌 '루시'도 함께 그려주었다.

그 계절의 마지막 회기에서, 우리의 이별을 위한 작은 파티를 열었고 반려견의 집doghouse의 완성을 기념하였다. 우리는 특별한 과자를 준비하여 자축을 했고, 헤일리는 집 주변에 두 마리의 개를 위한 하트와 내가 여름 선물로 그녀에게 사준 작은 조각상을 놓아두었다. 헤일리는 또한 자신이 만든 점토 '허클베리'를 도자기로 구워왔다.

"그래, 헤일리, 우리는 축하할 준비가 다 되어 있어—'허클베리'가 농장으로 보내진 것에 대하여 네가 알기를 원하는 모든 것을 그가 네게 다 말해주었는지 알아보고 확인해줄 수 있겠니?"

헤일리는 그를 자기 얼굴 위로 올리고는 고개를 끄덕였다.

"허크가 농장을 떠나 새집에 와서 살 준비가 되었는지 볼 수 있겠니?" 나는 안내했다.

"허크는 자기 새집을 사랑하고 언제나 '루시'와 함께할 거예요."

"그거 기막히게 잘~ 됐구나. 이제 그가 자신의 슬픈 감정과 자기가 너무 짖는다는 생각을 놓아보낼 준비가 되었는지 알아보렴." 나는 헤일리가 이 부분의 짐 내려놓기를 하도록 돕는 것을 준비하면서 요청하였다.

헤일리는 그를 자기 가슴 가까이에 가져다놓고 "그는 준비됐어요."라고 말했다.

"오케이, 그럼 이 모든 감정들과 생각들을 어떻게 놓아주기 원하는지 물어봐주겠니. 그는 그것들을 빛이나 물속으로 놓아 보내거나, 또는 땅속에 묻거나, 또는 그가 생각할 수 있는 어떤 다른 방식으로든 할 수 있단다."

"흠… " 그녀는 생각하기 위해 머리를 한쪽으로 기울이면서 손가락을 입술에 댔다. "공기 속으로!"

"오케이, 그러면 헤일리야, 그가 그렇게 할 수 있도록 도와줘, 그를 도와서 그것이 떠나가도록." 헤일리는 영화 ≪겨울왕국Frozen≫에서 나오는 히트송인 「렛 잇 고Let it go」의 한 구절을 노래했다. 우리는 함께 웃었다. 왜냐하면 우리는 그해 내내 디즈니의 ≪겨울왕국≫에 깊이 잠겨 있었기 때문이다. 흥미롭게도, ≪겨울왕국≫은 두 자매에 대한 이야기인데, 동생은 언니의 보살핌을 받는 동안 상처를 받았고, 언니를 떠나보내게 되는 결과를 낳는다. 그 영화는 전 세계적인 인기를 얻었고, 우연하게도 헤일리의 작업에도 딱 들어맞았다.

"그가 해냈어요, 그는 놓아버렸어요! 그리고 이제는 내가 만든 집을 우리 집으로 가져갈래요."

우리는 만들어 놓은 집, 두 마리의 개, 하트 모양, 그리고 쿠키를 조심스럽게 포장하고 그해 여름휴가를 기대하며 작별인사를 했다.

헤일리의 부모는 헤일리가 더 이상 여동생 주위를 맴도는 헬리콥터가 아니라고 보고했다. 그와는 반대로, 전형적인 자매간의 경쟁과 대립이 더 많게 되었다. 라라와 나는 함께 웃었는데 그렇게 완벽할 필요가 없는 작은 여자아이를 얻는 것이 주는 양면적인 축복에 대한 것이다. 헤일리는 이제 더욱 자유롭고 더욱 행복한 작은 소녀다.

*****

캐롤린Caroline과 알렉스Alex는 아들이 다니는 어린이집 원장의 소개로 소호부모교실에 오게 되었다. 레인Rain은 네 살짜리 남자아이이고, 자신의 그림이 마음에 들지 않는다고 좍좍 찢어버리는 것에 더하여 어린이집에서 여러 사고를 치고 있었다. 원장은 아이의 이러한 행동에 대하여 염려하며 그들에게 얼마간의 부모교육parent guidance을 받도록 제안하였다. 레인은 두 살 때부터 거의 완전하게 배변훈련을 받아왔다. 이제 그는 유아용 변기potty 사용을 거부했으며 하루 종일 팬티에 대소변을 하는 작은 사고를 치고 있었다. 더욱이 최근에 레인의 변기toilet사용에 대한 저항은 교사와 부모에게 혼란스럽고 힘든 시간이 되게 하였다.

캐롤린과 알렉스가 레인에 대해 설명할 때, 레인이 다른 영역에서는 매우 조숙하나 이 영역에서는 지체되어 있기 때문에 그들이 특히 더욱 당황하고 좌절감을 느낀 것이 분명해졌다. 레인은 자기 힘으로 단어들을 제대로 발음하면서 유창하게 읽고 멋지게 쓸 수 있었다. 레인이 재미있고 세련된 유머감각과 누구든 매혹시킬 수 있는 얼굴을 가졌다고 그들은 보고했다. 내가 회기에서 주목한 것은 레인의 성취와 재능이 지나칠 정도로 많은 주목을 받는다는 것이다. 그의 부모는 그토록 영리하고 조숙한 아이가 어떻게 변기사용과 같은 기본적인 것으로 씨름하고 있는지 그리고 그가 그렇게 분명하게 특별한 아이인데도 어떻게 그렇게 자기비판적일 수 있는지 도대체 이해할 수 없어 하였다. 그들은 자신들이 힘겨루기에 갇혀 있다는 것과 거기서 빠져나오기 위해 도움이 필요하다는 것을 인정하였다.

나는 그들에게 몇 가지 제안을 하였는데 아이의 외모와 지적인 면에 대한 긍정적인 관심을 누그러뜨리도록 하는 것과 칭찬이 때로는 아이들에게 압력으로 경험된다는 것을 교육하였다. 나는 팬티에 변을 보는 것과 같은 것은 레인에게도 더럽고 냄새나는 부분들 또한 존재하며, 다른 좋은 부분과 마찬가지로 부모의 관심이 필요하다는 것을 그들에게 상기시켜주는 레인의 한 부분으로서 이해해야 할 수도 있다고 제안하였다.

나는 어떤 계획을 제안하였는데, 아이의 그러한 사고事故들에 대해 부모가 보인 강한 반응에 대해 아이에게 사과하는 것, 부모의 좌절감은 그들 자신 안에 담아둘 것, 그리고 아이를 타임스케줄에 맞춰 변기에 앉히는 것이 포함되었다. 그들이 나와 연락을 유지하면서 상황이 어떻게 진행되는지 내게 알리도록 했다. 만일 다음 3주 또는 4주 내에 상황이 바뀌지 않게 된다면 부모교육과 더불어 레인의 놀이치료를 시작하기 위해 방문

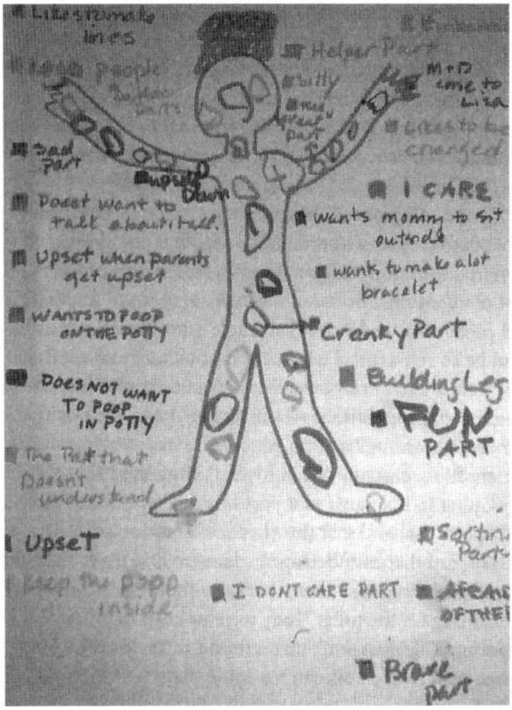

그림 6.2 레인의 몸 지도

하는 것에 대하여 우리는 합의하였다.

한 달 후에, 사고의 빈도수에 변화가 없음으로 인하여, 레인이 나를 만나러 오게 되었다. 레고 놀이와 그림 그리기로 몇 회의 세션이 지난 후에, 나는 레인에게 부분들의 지도에 대하여 얘기하면서 부분들의 작업parts work을 소개하였다. 레인은 내면을 점검해보는 것을 좋아했으며 그의 "몸의 부분들body parts"이라고 그가 이름붙인 것을 찾아내는 것—그들의 색깔을 선택하고 그의 몸 안 어디에서 그들이 살고 있는지 찾아내는 것—을 좋아하였다.

우리는 색깔로 구분해 놓은 부분들의 이름을 모두 지도 위에 색칠하고 기록하였다. 그림 6.2에서 볼 수 있는 것처럼 레인은 배변의 이슈와 관련된 많은 부분들에게 이름을 붙여줄 수 있었다. 붙여진 이름들은, '응가통에 응가하기 원하는Want to Poop on the Potty' 부분과 '응가통에 응가하기 싫어하는Doesn't Want to Poop on the Potty' 부분이 있다. 부모가 변을 본 자신의 '기저귀를 갈아주는 것을 좋아하는Likes to be Changed' 부분과 '변을 안에 보유하고 있는Keep the Poop Inside' 부분이 있다. 레인은 배변에 대해 직접적으로 말하는 것은 불편해하였지만 부분들의 지도를 사용했을 때는 갈등에 대하여 아주 또렷하게 말했다. 지도를 그려보는 것은 부분들을 외현화하는 아주 좋은 방법이다. 이것은 아이에게 문제로부터 편안하게 느낄 수 있는 거리를 제공하고, 당면한 갈등을 다루는데 안전감을 더욱 주게 된다.

레인이 치료에 참여하게 됨에 따라 나는 그의 부모에게 제안해서 레인에게 기저귀를 다시 채우고, 변기사용에 대한 압박을 모두 제거하도록 하였다. 레인의 부모가 발달의 비선형적인 성질을 견뎌낼 수 있도록 돕는 것과 레인이 변기사용에 대한 모든 부정적인 주목으로부터 잠시 쉼을 가질 수 있도록 돕는 것은 매우 중요한 일로 보였다. 레인의 부분들이 그와 같은 갈등 속에 있고 그의 부모는 그 작은 사고들로 인해 매우 힘겨워했기 때문에 나는 위에 제안한 행동이 그들 모두를 보호하는 장치가 될 것이라고 느꼈다. 그것은 캐롤린과 알렉스가 레인의 작은 사고들에 대해 일상적으로 겪는 실망감을 완화시켜줄 것이며 레인은 부모의 짜증으로부터 자신의 부분들을 보호할 수 있을 것이다. 부모에게는 이것이 퇴행이라고 느끼는 부분들이 있음에도 불구하고, 그들은 기꺼이 시도해보기로 했다.

레인이 자기의 많은 부분들에게 이름을 지어주고 지도에 표시한 뒤에,

나는 레인이 그들 중의 하나와 직접 작업하도록 시도하였다. 이 시점에서 그는 매우 현실적인 안목을 가졌다.

"나는 몸의 부분들에게 말을 걸 수가 없어, 리자, 말도 안돼. 그들은 진짜가 아니야." 레인이 외쳤다.

나는 레인이 자신의 부분들에게 직접 접근할 수 있는지 보기 위하여 시도하였지만 효과가 없었다. 그래서 레인과 내가 함께 놀이를 함에 따라, 레인이 창조해낸 것들을 외현화된 부분들로 다루었다. 우리는 매직모형으로 똥과 오줌을 만드는 일에 매우 오랜 시간을 보냈다. 레인은 흰색 매직모형을 사용하여 일회용 기저귀pull-up을 만들어달라고 나에게 요청을 하곤 했고, 내 손가락을, "기저귀를 차고 있는" 두 다리로 사용하였다. 어떤 때는 일회용 기저귀에 변을 보도록 내게 지시했고 툭 소리를 내며 바닥에 떨어지도록 하였다. 어떤 때는 내게 변기를 만들도록 하고, 내 손가락 사람이 변기위에 앉게 해서 기저귀를 내리고 변기에 변을 보도록 했다. 우리가 배설물과 관련된 작업에 깊이 빠져들면서 우스꽝스러운 많은 일과 즐거움이 있었다. 우리 둘이 함께 하나의 세계를 창조하였는데 그 안에서 우리는 변기사용을 원하는 부분들, 그것을 멈추기 원하는 부분들, 배설물이 묻은 걸 부모가 갈아입혀주는 것을 좋아하는 부분들, 그리고 그렇게 많은 사고를 일으킨 것에 대해 나쁘게 느끼는 그의 부분들에 대한 탐색을 하였다(그림 6.3).

석 달 내에 일회용 기저귀는 더 이상 필요하지 않게 되었고, 레인은 화장실을 온전히 사용하게 되었다. 그에게는 아직 그러한 변화를 기뻐하지 않는 부분들이 남아있었으나 다른 부분들은 그의 성취를 자랑스러워했다.

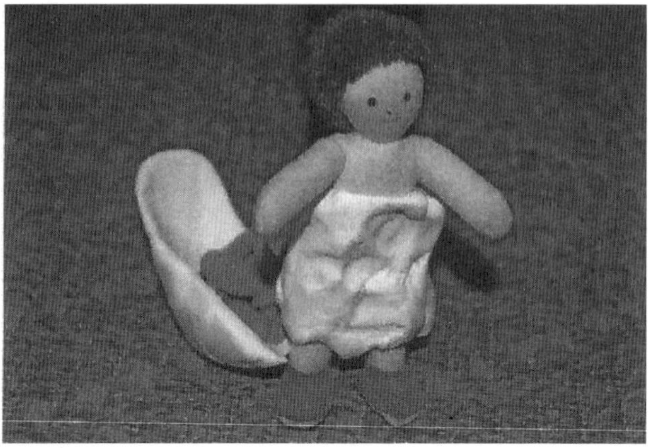

그림 6.3 레인의 일회용 기저귀를 착용한 소년과 그의 변기와 똥

나는 어린이집 원장과의 연결을 유지했는데, 비록 작은 사고들을 그가 해결한 것에 우리 모두가 기뻐했음에도, 우리 둘 다 느끼고 그의 부모들도 동의한 것은, 무언가 취약하고 갈등적인 요소가 레인의 내면에 아직 남아 있다는 것이었다. 우리는 단지 그가 화장실을 사용하는 것을 성취했다는 이유만으로, 그리고 그의 성취에 기반을 둔 자존감performance-based esteem과 공모하여 치료를 마치고 싶지는 않았다. 또한 레인의 어린이집 원장은 레인이 다섯 살에 바로 유치원으로 올라가기보다는 어린이집을 일 년을 더 다니고 나서 여섯 살에 가까운 나이에 유치원을 시작할 것을 제안하였다. 알렉스와 캐롤린도 이러한 해결안에 동의하였고, 행동적인 측면에서는 화장실 사용 문제가 해결되었지만 레인의 치료를 계속 하는 것에도 동의하였다. 레인이 어린아이로서 누릴 수 있는 시절에 좀 더 오래 머물 수 있도록 해주려는 계획이었다.

레인의 다음 단계 치료에서 그의 외현화된 부분들이 나에게 그의 내면세계에 대해 그렇게 많은 것들을 가르쳐주었고 더 깊은 치유가 일어나게 되었다. 레인은 레고를 이용해 환상적인 놀이터를 만들었다. 그는 그곳에 모래상자, 페리스 관람차Ferris wheel26), 등반 장난감, 간식 가게, 회전하는 탈것spinning ride, 그리고 물론 두 개의 응가통이 있는데 하나는 소녀들을 위한 것이고 또 하나는 소년들을 위한 것이다. 게임은 매주 진화해 나갔는데 거기에서 우리는 모을 수 있는 모든 레고 인물들로 줄을 세웠다. 그들은 한 번에 한 명씩 특별한 문으로 전진해 나아갔는데, 거기서 레인(또는 그보다는 그의 부분)은 각 사람이 들어오도록 허락을 받았는지를 확인하는데, 그곳은 레인이 '행복나라의 놀이터Happyland Playground'라고 지칭한 곳이다. 그곳에서는 웃는 얼굴을 한 레고인들만 입장이 허용되었다. 누구든지 인상을 찌푸리고 있거나, 턱수염이 있거나, 노려보거나, 인어꼬리가

그림 6.4 레인의 추방된 부분들

26) 페리스 휠: 바퀴모양으로 되어있는 관람차. 아래에서 위로 올라가면서 도시 전망을 볼 수 있음.

있거나, 용의 몸을 가졌거나, 슬픈 얼굴을 한 자는 누구든 입장이 거부되었고 격리된 별도의 더미로 보내졌다(그림 6.4).

레인은, 이런 종류의 '입구를 지키는 경비원'으로 온전한 연출을 하면서 '행복나라의 놀이터'에 오고 싶어 하는 각 사람을 심사하였다. 레인은 내가 레고 사람들의 목소리를 내주길 원했다.

"오 안돼!" 나는 불평을 하곤 했다. "내가 어쩌다 짜증을 냈다고 해서 들어갈 수 없다는 거야?"

"맞아! 짜증내는 사람은 아무도 들어갈 수 없어!" 그는 고함쳤다.

"내가 인어꼬리를 갖고 있다고 해서 '행복한 나라의 놀이터'에 들어올 수 없다는 말이니?" 레고 인어소녀의 목소리를 내며 나는 외쳤다.

"절대 안 돼! 다리를 가지고 있는 웃는 사람들만 들어올 수 있어. 네가 만일 꼬리가 있다면 저쪽으로 가야만 해, 저 멀리~" 놀이터에서 떨어져 있고 거절된 사람들이 모두 모여 있는 장소를 가리키면서 레인은 말했다. 추방되는 부분들이 그토록 드라마틱하게 행동하는 과정을 보는 것은 대단히 흥미로운 일이다. 누구든 완벽하지 않은 사람은 멀리 보내진다—어떠한 부정적인 감정도 허용되지 않고, 어떠한 차이도 허락되지 않는다.

가끔씩, 레인을 일상적으로 데리고 오는 베이비시터 대신에, 캐롤린이 직접 오기도 하면서 그녀는 레인의 회기에 참여하였다. 레인은 엄마에게 대기실에 앉아서 기다리고 있으라고 요청하기 전에 10여분 정도의 시간을 세션에 들어와 있는 것을 허락하곤 했다. 그러한 회기들 중에 한번은, 우리가 그녀에게 '행복나라의 놀이터'에서 해왔던 것을 보여줬다. 캐롤린은 곧바로 레인이 완벽하게 행복한 것보다 무언가 부족한 자기의 부분들에 대한 과민증의 상징적인 의미를 이해했다. 그것은 훌륭한 도약판을 마련해주었는데 우리가 부모 세션에서 만났을 때 레인의 모든 부분에 대하여 환영하는 것에 대한 논의를 하게끔 인도해주었다. 캐롤린은 그녀 자신도 자기 안에 있는 불완전성에 대해 견디기 어려워하는 힘든 시간이 있었다고 시인했다. 그녀가 어린 아들의 놀이에서 이러한 역동을 보는 것은 정신이 번쩍 들게 하는 일이다. 우리는 그녀가 아들에게 접근할 때 부드럽게 할 수 있는 방법에 대하여 그리고 그녀 자신의 부분에 대해 수용하는 작업에 대해서도 논의하였다.

캐롤린은 자신이 무심코 레인의 부분을 '폐기물 더미discard pile'에 던졌을지도 모르는 방식에 대한 중요한 예를 들어주었다. 레인은 수영을 배우던 중이었다. 그는 얼굴을 물속에 넣는 것에 대하여 몹시 걱정했다. 그해 여름에 레인은 마침내 두려움을 극복하고 구명조끼 없이 수영하는 것을 마스터할 수 있었다. 캐롤린은 '용감한Brave' 부분에 대해 실컷 박수를 쳐주었으나 '무서워하는Scared' 부분은 도로 위에 남겨두고 떠날 것에 대해 얘기했다. 캐롤린은 모든 부분들을 받아들이는 것과 보다 취약한 부분들이라 할지라도 거부하지 않는 것의 개념에 대하여 이제는 알 수 있게 되었다. 이것은 레인이 자기 엄마와의 관계에서 매우 중요한 단계가 되어주었다. 캐롤린은 어린 아들이 자신의 부분들을 추방시키도록 그를 촉진시킬지도 모르는 방식들에 대해 이제 훨씬 더 잘 알아차리게 되었다.

치료가 진전됨에 따라, 레인은 놀이터를 찾는 웃지 않는 레고사람들에게 좀 더 마음을 열어주었다. 비록 IFS 프로토콜의 모든 것을 사용하지 않았음에도 놀이 중에 나타난 부분들에 대하여 얘기함으로써, 레인의 내면세계에서 무언가 전환점이 있었다. 학교와 집에서 레인은 더 자유로우며 자기 성격에 대해 더 관대해지고, 더 자신감 있고, 장난기 많고, 자신에게 덜 심하게 대했다. 응가통 문제는 오래전에 해결되었고, 우리는 레인이 어린이집을 마쳐갈 무렵에 그의 치료를 서서히 끝마쳤다. 레인은 이제 그의 부분들의 시스템 안에서 더욱 조화를 이루게 되면서 유치원을 시작할 준비가 되었다.

참고문헌

Krause, P. (2013). IFS with children and adolescents. In Sweezy, M. & zizkind, L. (Eds.), *Internal family systems therapy: New dimensions.* New York, NY: Routledge. pp. 35–54.

7

양극화

헤이즐과 아멜리아의 대립하는 부분들

핵심 용어

양극화polarizations	내담자가 어떻게 느끼거나 생각하거나 행동할지에 대해 두 부분이 서로 상반된 입장에 있을 때
보호자protectors	고통을 막아내기 위해 일하는 부분들
관리자managers	정신적 고통을 최소화하는 목표를 위해 사전에 대책을 강구하는 주도적인 부분
소방수firefighters	정신적 고통이 촉발된 뒤 그 고통을 처리하는 반동反動하는 부분
추방자exile	의식으로부터 추방된 취약한 부분
부분들의 가상회의 virtual parts meeting	참나의 현존 안에서 양극화한 두 부분으로 하여금 서로에 대해 알아가게 하는 기술

직접 접속direct access	치료자가 내담자의 부분과 직접 상호작용할 때
목표 부분target part	내담자와 치료자가 작업하고 있는 부분
참나Self	모든 인간에게 내재하는 건강하고, 지혜로우며, 자비로운 현존 (참나에는 '8C'로 불리는 여덟 가지 특성, 즉 호기심curiosity, 자신감confidence, 창조성creativity, 용기courage, 평온함calmness, 연결감connectedness, 명료함clarity, 자비/연민/동정compassion과 함께 기쁨, 감사, 유머, 용서 등이 있다. - 역주)
치료자의 참나 에너지 therapist's Self-energy	내담자를 위하여 치료자의 안정된 참나를 지혜와 자비의 보조적인 자원으로서 활용

양극화는 IFS 치료에서 중요한 개념이다. 부분들은 항상 우리가 어떻게 느끼고, 생각하고, 행동해야 할지에 대하여 다투고 있다. 우리 모두 한 쪽 어깨에는 천사의 이미지를 다른 쪽 어깨에는 악마의 이미지를 연관시켜 볼 수 있는데, 각각은 우리에게 자기를 선택하라고 강요하고 있다.

2장에서의 치즈케이크 상황을 재방문해서 양극화에 대한 이해를 돕기 위해 그 시나리오를 다시 돌려보자. 당신과 함께 작업하던 두 명의 내담자가 갑자기 그들의 치료작업을 그만두었던 그 날 사무실에서 막 집에 돌아왔다고 상상을 해보자. 집으로 오는 길에 당신의 한 부분은 우울한 감정을 회피하고자 달리기를 계획한다. 가슴에 중압감을 안고 집으로 걸어오는 와중에 무가치함과 실패자라는 감정이 가슴에 차오른다. 냉장고로 걸어가서 문을 열고는 그 치즈케이크를 발견한다. 보호자는, 우울한 감정을 꾹꾹 눌러놓기를 원하는 마음으로, 당신의 기분이 좀 더 나아지도록 치즈케이크를 먹어치우기를 원한다. 다른 보호자 부분인 '달리기'는, "운동

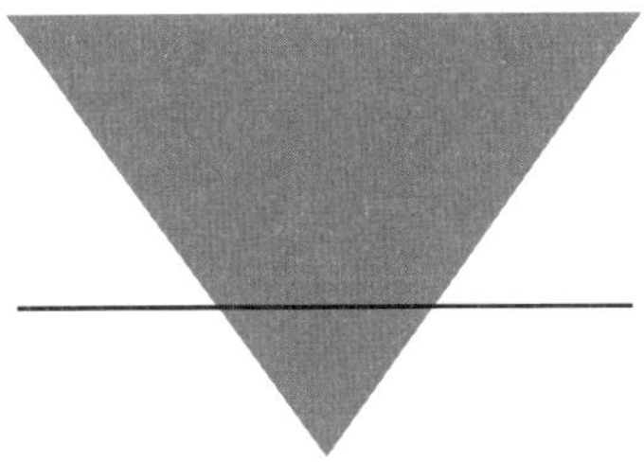

그림 7.1 양극화의 삼각형 Triangle of polarization

화를 신어! 너는 5킬로미터를 달려야 해. 너는 오늘 무언가를 달성해야만 해." 라고 당신에게 충고한다.

이러한 두 부분의 보호자들이 있는데 둘 다 무가치하다고 느끼는 추방자를 잘 다루고자 노력한다. 한 부분은 먹기를 원하고 다른 부분은 운동하기를 원한다. 서로 치고받고 싸우면서 그들은 더욱 극단적으로 된다. 이것이 바로 관리자인 '달리기' 부분과 소방수인 '먹기' 부분 사이의 양극화인 것이다.

그림 7.1의 시각적 표현은 내면 지형地形의 성격을 이해하도록 우리를 도와줄 수 있다.

추방된 부분은 위의 역삼각형의 하단에 그어진 선의 아래쪽에서 지내는데, 부정적인 믿음과 감정의 짐을 지고 있고 이에 수반되는 신체 감각을 갖고서 살고 있다. 이것은 실패자처럼 느끼고 있는 부분이다. 한두 명의 내담자를 잃는 것이 실패자를 의미할 수 없기 때문에, 이러한 감정들은 대부분 이러한 믿음들과 오랫동안 씨름을 해온 어린 부분들에게 속한 것 일 수 있다. 왼쪽 상단 코너에는 주도적인 관리자 부분이 있는데 그는 일어날 수 있는 고통과 갈등을 살피고 상황을 확인하고 유지한다. 그것은 여기서는 '달리는' 부분이 된다. 만일 관리자가 추방자의 에너지를 막아내지 못해 위의 역삼각형에서의 선 위로 올라오게 되면, 소방수는 어떤 대가를 치루더라도 그것을 잠재우기 위해 끼어든다. '먹기' 부분이 등장하는 것이다. 이 두 부분들이 양극화 상태에 놓여있다.

양쪽 모두 고통이 해소되기를 바라지만 거기에 도달하기 위해 서로 매우 다른 방식들을 사용한다. 이 부분들은 사실상 같은 목적을 위하여 작업하고 있지만, 그들의 갈등으로 말미암아 그 사실은 가려진다. 어떤 면에서 이 부분들은 추방자를 무시하기 위해 자신들도 모르게 공모하고 있는 것이다. IFS 치료에서 우리는 이 두 부분들이 참나 에너지의 현존 아래에서 서로 간에 이야기하고 경청하도록 돕는 것이다. 양극화된 부분들은 자주 그들 모두가 추방자를 보호할 의도가 있다는 것을 알아차릴 수 있게 되고 그래서 그들은 더 이상의 갈등을 멈추고 휴식하는 것에 동의하게 된다. 그러면 참나는 추방자를 보살피는 일을 인계받게 되고, 이것은 더욱 많은 평온을 내면에 가져오게 된다.

헤이즐Hazel의 IFS 치료 회기는 궁지에 몰린 취약한 추방자 부분들이 나오지 못하도록 막는 양극화의 예를 잘 보여준다. 헤이즐은 풍부한 감성을 가졌고 안경을 낀 여덟 살의 용감한 소녀이다. 그녀의 부모는 작년에 일어났던 매우 힘든 두 가지 사건 뒤에 나타난 아이의 감정과 행동 때문에 그녀를 내게 데려왔다. 그중 하나는 그녀의 부모가 헤어진 것이다. 그러고 나서 4개월 후 생각하기 어려운 어떤 트라우마가 발생하였다. 헤이즐의 세 명의 소중한 친구들 — 서로 자매지간인 — 이 자동차 사고로 죽고 말았다. 헤이즐은 유아기 때부터 이 아이들과 가깝게 지내왔다.

분명히 이것은 충격적이었을 뿐만 아니라 잠재적으로 트라우마 경험이다. 헤이즐은 점점 더 다루기 어려워져갔다. 그녀는 좌절감을 느낄 때 반항적으로 발로 차고 소리 지르는 행동과 슬퍼하고 물러나는 행동 사이의 순환을 반복하였다. 헤이즐은 그들의 죽음에 대해 쉬지 않고 말했고, 시종일관 자신이 우울한 이유를 그들의 죽음 때문이라고 말했다. 헤이즐의 엄마인 캐리Kari는 분리와 이혼에 대한 감정이 아이의 마음 밑바닥에 묻혀 있다는 것을 직감하고 있었다. 캐리는 헤이즐의 이러한 감정들에 대하여 다룰 수 있는 곳이 필요하다고 보았다.

헤이즐의 엄마가 나를 만나러 가자고 제안했을 때, 처음에 헤이즐은 "어떤 감정들을 다루는 의사some feelings doctor"에게 말하는 것에는 관심이 없었다. 아이가 주저하는 마음으로 오게 되면, 나는 초반의 몇 회기에서는 미술놀이, 게임하기, 그리고 아이가 원할 경우 부모를 놀이에 초대하는 것으로 시간을 활용한다. 몇 번의 회기 후 헤이즐이 '여자애들Girlies'이라고 불렀던 그 일에 대해 말할 수 있게 되었다. 그녀는 그 애들이 죽었다는 것을 알게 되었던 그 날 자신이 받았던 충격에 대해 나에게 얘기해주었다. 어떻게 그들과 천국에서 연결이 되는지에 대해, 그리고 또 그들을 그리워하는 자신의 슬픔에 대해서도 헤이즐은 언어와 놀이로 표현하였다. 그녀의 슬픔이나 그녀의 분노의 실체로 추정이 되는 부모의 헤어짐에 대해서는 어떠한 언급도 일축하였다.

"나는 그 문제에 대해서는 아무렇지도 않아요." 그녀는 단호하게 말했다. "나는 가끔씩 내 남동생 때문에 화가 날 뿐이에요."

바로 이 시점에서 나는 IFS 개념을 소개하였는데, 우리 모두가 우리 안에 다양한 감정과 반응들을 갖고 있는 부분들이 있다고 설명하였다. 나는 어느 부분을 먼저 알기를 원하는지를 헤이즐에게 물으면서, '여자애들에 대해 슬퍼하는Sad about the Girlies' 부분인지 집에 있을 때의 '성난Mad' 부분인지 선택하도록 하였다.

헤이즐은 그림 그리기를 매우 좋아했고 '성난' 부분에 먼저 집중하고 싶어 했다(그림7.2). '성난' 부분이 자신의 주먹fists 안에 살고 있다고 보고하면서, 그 부분이 많은 것들에 대하여 몹시 화를 낸다고도 하였다.

"성난 부분은 남동생을 견딜 수 없어 해요. 그녀는 새 아파트로 이사가는 것에 대해서도 좋아하지 않고요, 학교에 갈 때 서두르는 것을 몹시 싫어해요!" 헤이즐은 확신을 갖고 말했다.

"그녀가 너를 돕기 위해 어떻게 애를 쓰고 있는지 물어봐 줄래"라고 나는 안내했다.

"흐으으음, 그녀가 말하기를요, 자기는 우리 부모님이 내가 무엇을 좋아하지 않는지 알게 하려고 그런대요. 그리고 나를 위해서 방어하는 거래요." 헤이즐은 말했다.

"그 말을 듣고 나서, 그녀에 대해서 어떤 마음이 드니?" 내가 물었다.

"나는 정말로 그녀를 사랑해요. 그녀는 나를 보살펴주려고 노력을 해요," 헤이즐이 대답했다.

"네가 그녀를 사랑한다는 것을 그녀가 알도록 해줄 수 있겠니?"

"오 저런, 그녀 얼굴이 빨개졌어요!" 헤이즐이 웃으며 즐거워했다.

우리는 '성난' 부분에 대해 몇 회기를 사용하면서, 헤이즐의 참나와 이 보호자 부분 사이의 연결감을 공고히 하기 위한 작업을 하였다. 헤이즐은 다른 사람들이 '성난' 부분에 대해 잘 반응을 해주지 않는다는 것을 알게 되었고 그래서 헤이즐은 이 부분이 너무 많이 흥분했을 때 그녀를 돕는 시도를 할 것이라고 그녀와 약속하였다.

다음으로 우리는 '여자애들에 대해 슬퍼하는Sad about the Girlies' 부분을 찾았다. 이것은 그녀의 가슴 쪽 부분에 위치하였다. 그 부분은 집에 있을 때 언제나 존재한다고 느꼈고 학교에서 있을 때조차 나타났는데, 그 때 그녀는 천국에서 그들에게 말하는 것에 대한 백일몽을 꾸곤 했다.

이 부분은 친구들에 대한 그리움을 결코 극복하지 못할 것이라고 느꼈다. 헤이즐이 이 부분을 알려고 맨 처음 시도하였을 때 '성난' 부분이 끼어들어서 연결을 차단하였다. 헤이즐은 우울과 분노 사이를 왔다 갔다 하는 것처럼 보였다. 나는 이 부분들이 헤이즐의 내면체계 안에서 양극화된 것으로 생각하기 시작했다. 나는 또한 부모의 이혼에 대한 헤이즐의 고통이 억압되어 밀려난 상태일 거라는 그녀 엄마의 직감을 잊지 않고 기억했다.

한 회기에서 나는 헤이즐에게 만일 '여자아이들에 대해 슬퍼하는' 부분과 '성난' 부분이 함께 만날 수 있도록 부분들의 가상회의virtual parts meeting를 소집하는 것이 괜찮은지 물었는데, 그럴 수 있으면 우리가 그들의 관계에 대해서 배울 수 있게 된다고 말해주었다. 헤이즐은 그것이 멋진 아이디어라고 생각했다. 우리는 앞쪽 바닥 위에 두 개의 그림을 배치해 놓았고 그러고 나서 헤이즐은 눈을 감고 그들 두 부분이 함께하도록 초대하였다.

"그들은 서로 말하고 싶지 않대요!" 그녀가 외쳤다.

"알았어, 서로 말할 필요는 없다는 것을 그들이 알도록 해줄래, 그렇지만 그들에게 한 부분이 너에게 말을 하면 다른 부분은 그것을 들어주는 것은 어떤지 물어봐주렴." 나는 인도했다.

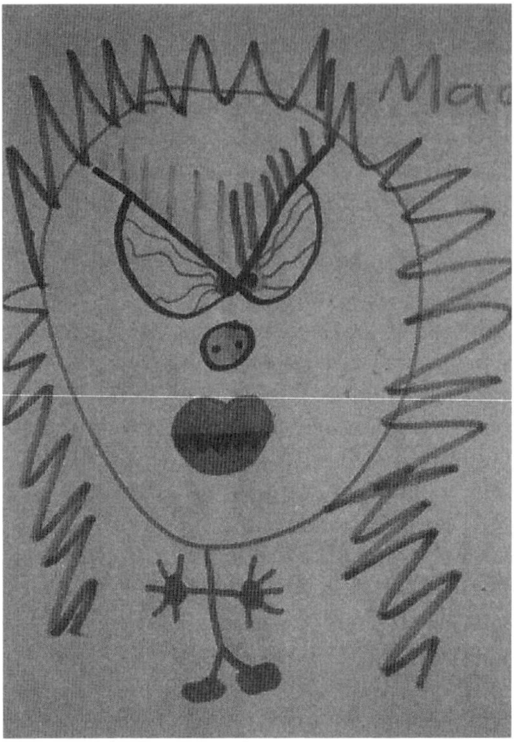

그림 7.2 헤이즐의 '분노' 부분Hazel's 'Mad' part

"알았어요, 그건 좋은 생각이라고 하네요." 헤이즐이 말했다. '성난' 부분이 먼저 하길 원한다. "'성난' 부분은 '슬픈' 부분이 항상 침울하게 서성거리는 게 자기를 미치게 한다고 말해요. 그녀는 '슬픈' 부분이 겁쟁이라고 생각해요. 그녀는 강해야 한다고 생각해요, 주먹처럼요!"

"이 말을 들으면서 '슬픈' 부분은 지금 어떻게 하고 있니?"라고 나는 물었다.

"슬퍼 보여요, 또 뭐가 있겠어요?"라고 그녀는 비꼬는 투로 대답했다.

"알았어, 슬픈 부분에게 이것은 단지 '성난' 부분의 의견이고 슬픈 부분을 위해 네가 여기 있다는 것을 그녀가 알도록 해줄래. '성난' 부분에게는 그녀가 어떻게 헤이즐을 도우려고 하는지를 물어봐주렴."

헤이즐은 눈을 뜨고 '성난' 부분의 그림을 보고 나서 그림의 귀에다 대고 질문을 속삭였다. 그리고 그녀는 답을 듣기 위해 그림에 자신의 귀를 댔다.

"그녀는 헤이즐이 '여자아이들'과 다른 일들에 대해서도 너무 슬퍼하지 않도록 막아줘요. 그녀는 헤이즐이 너무 슬퍼하게 되는 건 나쁜 일이라고 생각한대요."

"'슬픈' 부분이 '성난' 부분이 말하는 것에 대해서 어떻게 반응하는지 확인해볼래," 나는 말했다.

그녀는 '여자아이들에 대해 슬퍼하는' 부분의 그림을 바라보고 난 후 그녀의 눈을 감았다.

"와" 그녀는 돌아서더니 이제 '성난' 부분을 바라보았다. "그녀는 뭔가 흥미로워하는 것 같아요." 헤이즐이 놀라움으로 말했다.

"'성난' 부분에게 네가 이제 '슬픈' 부분이 어떤 상태인지 확인해봐도 괜찮을지 그리고 그녀 얘기를 들어줄 수 있을지 물어봐줄래."

우리는 헤이즐이 '여자아이들에 대해 슬퍼하는' 부분에 대해 호기심을 가지고 마음을 열 수 있을 만큼 충분한 참나 에너지가 있는지 알아보고자 확인하였다.

"나도 역시 헤이즐이 너무 슬퍼하지 않도록 보호하려고 해. 나는 헤이즐이 그 여자아이들에 대해 항상 생각하도록 하면서 내 역할을 하는 거지," 이 부분은 말했다.

"오, 그렇다면 거기에 헤이즐이 생각하지 못하도록 네가 막고 있는 또 다른 '슬픈' 부분이 있는 거니?" 나는 그 부분에게 직접 물어보았다.

헤이즐은 감았던 눈을 뜨고서 마커와 종이를 잡고 또 다른 부분을 그렸다. 그녀는 꽤 오랜 시간을 들여 매우 다양한 색깔을 사용하여 상세하게 그렸다. 나는 그녀 가까이에 앉아 조용히 지켜보았다.

"이것이 그 소녀들을 생각하지 않게 되면 너무 슬퍼지는 부분이니?" 나는 물었다.

"네, 이것이 '정말로 슬픈Real Sad' 부분이에요." 헤이즐이 소곤거렸다(그림 7.3).

"알았어, 우리가 너를 찾게 되어 정말 기뻐. 헤이즐, 이 모든 예쁜 색깔들 안에 있는 그 '정말로 슬픈' 부분을 네가 보고 있다는 것을 이 부분에게 알려줄래. 우리는 이 부분에 대해 알 수 있도록 꼭 작업을 할 거야, 하지만 '여자아이들에 대해 슬퍼하는' 부분과 '성난' 부분들이 이 모든 것에 대하여 어떤 생각을 하고 있는지 일단 먼저 돌아가서 확인해 봐도 될까?"

목표 부분에 초점을 맞추어 가는 것은 매우 중요하다. 왜냐하면 우리의 모든 체계들은 매우 복잡하기 때문에, 프로토콜을 사용하게 될 때에 다른 흥미롭고 중요한 부분으로 초점이 벗어나기 쉽다. 목표 부분에 머물러 있음으로써, 우리가 작업을 시작했던 부분들을 자신도 모르게 유기하는 일이 절대로 없도록 확실히 해야 한다. 이것은 아이를 안심시켜주는데, 이러한 탐색과정을 거치면서 부분들을 확인하도록 하는 것은 치료자가 한 약속을 지키는 것이다. 우리는 '정말로 슬픈' 부분이 바로 '성난' 부분과 '여자아이들에 대해 슬퍼하는' 부분이 서로 양극화된 방식으로 보호하고 있는 추방자인 것으로 추측한다.

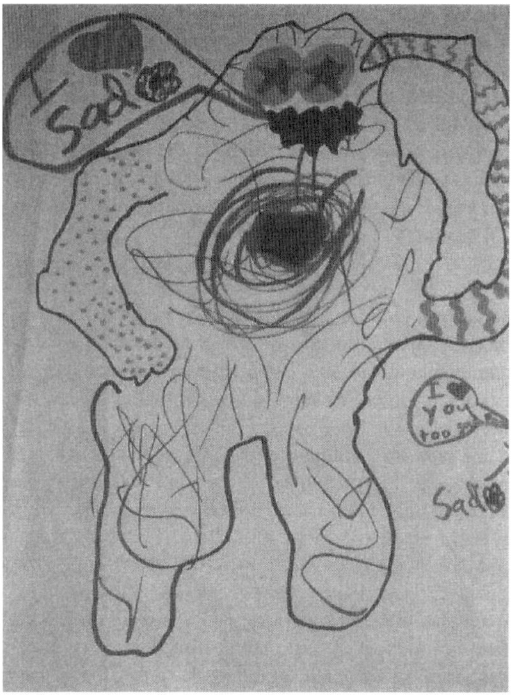

그림 7.3 헤이즐의 '정말로 슬픈' 부분

헤이즐은 지금 바닥 위에 세 개의 그림을 펼쳐놓고 있다. 헤이즐은 '성난' 그림을 집어 마치 그들을 서로 인사시키는 것처럼 '정말로 슬픈' 그림 위에 올려놓았다.

"'성난' 부분이 이미 이 부분을 안다고 말해요. 그녀도 이 부분이 나오는 걸 원하지 않아요. 그건 너무 슬프게 느껴져요." 헤이즐의 고개가 떨구어지고 그녀의 목소리도 따라서 낮아졌다. "이것은 엄마 아빠가 이혼하는 것에 대해 슬퍼하는 바로 그 부분이에요."

나는 그녀의 등에 손을 얹어 놓았고 우리는 그녀가 부모에 대한 깊은 슬픔이 들어오도록 허용하면서 조용히 함께 앉아 있었다. 몇 분이 지난 뒤 헤이즐은 한숨을 쉬었고, 나는 회기를 완결시키기 위해 그녀를 목표 부분으로 데려가기로 결정했다.

"그러면 이제 '성난' 부분과 '여자애들에 대해 슬퍼하는' 부분이 서로에 대해 어떻게 느끼는지 보도록 하자. 그리고 새로 나타난 '정말로 슬픈' 부분한테는 우리가 그녀를 곧 도울 것이라는 점을 분명히 한다고 알려주렴." 나는 안내했다.

헤이즐은 지금 서로 마주보고 있는 두 개의 초기 그림을 가지고 있다. 그녀는 이들이 더 이상 서로에게 화가 나 있지 않은 것을 발견했다. 이들은 양쪽 모두가 이 '정말로 슬픈' 부분이 나오지 못하도록 막으려는 시도를 했다는 것에 동의하였는데, 하나는 분노를 사용하였고, 다른 하나는 슬픔을 사용한 것이다.

헤이즐이 말하기를, "나는 여전히 내 친구들에 대해서 정말로 슬퍼, 하지만 이건 내 가족이야."

헤이즐과 내가 부분들에게 우리가 '정말로 슬픈' 부분을 도울 것이라고 말했을 때, 그들은 그들 외에 누군가가 책임져주는 것에 안심을 했고 또한 그들의 극단적인 행동을 멈추는 것에도 동의했다.

다음 두 회기에 걸쳐서 나와 헤이즐은 '정말로 슬픈' 부분과 작업을 했고, 헤이즐은 이 부분을 사랑하고 돌보게 되었다. 이 부분은 그녀에게 부모님의 저녁식사를 준비해드리기를 원하는 것이라든가 영화 ≪페어런트 트랩Parent Trap≫에서와 같이 부모가 돌아와 함께하도록 하는 것이라든가 하는 일들을 말했다. 이러한 목격하기와 짐 내려놓기 국면에서, 헤이즐은 부모의 이혼에 대하여 받았던 충격적인 감정을 견딜 수 있게 되었고 자신의 인생은 끝장났다는 믿음과 그녀의 가슴 속에 남아있던 깊은 고통을 놓아버릴 수 있게 되었다.

헤이즐은 또한 학교에서도 이전보다 훨씬 더 잘 적응할 수 있게 되었다. 그녀는 자신감 넘쳤던 본래의 모습으로 돌아왔다. 헤이즐, 남동생, 그리고 엄마는 새 아파트로 이사했고, 헤이즐은 그녀의 새로운 방을 좋아했다. 아빠의 새 아파트에는 지붕이 있는데 거기서 그들은 채소를 함께 키울 수 있게 되었다. 친구들을 잃은 것과 부모의 이혼이 여전히 그녀에게 영향을 주었음에도, 성내는 것으로부터 친구들 생각에 빠지는 것 사이에서 널뛰는 양상은 몰라보게 줄어들었다. 양극화에 대해 작업한 것은 그녀의 체계를 안정시키는데 도움을 주었다.

*****

아멜리아Amelia의 치료는 양극화가 어떻게 아이들의 마음과 몸에서 중심적인 현상이 되는지 잘 보여주는 예가 될 것이다. 부모의 부분들과 아이들의 부분들 사이의 양극화 또한 가족의 상호작용을 지배할 수 있다. 이 사례는 얽히고설켜서 다루기 힘든 이러한 갈등이 어떻게 일어날 수 있는지를 보여준다. 우리 치료사들은 많은 사례들이 헤이즐의 이야기처럼 종결이 잘 되거나 깔끔하게 정리되지 않는다는 것을 잘 알고 있다. 종종 미진한 부분들, 집요한 증상들, 그리고 조기 종결도 있다. 나는 이 사례를 모델 자체의 문제가 아니며, 우리가 치료자로서 갖는 인간적인 한계로서 인정하면서 여기에 내놓는다. 이 사례가 온전히 해결되지 않았을지라도, IFS 치료 경험은 아멜리아에게 혁신적인 변화를 가져왔다고 나는 아직 믿고 있다.

다나Dana와 롭Rob은 그들의 여섯 살짜리 딸을 트라우마 처리 치료 방법인 안구운동 민감소실 및 재처리 요법Eye Movement Desensitization Reprocessing: EMDR을 하기 위해 데리고 왔다. 아멜리아가 세 살이 되었을 때 수개월 동안 설명할 수 없는 열병과 고통스러운 배뇨작용 후 요도에 긴급 수술을 받았다. 그 경험은 가족 모두에게 트라우마가 되었다. 치료를 받으러 온 이유는 두 가지 측면이 있었다. 한 가지는 새로운 상황들에 대한 아멜리아의 두려움이었고, 다른 하나는 그녀의 과도한 자위행위였다. 다나와 롭은 수술경험이 아멜리아에게 아직도 영향을 미치고 있다고 믿었다.

우리의 첫 만남에서 나는 아이들에게 EMDR과 IFS를 사용한다고 말했고 그들은 내가 보기에 적절하다고 여긴다면 그중 한 가지 방법을 사용하든 두 가지 방법을 다 사용하든 상관하지 않고 나에게 맡기겠다고 했다. 초기에 아멜리아와 나는 EMDR을 사용하였는데, 그것은 내담자가 힘든 기억을 처리하는 동안 뇌의 좌우에 교대로 신호를 보내기 위해 일종의 아이팟 같은 장치를 사용하는 것을 포함한다. 아멜리아는 그것을 좋아했는데 그 도구를 '요술 기계'라고 불렀다. 처음 몇 개월 동안의 치료에서 진행한 수채화 그리기와 인생 게임The Game of Life(보드게임의 종류 - 역주) 회기들 사이에서, 우리는 병원에서의 경험을 대상으로 EMDR을 사용하였다. 수술기억에 대한 반응과 그녀의 두려움은 줄어든 반면, 자위행위는 지속되었다. 나는 치료시간에 부분의 개념에 대한 소개로 회기를 시작하였다.

아멜리아는 부분들의 집단을 식별해내고 그들과 쉽게 상호작용을 할 수 있었다. 그녀는 부분들을 '문지르기 원하는Wants to Rub', '문지르기 원하지 않는Doesn't want to Rub', '겁먹은Scared', '당황해하는Embarrassed', '주먹질하는Punching', 그리고 '불안해하는Nervous'으로 이름을 지었다.

우리는 '문지르기 원하지 않는' 부분이 그녀의 자위행위를 통제하길 원하는 그녀의 부모와의 관계에서 발달되었다는 것을 알게 되었는데, 이는 이해할 만한 일이다. '문지르기 원하지 않는' 부분은 부모의 금지하는 입장을 받아들인 부분이다. 아멜리아가 자신의 부분들에 대해 알아가게 됨에 따라, 나는 그녀 내면의 양극화 그리고 그녀와 그녀의 부모 사이에 있는 양극화를 이해하기 시작했다.

그림 7.4는 아멜리아의 몸 지도를 보여준다. 아멜리아는 자기 몸 전체를 측면으로 그렸다. 머리에 한 부분을 그렸는데 그녀가 창조한 사랑스러운

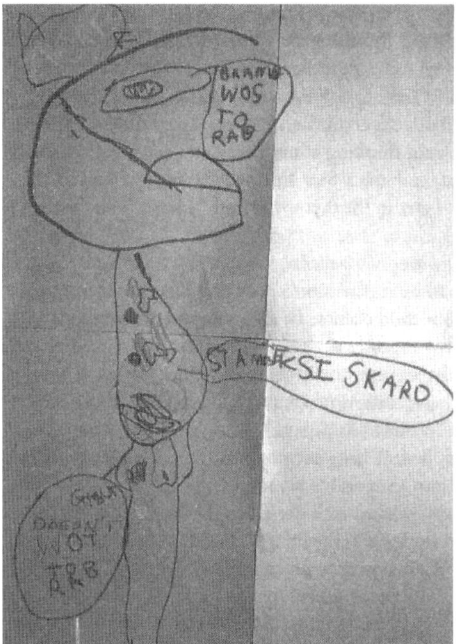

그림 7.4 아멜리아의 몸 지도Amelia's body map

철자로 다음과 같이 표시했다. '두뇌: 문지르기 원하는,' 생식기 가까이에 있는 부분은 '문지르기 원하지 않는,' 그리고 몸의 가운데에 있는 부분은 '겁먹은 배Stomach is scared,' 라는 추방자이다.

나의 작업가설은 '문지르기 원하는' 부분이 '겁먹은' 추방자 부분의 접근을 막기 위해 싸우고 있다는 것이다. 덧붙여서 '문지르기 원하지 않는' 부분이 '문지르기 원하는' 부분과 양극화되어 있었는데 이는 아멜리아가 자위를 하는 것을 멈추도록 하기 위해서였다. 이러한 끊임없는 갈등은 또한 '겁먹은' 추방자로부터 아멜리아의 관심을 떼어놓는데 일조하였다.

아멜리아가 스스로 자신의 갈등에 대해 설명했다. "내 안에 작은 전쟁이 일어나고 있는데 그 '문지르는Rubbing' 부분이 전쟁 중인 거예요. 그 누구도 우호적이지 않아요. '문지르는' 부분은 매번 이기고 있고 그래서 그는 자기가 질 거라고는 절대로 생각하지 않아요."

이러한 내적 양극화에 더해서, 이와 마찬가지로 또 다른 외적 양극화가 벌어지고 있었다. '문지르기 원하는' 부분과 자위행위가 멈추길 바라는 부모의 걱정하는 관리자들이 갈등에 빠져 있었다. 이러한 역동은 아멜리아에게 '은밀한Sneaky'부분이 발생하도록 기여하였는데, 이것은 부모에게 그녀의 자위행위를 숨기려는 시도를 하는 것이다. 또 자신의 머리를 때리곤 하는 '주먹질하는' 부분이 생겨났다.

초기에 우리가 '문지르기 원하는' 부분을 탐색하기 시작했을 때, 아멜리아가 자신의 머리를 때리곤 했다. 우리는 이 '주먹질하는' 부분에 직접 접속direct access 방식을 사용했다. 나는 직접 그 손에게 말했다. 그것은 아멜리아가 문지르기에 대하여 얘기하거나 생각하는 것조차 벌주기를 원하는 부분이었다. 도와주려고 노력하는 이 보호자와 아멜리아가 연결을 하고,

이해해주고, 고마움을 표현하고 나서 그 행동은 잦아들었다. 나중에 치료에서 그가 말하기를 "나는 최근에 아멜리아를 그렇게 자주 때리지 않았어요!"라고 말했다.

양극화 작업을 할 때, 갈등에 가담하고 있는 부분들이 같은 공간에 모이도록 하는 것과 서로 간에 교대로 말하고 들어주기를 하는 것에 동의하도록 하는 것이 도움이 된다. 아동들과 작업할 때는, 아동의 참나와 치료자의 참나 에너지의 조합이 함께 작용하여 현명하고 차분한 촉진자이며 중재자로서의 역할을 한다. 아멜리아는 IFS 회기에서 결국 '문지르기 원하는' 부분과 '문지르기 원하지 않는' 부분들을 충분히 진정시켜서 그들이 서로에 대해 알 수 있게 하였다.

나는 '문지르기 원하는' 부분에게 "아멜리아를 위해 어떤 일을 하고 있니?" 하고 물었다.

그 부분은 대답하기를, "나는 그녀가 겁먹지 않도록 도와요. 그게 나의 일이에요. 아멜리아가 무서워할 때 나는 아무도 볼 수 없는 투명인간으로 변신해요."

아멜리아가 '문지르기 원하지 않는' 부분과 작업할 때, 그 부분은 그녀에게 말했다. "내게는 두 가지 일이 있고 열심히 그 일을 하고 있어. 나는 '문지르기' 부분에 대항하여 그것을 멈추게 하려고 싸우고 또 '겁먹은' 부분도 밖으로 나오지 못하도록 막는 거야."

마침내 두 부분은 뒤로 물러서는데 동의하였고 우리가 '겁먹은' 부분과 작업할 수 있도록 해주었다. 두 부분은 자기들도 모르게 '겁먹은' 부분이 필요한 도움과 치유를 받지 못하게 방해하고 있었다는 것을 알아차리게 되자, 우리가 추방자를 만나서 작업할 수 있도록 허락해주었다.

'겁먹은' 부분이 병원에서 아멜리아의 요도에 삽입된 도뇨관과 열병에 대해 우리에게 말해 주었다. 그녀는 아멜리아가 당시에 얼마나 무서워했고 속상해하였는지를 전달해주었는데, 엄마가 수술 당일 아팠기 때문에 수술실에 들어오는 게 허용되지 않았던 것이다. 그 부분이 모든 이야기를 하고 난 뒤에, 아멜리아는 자기가 이제 괜찮고 건강하다는 사실을 그 부분에게 알려줄 수 있었다. 그녀는 이제 상처자국 하나를 남겼을 뿐이었다.

이 지점에서 아멜리아가 치료 초기에 알아차렸던 '당황해하는' 부분이 주목해줄 것을 요청하였다. 아멜리아는 그 부분이 자신에 대한 정보를 나누어주는 것을 깊이 경청하였다.

"그는 많은 것들에 대해 부끄러워하는데, 특히 내가 말하는 방식에 대해서예요. [아멜리아는 약간의 언어장애가 있고 몇 가지 자음발음에 대한 도움을 얻기 위해 언어치료를 받고 있었다.] 그는 학교에 있을 때 튀어나와요. 그는 튀어나올 때 특별한 소리를 내는데, '우~~~' 같은 소리예요. 그는 아멜리아의 상처자국에 살고 있어요. 그는 상처자국을 부끄러워해요. 그는 수술을 받은 사람을 한 사람도 본 적이 없어요. 그는 스페인어를 조금 말할 수 있어요."

자신의 말을 충분히 들어주었다고 느끼고 난 후, 이 부분은 기꺼이 뒤로 물러나서 우리가 '겁먹은' 부분에게 돌아갈 수 있도록 허락해 주었다. 겁먹은 부분은 이제 현재로 돌아올 준비가 되어 있었고 두려움의 짐을 내려놓게 되었다. 나는 짐 내려놓기 과정을 통해 아멜리아를 인도하였다. 짐 내려놓기에 대해서는 다음 장에서 자세하게 배우게 될 것이다. 아멜리아는 복부 안의 나쁜 감정들을 모두 주워 모았다. 나는 그녀에게 이 감정들을 물, 공기, 불, 또는 땅으로 놓아버리고 싶은지 물었다. 그녀는 그것들을 불 속에 태워버리고 싶어 했다. 그녀의 상상 속에서, 그녀는 모닥불을 피워놓고 나쁜 감정들을 불속으로 던져 넣었다.

그것들이 완전히 태워졌을 때, 나는 물었다. "재가 남아있니?"

"한 무더기요," 그녀는 대답했다.

그녀는 그것들을 상자 안에 넣어 땅속 깊이 묻기를 원했다. 이러한 의식 뒤에, 이전의 '겁먹은' 부분은 이제 훨씬 더 행복함을 느끼고 충분한 에너지를 갖게 되어 스포츠도 즐길 수 있게 되었다.

물론, 나는 이 추방자의 짐 내려놓기가 양극화를 완화시키고 자위행위를 줄여줄 것으로 기대하고 있었다. 이런 일이 일어났던 기간이 있었지만, 아멜리아는 여전히 자위행위를 원했으며, 그녀의 피부에 염증을 일으키거나 너무 세게 문질러 소변보는 것이 어려울 정도로 아프게 되면 그녀의 부모는 마음이 몹시 상했는데 이는 그럴 만하다. 아이에게는 아마도 아직 자신을 드러내지 않은 다른 추방자가 있을지도 모른다. 그러나 그녀의 부모는 치료를 끝내기로 결정했다. 그들은 자녀의 자신감이 발달하는 것에 대해서는 기뻐하였지만, 치료에서 자위행위에 직접적으로 초점을 맞추는 것에 대해서는 문제가 더 확산될까봐 우려하였다.

일 년 반 정도의 치료를 하면서, 아멜리아는 자신감 있고, 자신에 대한 이해가 생겨났으며, 똑똑하게 말 잘하는 소녀로 성장했다. '주먹질하는' 부분은 그녀를 공격하는 것을 멈췄고 '당황해하는' 부분은 아멜리아가 돌봐준다고 느껴서 자신의 고통을 내려놓았다. 그러나 '문지르기 원하는' 부분과 '문지르기 원하지 않는' 부분 사이의 양극화는 결코 해결되지 않았다.

아멜리아와 내가 마지막 회기를 진행하였을 때, 문지르는 문제에 대해 더 잘 돕는 법을 알아낼 수 없어서 미안하다고 말했다.

"알아요, 리자, 그렇지만 나에게 부분들을 돌보는 법을 가르쳐주셨어요. 이제는 제가 언제나 그렇게 할 수 있다는 것을 기억해주세요." 그녀는 대답했다.

8

부분들의 짐 없애기

줄리아나, 헨리

핵심 용어	
짐burdens	부분들이 짊어지고 다니고 있는 고통스러운 신념, 감정, 신체 감각들
짐 내려놓기[없애기] unburdening	부분이 자신의 짐들을 떠나보내는 내면의 과정
목격하기witnessing	참나가 추방자의 어린 시절의 고통스런 경험을 듣거나 보거나 느낄 때
구출retrieval	내담자의 참나가 그 고통스러웠던 경험과 시간에서 꼼짝 못하고 있는 부분을 꺼내오는 과정
초대invitation	부분이 짐 내려놓기[없애기] 뒤에 용기, 연결감, 기쁨, 사랑 등과 같은 긍정적인 특질을 들여올 수 있게 하는 행동

줄리아나Juliana의 치료작업은 깊은 슬픔이 IFS 프로토콜의 도움으로 어떻게 풀려날 수 있는지 보여주는 감동적인 사례다. 줄리아나의 피부는 사기인형과 같았다. 이렇듯 하얀 피부에 대조되는 길고 검은 머리는 그녀를 백설공주처럼 보이게 만들었다. 한편, 줄리아나의 성격은 현대의 디즈니 공주를 더욱 닮았다—단호하고, 자기주장을 굽히지 않으며, 아주 매력적이었다.

줄리아나의 어머니인 수잔이 처음 소호부모교육에 온 것은 10년 전으로 그녀의 첫 아이인 잭과 함께 엄마-유아 프로그램에 참여하기 위해서였다. 여러 해에 걸쳐 그녀와 남편 스콧은 지원과 안내가 필요한 시기에, 특히 수잔의 연속적인 임신과 관련하여 정기적으로 회기에 참여하였다. 줄리아나를 임신한 기간 동안 예외적으로 높은 혈압과 헛구역질로 누워서 쉬어야만 했다. 마침내 줄리아나는 건강하고 혈기왕성한 상태로 출산하였고 상황들은 안정되었다. 수잔이 셋째 아이를 임신하고 동일한 의료적인 문제가 생겼을 때, 줄리아나와 잭이 어머니의 제한된 돌봄 역량에 어떻게 대처하도록 도울지에 대해 만나서 논의하였다. 셋째 아이 에스티가 태어났을 때 상황은 곧 누그러졌지만, 수잔은 분만 이후 회복하는데 매우 어려운 시기를 겪고 있었다. 누워서 쉬는 것과 홀로 있음에 아주 익숙해져 있어서 예전의 바쁘고 풍성한 삶이 이제는 두려운 것이 되었다. 그녀는 현기증, 우울, 불안과 싸웠다. 수잔은 나와 개인 치료를 시작하였다. 내과치료 및 IFS와 함께 시간이 경과하면서 그녀는 힘을 회복하고 자신을 되찾게 되었다. 한편 이제 7살이 된 줄리아나에게 강렬한 분리불안, 수면곤란, 분노발작tantrums, 많은 신체 질환 증상들이 나타나기 시작하였다. 그녀의 부모가 애정을 기울여 안심을 시켜주었지만 줄리아나는 지난 일

년 반 전의 가족 스트레스에 깊이 영향을 받은 듯했다.

줄리아나의 강렬한 분리불안은 매우 실력 있다고 알려진 두 아동치료자들에게 가는 것에 대한 심한 저항으로 나타났다. 스콧과 수잔은 어찌할 바를 모르게 되어 자신들 중 한 사람과 함께 상담실에서 줄리아나를 봐달라고 나를 설득하였다. 또한 줄리아나는 자신의 회기에 특별한 박제동물 마마구구를 동반하였다. 줄리아나의 마음을 빼앗는 걱정들 중 하나는 마마구구를 잃어버릴지 모른다는 것이어서 마마구구가 옆에 있는지 반복적으로 확인하였다. 그녀의 어머니는 줄리아나가 자신이 사랑하는 박제동물 없이는 교실에 들어갈 수 없고, 이에 대해 학교의 허락을 얻어야 했다고 보고하였다. 치료 초기에 줄리아나는 마마구구를 꼭 붙잡고서 엄마 옆에 가까이 붙어있었다. 그녀는 언어가 뛰어나고 아주 상세한 기억력을 갖고 있었지만 그 힘들었던 해에 대해서는 의식적으로 기억하지 않으려는 듯 보였고, 대화를 하려고도 하지 않았다. 엄마나 내가 줄리아나의 걱정들을 그 힘들었던 경험의 맥락과 연결하려는 모든 시도는 부산함을 불러일으켰다—흠칫 놀라서 주제를 급격히 변화시킨다든지 몸을 갑자기 움직여 다음 행동으로 옮긴다든지 하였다. 부분이라는 개념 소개를 통해 줄리아나는 더욱 편안한 방식으로 자신의 걱정distress에 대하여 작업하게 되었다.

다양한 감정, 생각, 심지어 신체적 특성을 지니는 부분의 개념을 소개한 다음에, 줄리아나가 자신의 부분들의 지도를 만들기 원하는지에 대해 물어보았다. 줄리아나는 구불구불한 선들로 이루어진 두뇌를 그리길 좋아했고 두뇌 안에 자신의 '걱정' 부분을 그렸다. '엄마를 그리워하는Missing Mommy' 부분은 그녀의 가슴속에 살았다. 이렇듯 자신의 부분들을 몸 지

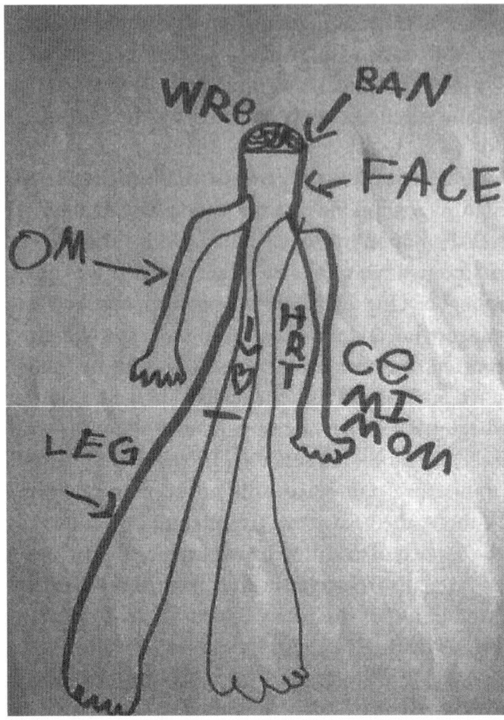

그림 8.1 줄리아나의 몸 지도

도 위에 외현화하는 접근은 줄리아나를 압도하지 않으면서 작업으로 끌어들였다(그림 8.1). 그녀의 호기심과 창조성—참나의 특성들—은 곧 뚜렷이 나타났다.

줄리아나는 또한 매직모델Model Magic을 사용해서 심장 모양 안에 '엄마를 그리워하는' 부분을 만드는 걸 좋아하였다. 퍼시는 눈을 감고서 자신의 부분들과 내면의 대화를 나눌 수 있었는데, 줄리아나는 자신의 부분들에게 속삭이고는 그들의 대답을 듣는 걸 즐겨했다. 그녀는 또한 플라스틱 동물들의 컬렉션, 요정, 용, 그리고 작은 선禪 모래 상자Zen sand tray를

그림 8.2 모래 상자에 있는 줄리아나의 부분들

사용하여 자신의 부분들을 외현화하는 걸 좋아했다.

대여섯 주 동안 줄리아나는 어떤 각본을 만들었는데, 거기에는 동화 속의 어머니, 두 딸, 독毒 모래가 든 조개, 용, 그리고 제우스왕이라는 이름의 아버지가 있었다(그림 8.2). 큰딸이 주요 인물이자 이야기의 진행자였다. 동화 속의 어머니는 매주 병에 걸렸는데, 모래가 어떤 조개에서 쏟아져 몸을 뒤덮으면서 중독되었던 것이다. 동화 속의 어머니는 이제 해독제로 사용되는 다른 모래약에 의해서만 소생하였다. 나는 이 이야기가 줄리아나의 엄마의 병환과 좀 비슷하다—아기는 엄마를 아프게 만들었고 아기를 낳는 건 엄마를 낫게 만들었다—는 걸 언급하였다. 줄리아나는 처음으로 자신의 놀이와 실제 경험 사이의 연결 관계를 참아내는 것 같았고 심지어 조용히 승인하기조차 하는 듯했다.

동화 속의 큰딸은 어머니의 병환을 겪어낸 줄리아나보다 어린 부분을 표상하였다. 우리는 이 소녀 또는 부분이 어머니의 안녕에 대한 걱정으로 괴로워한다는 걸 알게 되었다. 어머니가 죽게 되면 가족의 여성 가장으로서 뒤를 이어야만 한다는 게 소녀의 두려움 중 하나였다. 소녀는 또한 스스로를 위한 아빠를 갖는 것에 흥미를 보였다. 이러한 놀이가 진행된 몇 주 동안은 줄리아나에게 이러한 부분의 경험의 모든 측면들과 연결되고 목격할 수 있는 시간이 되었다. 줄리아나는 '요정 소녀' 형상을 한 네 살짜리 어린 부분을 진정으로 이해하고 자비를 느끼는 것으로 보였다.

이러한 종류의 놀이는 대부분의 놀이치료에서 노른자이지만, IFS 프로토콜은 줄리아나의 증상들에 대해 빠른 개선을 가져왔다고 믿어지는 몇 가지 흥미로운 요소들을 추가하고 있다. 짐 없애기는 IFS 치료에서 결정적인 국면이다. 참나가 부분에게 목격자가 된 다음에—여기에는 느꼈던 감정들, 붙들고 있었던 신념들, 그 경험에 대한 신체적 현현들을 포함한다—종종 부분은 과거를 떠나 현재로 올 준비가 된다. 부분들은 대개 지금 여기에서 자신이 있고 싶어 하는 곳에 대한 강렬한 느낌들을 갖는다. 어떤 부분들은 내담자의 가슴에 있고 싶어 한다. 또 어떤 부분들은 내담자의 현재 집에 있고 싶어 하고, 어떤 부분들은 자연 속의 어떤 환경을 선택한다. 그 부분이 현재에 온전히 안착하면 짐을 떠나보낼 준비가 되었는지 묻는다. 그 부분이 동의하면 치료자는 그 짐이 몸 어디에 있는지 묻고서 내담자가 찾아낼 수 있는 만큼 짐을 모으도록 지도한다. 그러고 나서 내담자는 짐을 떠나보내고자 하는 수단으로서 원소들—공기, 불, 땅, 또는 물—중 하나이든 또는 그 어떤 수단이든 그 부분이 원하는 방법을 선택하게 된다. 참나는 내담자가 이러한 짐과 연관된 그 신념, 감정, 신체 감각들을 떠나보낼 때 그 부분과 함께 머물러준다. 그 부분이 완수했다고 느끼고 내면에 더 많은 공간이 생기면, 미래에 그 부분을 도울 그 어떤 특성들이든, 감정들이든, 또는 심상이든 초대하도록 그 부분에게 요청한다. 이를 가리켜 초대invitation라고 한다.

짐 내려놓기는 뉴 에이지의 허튼소리처럼 들릴 수 있고, 여러분은 이 중요한 국면에서 상당한 회의감을 느낄 수도 있다. 나도 이걸 배우기 시작했을 때 미심쩍어 했다. 하지만 짐 내려놓기 과정은 백문이 불여일견이다. 짐 내려놓기를 경험한 사람은 누구든지 그것이 창출한 내면의 변동을 증언해줄 것이다.

내 자신의 한 부분의 짐 없애기 사례는 이러한 경험을 하기 전과 한 후에 느끼게 되는 상태의 차이를 보여줄 것이다. 나보다 18개월 늦게 태어난 남동생을 내 그늘 아래 있게 한 것에 대해 나는 오랫동안 죄책감을 느껴왔다. 나는 대화치료에서 이 주제에 대한 작업을 분명히 해왔고 EMDR까지도 했다. 내가 안정되고, 어린 나를 향해 자비롭고, 죄책감에서 자유로워진 것은 오직 IFS에서 이 '죄책감을 가진' 부분에 대해 작업하고 짐 없애기를 하고 나서였다. '죄책감을 가진' 부분은 내 치료자의 도움으로 나의 참나에 의해서 충분히 목격되고 난 다음에 자신의 짐을 나의 가슴과 폐에서 하늘 속으로 소용돌이치듯 올라가는 검은 연기를 통해 놓아보내길 바랐다. 굴뚝에서 나오는 연기처럼 그것이 위로 올라가는데 시간이 좀—아마도 20분 내외—걸렸다. 이 짐을 그처럼 오랜 시간 동안 지고 다녔기에내가 인내할 수 있도록 치료자는 격려해줬다. 마침내 완료했다고 느꼈을 때 그 부분은 사랑, 만족감, 그리고 빛을 가져오길 바랐다. 그 회기 이후 지금까지 이 주제는 최종적으로 해소된 것으로 느껴진다. 나의 가슴에서 느끼는 죄책감의 고통이나 마음속의 부정적인 자기대화self-talk는 더 이상 없다.

다음은 줄리아나의 짐 내려놓기가 어떻게 전개되는지를 보여준다. 줄리아나가 자신의 힘들었던 그 모든 경험에 대해 작은 요정을 안심시키고 위로한 이후에 그 동화가 완성되었는지 확인해보도록 물어보았다. 작은 요정은 자신이 말하고 싶었던 건 모두 말했다고 대답했다. 나는 줄리아나가 이제 과거의 동화랜드를 떠날 준비가 되었는지 물어보도록 했다. 준비는 되었지만 동화 속의 여왕, 여동생, 화려한 용, 제우스왕, 그리고 물론 특이한 조개도 데려오고 싶다고 얘기했다. 줄리아나는 등장했던 모든 캐릭터들을 모아서 두 팔로 감싸 안았다. 캐릭터들을 다시 조심스레 내려놓으면서 둥글게 배치하였다.

"여왕의 질병에 대한 모든 두려움, 그리고 동화 속의 소녀가 비록 아주 어렸지만 떠맡곤 해야 했던 걱정을 떠나보낼 준비가 되었는지 그 소녀에게 물어보렴."

"소녀는 준비되었어요!" 줄리아나는 의기양양하게 말했다.

"이 모든 감정과 신념들을 소녀의 몸 어디에 짊어지고 있는지 물어보렴."

"그것들은 배하고 심장 가까이 가슴에 있어요." 줄리아나는 진지하게 대답했다.

"소녀는 그것들을 공기나 불이나 물에, 또는 땅속에 파묻길 원하니?" 나는 물었다.

"소녀는 그것들을 공기 속으로 떠나보내길 바래요. 그리고 모래를 흩뿌리면서 하길 바래요."

줄리아나는 모래를 한움큼 쥐고서 상자속으로 천천히 조금씩 떨어뜨리면서 매료된 듯했다.

"이제 그 모든 두려움과 걱정이 어린 소녀의 몸에서 없어졌는지 확인해보렴." 나는 짐 없애기가 완료되었는지 확인하려고 물었다.

줄리아나는 눈을 감고서 잠시 동안 가만히 있었다. 눈을 크게 뜨고서 좀 놀란 듯 말했다. "거기에 약간 좀 더 있어요."

줄리아나는 좀 더 시간을 갖고 모래를 더 흩뿌리고 나서 말했다. "이제 모두 사라졌어요."

이제 남은 것은 IFS 짐 내려놓기 프로토콜의 마지막 부분인 초대였다.

"자, 줄리아나, 이제 그 동화 속의 소녀가 그러한 감정들을 떠나보냈는데, 소녀에게 유익한 것으로서 소녀가 자신의 몸과 마음에 가져오고 싶어하는 것이 무엇인지 물어보렴." 줄리아나를 다음 단계로 안내하였다.

"음." 줄리아나는 깊이 생각했다. "소녀는 사랑과 용기와 햇빛이 들어오길 바래요."

"훌륭하구나. 그럼 소녀가 그렇게 하도록 도와주렴. 소녀가 용기와 사랑과 햇빛 속에서 숨쉬도록 도와주렴."

줄리아나는 어린 소녀를 껴안았다. 그리고 눈을 감고 숨을 깊이 쉬면서 이러한 긍정적인 특질들이 내면의 열린 공간으로 들어오도록 하였다.

"잘 됐어요, 리자. 소녀가 그것들을 얻었어요." 줄리아나가 밝은 미소를 띠며 말했다.

"그럼 이제 소녀는 어떻게 느끼고 있니?" 나는 물어보았다.

"아주 좋아요! 근사한 느낌이에요!" 줄리아나는 기뻐하며 답했다. "춤추고 있어요!"

스콧과 수잔은 이러한 치료 단계 이후에 줄리아나의 행동에 나타난 많은 변화들을 보고하였다. 다음은 스콧이 보낸 추수감사절 이메일의 일부다.

오늘 돌아보며 감사한 것들에 대해 생각해보면, 불과 일 년 전과 비교하여 줄리아나의 현재 모습을 바라보면서 놀라게 됩니다. 그래서 줄리아나가 치유되고 그 자신으로 되돌아오도록 돕는 데 선생님께서 얼마나 결정적인 역할을 하셨는지 분명히 알려드리고 싶습니다. 요즘 들어 줄리아나는 밝고 행복한 표정을 자주 짓고, 매우 강하고 모험적인 아이가 되었습니다. 최근 학교에서 연극에 참여하여 연기를 하였고(!), 대부분의 시간 동안 마마구구를 사물함에 놓아두고 있고, 책읽기와 수학 풀기를 열심히 하고 있으며, 브루클린에서 스케이트보드 강습을 받을 것에 짜릿한 흥분을 느끼고 있습니다. 선생님의 도움과 교사들의 크나큰 지원으로 줄리아나는 깊은 흥미를 갖고 새로운 것들을 시도해보고 있습니다(오늘 '터키'를 포함해서요!).

줄리아나가 보다 어리고 취약한 부분들과 연결해서 짐을 없애는 능력은 그녀가 세상에서 경험하는 것을 극적으로 바꾸어놓았다. 걱정과 슬픔 아래에 묻혀 있었던 줄리아나의 타고난 유머, 회복탄력성, 모험정신은 이제 세상을 사로잡고 있다.

*****

헨리Henry는 선택적 함묵증[실어증]과 불안증을 진단 받은 일곱 살 소년이다. 귀여운 작은 곰처럼 보이는, 그저 두 팔을 둘러서 안아주고 싶은 어린 소년이다. 헨리의 부모는 선택적 실어증 프로그램 및 수많은 다양한 약물치료를 포함한 많은 치료 개입을 시도한 다음에 나와 상의를 하였다. 이러한 시도들 중 그 어떤 것도 헨리가 집 밖에서 말하는 능력에 중대한 차이를 만들어내지 못했다. 헨리는 학교에서, 캠프에서, 또는 사람들 있는 곳에서 말을 하지 않았다. 헨리는 교사들과 몇몇 선택된 동료들에게는 속삭였다. 집에서 헨리는 수다쟁이였다. 부모는 헨리가 보육원에서 선택적으로 말하는 것을 처음으로 알아차렸다. 그것은 나이를 먹어가면서 더욱 뚜렷해졌다. 집에서 쉽사리 화를 냈고, 잠자리에 드는 것, 숙제를 완수하는 것, 그리고 수영이나 영화를 보러 가는 것과 같은 다양한 활동들에 참여하는 것에 대해 상당히 불안해했다. 내가 헨리의 부모에게 강조한 중요한 것들 중 하나는, 말하는 것에 대해 직접 작업하기보다는, 헨리가 자신의 목소리를 온전히 사용하는 것을 허락하거나 금지하는 헨리의 내면의 부분들의 체계를 내가 이해하고자 노력하겠다는 것이었다.

치료 초기에 완전히 침묵했던 헨리는 다른 방식으로 매우 풍부하게 표현하였다. 헨리가 글쓰기와 그림그리기와 제스처와 얼굴 표정을 지을 때 나는 종종 그가 말을 실제로 하고 있지 않다는 걸 잊곤 하였다. 헨리는 치료회기에서 자신이 말하도록 노력하는 것을 내가 고집하지 않겠다는 얘기를 듣고서 매우 안도하였다. 나는 말하는 것에 대해 그의 다른 부분들이 어떤 생각을 하고 있는지 아는 것에 관심이 있다고 설명하였고, 그 부분들은 어떤 방식으로든 그들이 원하는 식으로 자신을 표현할 수 있다

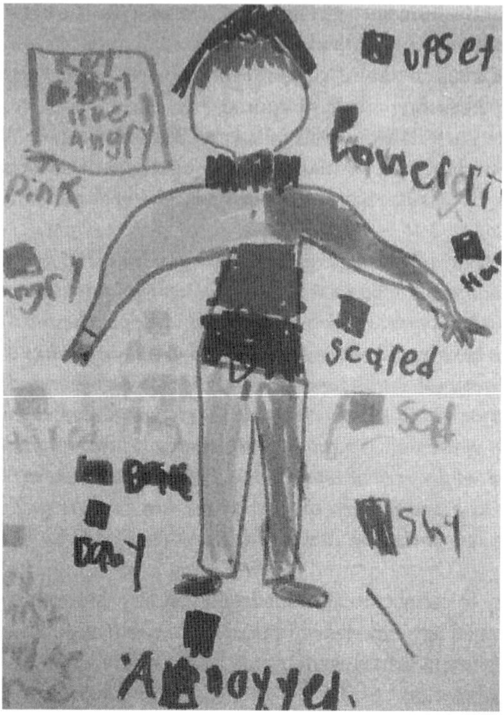

그림 8.3 헨리의 첫 번째 몸 지도

고 헨리를 안심시켰다. 헨리는 몸 지도를 사용해서 자신의 많은 부분들의 위치를 표시하였다(그림 8.3). 헨리는 부분들이 자신의 몸에 위치한 곳을 그렸고 그들의 이름을 적었다: '격노한Livid', '덜 격노한Lower Livid', '괴로운Annoyed', '말하는Talking', '말하지 않는Not Talking', '속삭이는Whispering', '행복한Happy', '아기The Baby', '화난Angry', '부끄러운Shy', '겁먹은Scared', '지친Tired', 그리고 '당황한Embarrassed'. 초기에 헨리는 이러한 부분들을 표상하기 위하여 자동차를 사용하였고 그것들을 서로 충돌시켰다. 헨리가 말하길 원치 않는 부분들이 언제나 이겼다.

우리는 “그 부분을 향하여 어떤 마음이 드니?”라는 질문에 대한 대답으로 “위 엄지[좋아]”, “아래 엄지[안 좋아]”, “중간 엄지[그저 그래]”를 활용하여 IFS 프로토콜을 적용하는 체계를 개발하였다. 우리는 무엇이 ‘격노한’을 사납게 만드는지, 무엇이 ‘당황한’을 낙담케 하는지에 대해 많은 것을 알게 되었다. 헨리는 자신의 많은 부분들이 목 언저리에 살고 있다는 것과 크게 말하는 게 좋은 생각이 아니라고 생각하는 많은 부분들에 의해 ‘말하는’ 부분이 제압되었다는 것을 알게 되면서 매우 흥미로워했다.

“그걸 전에 알고 있었니?” 나는 물어보았다.

헨리는 고개를 저었다. 말을 너무 많이 하는 것을 두려워하는 부분들이 있고 당황하게 되는 것을 두려워하는 또 다른 부분들이 있다고 클립보드에 적었다.

때때로 헨리는 공룡과 플라스틱 완구들을 이용해서 부분들을 나타냈고 우리는 그들과 ‘대화’를 나누었다. 헨리는 자신의 ‘아기’ 부분을 표현하기 위하여 작은 플라스틱 아기를 선택하였다. 치료 초기에 헨리는 ‘아기’와 작업하는 것에 대해 동의하였다. 헨리는 아기가 고무 젖꼭지를 빠는 걸 좋아하지 않기 때문에 슬프고 화가 나있다고 묘사하였다. 고무젖꼭지가 계속해서 아기 입 속으로 밀려들어와서 아기는 입술을 꽉 닫고서 울곤 했던 것을 몸짓으로 표현하였다.

내가 헨리의 고무젖꼭지 기억들에 대해 부모에게 얘기하는 것에 대해 그는 동의하였다. 사실, 헨리는 그의 인생 첫 6개월 동안 굉장히 많이 울었던 아기였다. 부모에게 두드러졌던 건 그의 손위 형제들은 고무젖꼭지에서 많은 위안을 받았지만 헨리는 그것을 거부했다는 것이다. 부모는 고무젖꼭지를 사용하려고 약간 좀 시도했으나, 헨리가 언제나 거부했기 때문에 결국 포기하였다. 기억해야 할 중요한 것은, IFS 치료자는 '실제 그 자체'에는 관심이 없다는 것이다. 그들은 부분들의 경험에 관심을 갖는다. 이러한 경험들 중 일부는 실제 사건들과 잘 연결될 수 있지만 일부는 그렇지 않을 수 있다. 그래서 헨리의 부모들은 고무젖꼭지가 아기시절에 미약한 역할을 한 것으로 보았지만, 헨리의 '아기' 부분으로서는 그것은 중요한 역할을 담당하였던 것이다. 중요한 것은 부분이 겪은 체험의 진실성이다. 부분들이 참나와의 연결감을 느끼는 관계를 맺고서 취약하거나 추방된 부분들의 짐을 없애도록 도와줄 수 있다면, 전체 체계는 유익을 얻는다.

'아기'에 대한 정보를 공유한 다음 몇 달 동안 헨리는 그 부분과의 작업을 회피하였다. '아기'가 좀 더 얘기를 하도록 허락할 준비가 보호자들에게 아직 되어 있지 않다는 것을 나는 존중해주었다. 수영을 두려워하던 '겁먹은'과의 작업 이후에 IFS 과정에 대한 헨리의 신뢰는 커졌다. 헨리는 그의 상상 속에서 '겁먹은'에게 따듯한 수건과 아이스크림을 건네며 위로해주었고 캠프에서의 수영 시간 동안 이러한 시도를 해보는 것에 동의하였다. 수영장에서 더욱 편안해진 것에 신이 났고 마침내 깊은 물 시험을 통과하였다. 헨리는 여러 달 뒤에도 여전히 자신의 성취에 대한 상징으로 깊은 물 팔찌를 차고 다녔다. 부분들과 어떻게 작업하는지 알게 된 게 헨리의 수영 딜레마를 도와주었고, '아기'에게 돌아가 도와주자는 나의 제안에 더욱 개방적으로 되었다.

헨리는 아기 인형을 자신의 앞쪽 바닥에 놓았다.

"잘 했어, 헨리. 이제 이 어린 친구가 너의 '아기' 부분을 나타내는 거니?" 나는 물었다.

헨리는 고개를 끄덕였다.

"그럼 마음 안쪽과 너의 몸 주변을 확인해서 '아기'를 어디서 느끼는지 보자." 나는 가르쳐 주었다.

헨리는 눈을 감았다가 나를 보면서 자신의 배를 가리켰다.

"좋았어. 그럼 네가 '아기'를 배에서 느끼고 있다는 걸 '아기'에게 알려줘. 너의 손을 거기다 올려놓아 '아기'가 그것을 알도록 할 수도 있어." 나는 말했다.

헨리는 다시 눈을 감았고 아주 가만히 있었다. 헨리는 자신의 부분들과 내면 통찰in-sight을 실행하고 있었다. 즉, 자신의 내면으로 들어가서 그 부분과 내적으로 대화를 하면서 그 부분을 감지하고 있었다. 아기 인형은 초기에 외현화 역할을 했으나, 헨리는 곧 내면 통찰을 활용하는 것으로 전환하였다. 헨리는 눈을 뜨고서 끄덕임을 통해 자신이 그걸 해냈음을 나타내었다.

"그럼 헨리야, 그 '아기' 부분을 향해 어떤 마음이 드니?" 나는 물었다.

"아래로 엄지" 몸짓을 하며 헨리는 얼굴을 찡그렸다.

"좋았어. 그럼 마음 안쪽을 확인해서 '아기'에 대해 '아래로 엄지'로 생각하는 부분을 찾아볼 수 있을지 보자." 이렇게 말하면서 나는 프로토콜을 통해 헨리를 이끌었다.

헨리는 자신의 몸 지도에서 '덜 격노한'을 가리켰다.

"그걸 알아차리다니 대단하구나! 그럼 '덜 격노한'이 뒤로 물러서서 우리가 '아기'와 작업할 수 있도록 해줄 마음이 있는지 물어보렴."

헨리는 고개를 끄덕였고, 미소를 지었으며, 방 다른 쪽에 있는 의자를 가리켰다.

"좋았어. 그럼 '덜 격노한'은 저쪽에 가 앉을 거니?"

"네"라는 의미로 고개를 끄덕였다.

"'덜 격노한'에게 협조해준 것에 대해 꼭 고맙다고 말해주고 이제 네가 '아기'를 향해 어떤 마음이 드는지 보자." 나는 말했다.

"옆으로 엄지"라고 그는 표시했다.

"음, 누가 '아기'를 향해 '옆으로 엄지'로 느끼는지 보자." 나는 말했다.

헨리는 자신의 몸 지도를 다시 사용해서 '괴로운' 부분을 가리켰다.

"오, 잘 했어. '괴로운'이구나. 그럼 이제 '괴로운'이 뒤로 물러서서 우리가 '아기'와 접속해서 도와주는 동안 방해하지 않을 마음이 있는지 알아보자."

헨리가 조우하는 모든 부분들을 내가 반갑게 맞이한 것은 모든 부분들이 환영받는다는 메시지를 암묵적으로 주었는데, 이는 슈워츠의 IFS 모델의 토대이다.

우리는 전부터 여러 단계를 반복하였고, '괴로운'은 '덜 격노한' 근처에 가서 앉는 것에 동의하였다. 이 두 부분 중 어느 쪽이라도 우리가 '아기'와 작업하는 동안 뭔가 하고 싶은 말이 있다면 그들은 그걸 헨리에게 알릴 수 있고, 그래서 무엇이 그들을 심란하게 만드는지 분명히 알아낼 수 있도록 해달라고 헨리에게 분명히 알려줬다. 자신에게 주의를 기울이고 경청해줄 거라고 부분들이 생각한다면 그들은 어렵지 않게 뒤로 물러서서 더욱 취약한 다른 부분들과의 작업을 허락하게 된다.

"이제 다시 확인해보렴." 나는 안내했다.

"위로 엄지"라는 표시를 하며 헨리는 미소를 지었다.

"아주 좋았어. 그럼 네가 '아기'에 대해 '위 엄지'를 느끼고 있다는 걸 '아기'에게 알려줘. '아기'가 네 말을 듣고 있는지 그리고 헨리 네가 여기에 있다는 걸 알고 있는지 확인해보렴." 나는 말했다.

헨리는 자신의 클립보드에 자신이 여기 있다는 것을 그 부분이 알고 있고 자신이 그 부분에 대해 '위 엄지'로 느낀다는 걸 알아들었다고 적었다.

"훌륭해. 이제 네가 '아기'에 대해 무엇을 알았으면 하는지에 대해 '아기'에게 물어보렴."

이것은 IFS 모델에서 목격하기 단계다. 헨리는 눈을 감고서 몇 분간 생각 속에 깊이 빠진 듯했다. 헨리는 눈을 뜨고서 클립보드에 마커로 다음과 같이 적었다. "'아기'는 고무젖꼭지를 싫어해요. 고무젖꼭지를 빨아야 한다는 게 '아기'를 화나게 만들어요."

"너는 이게 이해 가니?"

헨리는 고개를 단호하게 끄덕였다.

"그럼 네가 그걸 정말 이해했다는 걸 알려주고 '아기'가 네게 더 말할 수 있다고 얘기해주렴."

"그렇게 했는데 도움이 안 돼요."라고 적었다.

"'아기'가 뭘 필요로 하는지 물어보렴."

헨리는 아기를 흔들어주는 동작을 했다.

"그럼 헨리야, '아기'를 위해 그걸 해줄 수 있겠니? 흔들어줄 수 있겠니?" 나는 물었다.

나는 이 어린 곰 소년이 자신의 '아기'를 흔들어주는 걸 보면서 눈물이 났다. 소년의 얼굴에 더욱 진지한 표정이 나타났다.

"'아기'는 어떤 것 같니, 헨리야?" 나는 물어보았다.

헨리는 눈을 반짝이면서 내게 따듯한 미소를 지었다.

"그 표정을 보니 네가 흔들어주는 걸 아기가 아주 좋아하는 것 같구나. 그럼 '아기'의 그때 삶에서 너에게 말하고 싶은 게 있는지 물어보렴."

헨리는 눈을 감고서 팔의 긴장을 풀었고, 고개를 저었다.

"그럼 '아기'가 그때 그 장소를 떠나서 너와 함께 있을 준비가 되었는지 알아보자."

커다란 끄덕임.

"이제 고무젖꼭지에 대해 짊어지고 다녔던 불쾌한 모든 감정들을 방출하거나 떠나보낼 준비가 되었는지 '아기'에게 물어보렴."

또 한 번 커다란 끄덕임.

"좋았어. 훌륭해. 그럼 '아기'가 그 모든 감정, 생각, 느낌들을 그의 몸 어디에서 느끼고 있는지 알아보렴."

헨리는 다시 손을 배에 얹었다.

"그럼 이제 '아기'가 이러한 느낌들을 없애길 바라는지 물어보렴. 공기를 통해서나, 물이나 불을 사용해서나, 땅에다 묻거나, 아니면 '아기'가 그것들을 떠나보내길 원하는 그 어떤 방법으로든 말이야."

헨리는 클립보드에 휘갈겨 썼다. "그것들을 묻어버릴래요."

"좋아, 헨리. 그럼 '아기'가 그러한 감정들을 묻어버릴 곳을 마련하고, '아기'의 배에서 그러한 모든 느낌들이 떠나가도록 도와주렴. 그것들이 모두 묻힐 때까지 '아기'와 함께 있으렴."

헨리는 눈을 감고서 손을 배에 얹은 채로 몇 분 간 있었다.

헨리는 클립보드를 잡고서 다음과 같이 썼다. "그것들이 모두 없어졌어요."

헨리가 무엇을 초대하고 싶어 하는지 물어보자, 클립보드에 이렇게 썼다. "좋은 기분 그리고 행복." 나는 헨리가 그러한 좋은 느낌들을 가져오는 걸 지켜본 다음에, '아기'가 이제 어떻게 하고 있는지 알아보도록 요청했다. '아기'가 "긴장을 풀고 행복을" 느끼고 있다고 적었다.

물론 나는 이것이 '유레카'의 순간이 되길, 그리고 우리가 아기 부분의 짐을 없앨 수 있다면 전체 문제를 해결할 수 있게 되기를 희망하고 있었다. 여기서 헨리에게 그와 같은 기적은 없지만, 이 부분의 짐을 없애고 자신의 다른 부분들과 연결되는 헨리의 역량은 헨리가 많은 사람이 있는 곳에서 훨씬 더 잘 얘기할 수 있고, 회기 중에 내게 속삭이는 목소리로 재잘거릴 수 있고, 그가 마주쳐야 했던 그 모든 장애물들에도 불구하고 집에서 덜 반동하고 덜 기분 나빠지게 해주었다. 헨리는 두 달마다 자신의 몸 지도를 다시 작업해서 무엇이 바뀌었는지 그리고 무엇이 그대로 남아있는지 알아보길 좋아한다.

"좋았어, 헨리. 그럼 마음 안쪽을 살펴서 지난 번 마지막 지도 이후에 새로 태어난 부분들이 있는지 알아보자."고 나는 말한다.

헨리는 몇 분간 눈을 감고서 자신의 머리를 카우치에 편안히 눕힌다. 눈을 떴을 때 헨리는 귀여운 보조개가 보이는 미소를 짓는다.

"넵, 새로운 게 있어요!" 헨리는 속삭이는 목소리로 감탄하였다.

헨리는 보라색과 검정색 마커를 둘 다 쥐고서 자신의 커다란 지도를 그렸다(그림 8.4).

"그 부분의 이름을 말하려고 하는 거지?" 나는 놀렸다.

헨리는 목소리가 커진 속삭임으로, 두 눈을 빛내면서, 자랑스레 외쳤다. "그의 이름은 '용감한Brave'이에요!"

그림 8.4 헨리의 세 번째 몸 지도

9

부모 지도에서 IFS 활용하기

매티, 엘리자, 클라우디아

핵심 용어

참나의 특성들qualities of Self	자비/연민, 용기, 창조성, 돌봄, 연결감, 명료함, 호기심, 인내, 끈기, 현존, 균형감, 쾌활함
유턴U-turn	다른 사람의 행동에 초점을 맞추지 않고 자기 자신의 부분들에게로 초점을 전환할 때
양극화한 부모 부분들 polarized parent parts	아이의 보호적인 또는 추방된 부분과 갈등 속에 있는 부모의 보호적인 부분
가족 리더쉽family leadership	참나의 특성들을 활용하여 가족을 지도하고 이끄는 것
부분을 대변하기 speaking for parts	활성화한 부분 자신이 직접 발언하는 것이 아니라 참나가 부분의 감정과 생각들을 전달할 때
참나가 이끄는Self-led	어떤 사람이 지혜롭고 안정적인 정서적 공간에서 자기 자신 및 다른 이들의 부분들에 귀를 기울이고, 이해하고, 인정하며, 감사를 표하는 역량을 지니고 있을 때

픽사의 2015년 영화 ≪인사이드 아웃Inside Out≫은 어린이와 어른 둘 다의 내면세계를 훌륭하게 묘사한 만화영화다. 이 영화는 감동적이고, 유머러스하며, 쉽게 이해할 수 있는 방식으로 부분parts이라는 개념에 활기를 불어넣었다. 이 영화의 성공은 부분이라는 개념을 대중문화에 소개하였다. 하지만 ≪인사이드 아웃≫ 이전에도 부모들 자신의 부분들만이 아니라 자녀들의 부분들에 대해서도 부모와 함께 얘기하는 것이, 부모들이 자녀와 그들 자신을 더욱 자비롭고 미묘하게 다른 식으로 바라보도록 도와주는 하나의 방식이었다. 부모 지도 회기에서 IFS 모델을 가르치고 그 프로토콜을 사용함으로써 가족들이 부정적인 패턴에서 벗어나 보다 건강한 가족으로 기능하도록 도움을 주어왔다.

멜라니는 일곱 살 아들 매티Mattie의 분노발작에 대해 상의하기 위해 내방했다. 몇 가지 예를 듣고 나니 매티만 발작을 하는 게 아니라는 게 분명해졌다.

"그래서 매티에게 아이패드를 치우라고 이번 주에 요구했어요. 상냥하게 요구했지요. 매티는 저를 무시했어요. 저는 다시 상냥하게 요구했구요. 매티는 계속해서 저를 무시했어요. 그래서 저는 매티가 아이패드를 넘겨주지 않으면 하루 종일 압수하겠다고 위협했지요. 그러자 매티는 꼭지가 돌았어요. 저에게 욕을 하고, 저주를 퍼붓고, 저를 미워한다고 말하고서 도망가 숨어버렸어요."

"그러고 나서 무슨 일이 일어났나요?"

"제가 아이를 쫓아가서 그 아이패드를 밀고 당기고 했죠. 아이는 실제로 제 배를 찼어요. 그러자, 저도 말씀드리기 곤혹스럽지만, 녀석에서 아주 짜증이 왈칵 나서 소리를 지르고, 아이 방에 애를 밀어 넣고, 그 어떤 엄마도 자기 아이에게 하지 않을 말들을 했죠."

"아이들 때문에 제정신이 아닐 때 얼마나 끔찍하게 느껴지는지 저도 압니다. 어머님과 매티 둘 다 화가 나서 통제가 안 되는 부분들이 있는 것 같군요." 나는 말했다.

"음, 저는 아이의 행동에 대해 얘기하러 여기에 온 거예요. 하지만 제 행동도 끔찍한 거 같네요." 그녀는 한숨을 쉬었다. "정말 무력감이 느껴져요."

"그 느낌을 잘 압니다. 어머니가 된다는 건 꽤나 겸허하게 만들죠. 그러니까 어머님께 무력감을 느끼는 부분과 벌컥 화를 내는 또 다른 부분이 있는 것 같네요. 맞나요?" 나는 물었다.

"네. 맞는 것 같아요. 절 너무 몰아붙였고 그래서 제정신을 잃었어요. 그러고 나서는 굉장히 죄책감을 느끼죠."

"그러니까 활성화하는 몇몇 부분들이 어머니에게 있는 거네요. '무력한 Helpless' 부분, '화난Angry' 부분, '죄책감Guilty' 부분." 나는 멜라니를 위해 부분들의 지도를 말로 묘사했다. "우리는 여기로 다시 돌아오겠지만, 일단 지금은 매티와 관련 있는 다른 부분들을 알아차리고 계신지 궁금하네요?"

"음, 맞아요. 물론 그래요. 매티와 관련 있는 실없는 부분이 제게 있어요. 그리고 모성적인, 보호적인 부분이 있어요…." 그녀는 잠시 멈추고 생각했다. "자랑스러워하고, 성마르고, 다정한—그것에 대해 이런 식으로 생각하는 것을 이제 계속해서 해볼 수도 있다고 생각되네요. 이런 식으로 생각하는 게 도움이 됩니다." 멜라니는 재빠르게 익힌 부분部分의 언어로 말했다.

"훌륭하세요, 어머님. 전문 용어를 이해하기 시작하셨네요! 저 자신의 반동反動, reactive하는 부분들과 작업하는 게 저희 아이들과 함께할 때 더 나은 방식으로 평온해지는 걸 도와준다는 걸 저는 발견했습니다. 매티가 자신의 부분들과 관계하는 걸 돕는 것에 대해 생각하기 전에 어머님의 성난 부분을 알아보는 건 어떨까요?" 나는 물었다.

리처드 슈워츠는 ≪당신은 바로 당신이 기다려온 존재입니다You are the one you've been waiting for≫(Schwartz, 2008)라는 IFS 커플 치료 저서에서 파트너의 행동보다는 자기자신의 반동reactions에 초점을 맞추도록 가르치고 있다. 토니 허빈-블랭크(Herbine-Blank, Kerpelman, and Sweezy, 2015)는 이것을 급진적 유턴이라고 부른다. 사람들 자신의 부분들과 자신의 관계에 대한 이러한 주의注意는 관계에서의 모든 변화가 시작되는 지점이다. 아울러 이것은 부모 지도에서도 진실이다.

멜라니는 기꺼이 자신에게 먼저 초점을 맞추고자 하였다. 나는 그녀가 가능한 한 편안해지도록 하고 나서 눈을 감고 아이패드와 관련된 장면의 기억에 초점을 맞추도록 지도하였다. 그러고 나서 IFS 프로토콜의 초기 단계들을 활용해서 멜라니가 자신의 몸, 떠오르는 심상, 자신의 머리속에서 들려오는 말에 초점을 맞추도록 하였다.

멜라니는 자신의 주먹이 단단해지고 이빨이 악물리는 걸 느낀다고 보고하였다. 그녀는 자신을 '곰'—사납고 위협적인—의 이미지로 보았다.

"내 머리에 큰 곰이 있는 것 같아요."라고 하며 그녀는 웃었다.

그 부분을 향하여 어떤 마음이 드는지 내가 물었을 때 그녀에게 많은 반동들이 있었다. 놀라워하는 것에 더하여 그 '곰'을 심판하고 두려워하는 부분들이 있었다. 그녀는 그들에게 물러서달라고 요청할 수 있었다.

마침내 그녀는 '곰'을 향하여 자비를 느낄 수 있었고, '곰'이 그녀를 보호하기 위하여 거기에 있다고 말하는 걸 들었다. 매티가 부적절하게 행동할 때 '곰'이 나와서 매티에게 겁을 주어 멈추게 했다.

"납득이 되시나요?"라고 나는 물었다.

"납득이 가요." 그녀는 응답했다. "'곰'은 정말 도우려고 노력하고 있어요."

'곰'은 또한 자신이 그녀와 아주 오랫동안 함께 있었다고 얘기했다. 멜라니가 십대일 때 어머니가 만취하게 되면 실제로 화를 낸 게 바로 그 부분이었다. '곰'은 그녀의 엄마에게 겁을 주어 멈추게 하려고 노력하고 있었다.

이것은 멜라니에게 매우 통렬했고, 그 보호적인 '곰'에게 커다란 고마움을 느꼈다. '곰'이 정말로 매티를 겁주고자 했던 건 아니었다. '곰'은 단지 달리 무엇을 해야 할지 알지 못했던 것이다. '곰'이 나서려는 걸 알아차렸을 때, 그녀의 이빨이 악물리고 주먹이 꽉 쥐어질 때, 자신이 그곳에 있으면서 매티에게 한계를 설정할 장본인이 되리라는 걸 멜라니가 '곰'에게 상기시켜 줄 수 있다면, '곰'에게는 그게 괜찮을지 나는 멜라니에게 물어보았다. '곰'은 자신이 그 상황을 다루지 않아도 된다는 것에 안도하는 것 같았다.

멜라니와 나는 매티에게 부분 개념을 어떻게 소개할지에 대해 논의하였다. 멜라니는 매티가 '그걸 이해할' 거라고 본능적으로 느꼈다. 나는 또한 토머스 펠런(Phelan, 2010)의 『버릇 좋은 아이로 키우는 1.2.3 매직1-2-3 Magic』이라는 책을 권유하였고 다음 만남 전에 읽어오도록 요청하였다. 이 책은 한계 설정과 긍정적인 강화에 대한 명확한 체계를 제공하고 있고, 유쾌하고 편리한 방식으로 쓰여 있다. 펠런의 전략 세트는 부모들이 자신의 참나 에너지 또는 명료하고, 확고하고, 사랑스런 성인 부모 부분들에게 접속하는 걸 도와주는 것으로 보인다. 멜라니는 매티를 돕는 것에 대해 더욱 힘을 얻었다고 느끼면서 그 회기를 마쳤다.

우리가 다음에 만났을 때, 그녀는 매티가 멜라니의 '곰' 부분의 모든 걸 너무나 잘 안다고 얘기한 걸 기쁘게 보고하였다. 매티에게도 역시 '화난 곰'이 있었는데, 매티의 배에 살고 있었다. 그들이 곰 놀이를 함께 하면서 웃고 으르렁대고 서로에게 곰을 소개한 것에 대해 자세히 얘기하였다. 매티가 울화가 났을 때 진정하고 나서는, 자신이 몹쓸 녀석이라고 얘기하는 대신 자신의 '화난 곰'이 몰아친 것에 대해 얘기할 수 있었다. 멜라니와 매티는 그 '곰'에게 얘기를 했고, 그가 그렇게 화를 내더라도 여전히 사랑받고 있다는 걸 그가 알도록 했다. 그들은 또한 무엇 때문에 '화난 곰'이 나서게 되는지에 대해 알게 되었고, '좌절한 곰', '슬픈 곰', 그리고 매우 유감스러워하는 어떤 곰과 같이 다른 부분들을 확인하였다.

멜라니는 행동과 느낌들을 이해하는 이 새로운 방식이 진실되고, 유용하며, 매우 위안이 된다고 느꼈다. 그녀도 매티도 단지 하나의 어떤 것이—'화난 아이' 또는 '성질 있는 엄마'가—아니라 핵심에 존재하는 사랑과 자비의 참나와 함께하는 수많은 다양한 부분들의 집합이다. 멜라니와 아들이 서로 얘기하며 보다 가깝게 느낄 수 있게 만들어준 것은 바로 하나의 언어였다.

*****

열다섯 살 난 엘리자Eliza가 페이스북에서 사이버 따돌림으로 정학을 당했을 때, 어떤 의미에선 너무 늦게 그녀의 부모인 그렉Greg과 셀레나Selena가 찾아왔다. 엘리자에게는 열두 살 및 열세 살의 여동생 둘이 있었다. 십대 소녀 셋은 좋은 날에도 거친 소리를 내고, 요즈음에는 집에 있는 날이 거의 없었다. 무질서하고 소란한 싸움들, 문 쾅 닫기, 심각한 욕설이 매일 같이 벌어졌다. 그렉과 셀레나는 골치가 아프고, 걱정되고, 자신들의 집이 전쟁터 같은 게 부끄럽기 짝이 없었다. 그들은 위압적인 가혹함으로 대하는 것, 그리고 강한 의지를 가진 세 딸이 자신들의 동료인 양 협상하는 것 사이에서 오락가락하였다.

"수감자들이 감옥을 운영하고 있는 것처럼 느껴져요." 셀레나가 말했다. "저는 통제력을 완전히 잃어버렸어요."

"이거 원, 그건 옳지 않아요—당신은 걔들을 위해 정말 많은 걸 해주고 있어요. 당신은 대단한 어머니요." 그렉이 외쳤다. "지난주에 엘리자를 레슬링하듯 꼼짝 못하게 만든 건 바로 나요."

"두 분 모두 정말 엘리자에게 도전받는다고 느끼면서 스스로도 별로 자랑스럽게 생각하지 않는 행동에 의지하고 계신 것 같네요." 나는 말했다. "우리는 부모님께서 가정에서 리더쉽 역할을 되찾았다고 느끼실 만한 방법들을 찾아보려고 합니다."

부모와 자녀들 사이의 경계가 종종 희미해지는 시대에 부모의 일을 리더쉽이란 용어로 구성하는 것은 아주 도움이 된다. 효과적인 리더가 된다는 것은 구조와 안전을 제공하기 위하여 때때로 인기 없게 되는 것도 반드시 견뎌야 한다는 것이 부모들에게 납득이 되는 것 같다. 참나 리더쉽의 특성들—자비/연민, 평온함, 연결감, 창조성, 인내, 그리고 끈기—은 자연스럽게 가족 리더쉽의 특성들로 변환된다. 갈등에 직면하여 이렇게 균형 잡힌 정서 상태에 이를 수 있다는 것은 결코 작은 위업이 아니다. 어려운 상황에서 종종 장악하곤 하는 촉발된 보호자들에 대해서는 실습과 내면의 돌봄을 필요로 한다. 그것은 포부 가득한 틀로서, 아이들을 다룰 때 구현할 목표 상태를 의미한다.

셀레나와 그렉에게 참나가 이끄는 상태에 대해 묘사하고 나자 셀레나가 한숨을 쉬었다. "제가 그렇게 느낀 게 언제인지 기억이 나지 않네요. 특히 엘리자를 다룰 때요. 다음에 엘리자가 그 브랜드의 뭔가를 사달라고 제게 거칠게 요구할 때 제가 그렇게 침착할 수 있었으면 정말 좋겠어요."

"그건 훌륭한 목표입니다. 그리고 그건 많은 연습을 필요로 합니다. 여기서 상상력을 활용하여 연습해보죠. 그 브랜드 가게에서 어떤 일이 있었는지 상세하게 말씀해보시죠."

"좋아요. 저는 거기에 세 아이와 함께 있어요. 저희는 신학기 용품을 쇼핑하고 있었어요. 아이들은 각자 바지 세 벌과 윗도리 세 벌, 그리고 스웨터 두 벌을 골랐어요. 주요 획득물들이죠. 그리고 나서 우리가 카운터에 줄을 서고 있는데 엘리자는 어디론가 달려갔다가 후디와 두툼한 코트를 들고 나타났어요. 엘리자는 거의 명령하듯 짖어댔어요. '이것도 사줘!'"

"좋아요, 거기서 멈춰주세요. 눈을 감으시고 심호흡을 몇 번 하세요. 그 당시에 어머님 내면에서 어떤 일이 일어나고 있었는지 확인해보시죠."

"이것 참, 전 믿을 수 없었어요. 정말 버릇없는 아이 아닌가요. 제가 자기를 위해 해주는 그 모든 것에 감사할 줄 모르는 건가요? 저는 수백 달러를 쓰려던 참이었는데요!" 그녀는 흥분해서 소릴 질렀다. "전 가게에서 벌컥 화를 내고 소릴 질러서 아이들과 저 자신도 당혹스러웠어요."

"비참하게 들리네요. 이렇게 얘기하는 게 맞는지 말씀해주세요. 어머님께는 믿을 수 없어하는 부분과 인정받지 못한다고 느끼는 부분이 있는 것으로 들리는데, 맞나요? 그리고 이어서 화를 벌컥 내는 부분이 있지요."

"음, 그래요. 맞는 얘기 같아요." 셀레나가 대답했다.

그렉이 찌푸리며 덧붙였다. "셀레나는 결코 인정받는다고 느끼지 못하고 있어요."

셀레나의 눈물이 차올랐고 그렉은 그녀의 손을 잡았다. "오래된 얘기죠." 그녀는 조용히 얘기했다.

나는 셀레나의 어린 '인정받지 못한' 부분 그리고 우리의 아이들을 양육하는 데 엮이게 된 방식들에 대해서 그녀를 공감하며 바라봤다.

"어머님께서 나눠주고 계신 내용이 굉장히 도움이 되네요—이해가 되기 시작하네요. 그러니까 오랫동안 어머님과 함께 있었던, 인정받지 못한다고 느끼는 부분이 있는 거네요. 엘리자의 '요구적인' 부분이 나설 때 그 부분이 곧장 그 오래된 줄거리 속으로 뛰어드는데, 그 주변에 엄청나게 많은 슬픈 감정이 보이네요. 그러고 나서 또 다른 '화난', 강력해보이는 부분이 나서서 엘리자에게 맹공을 가하죠."

"분명 그런 상황이죠." 셀레나가 말했다. "하지만 엘리자는요? 걔는 참을 수 없어요."

"엘리자를 다루게 될 거예요, 약속합니다. 하지만 어머님과 잠시 머물러봤으면 합니다. 좋아요, 그럼 C와 P로 시작하는 그 단어들, 훌륭한 리더가 필요로 하는 것들로 돌아가보죠: 자비, 평온함, 연결감, 명료함, 인내, 그리고 끈기죠. 그 장면을 다시 떠올려보는 겁니다. 하지만 추가된 옷가지를 들고 온 엘리자를 보는 순간 정지 버튼을 누르는 겁니다. 어머님께서 멈추고서 그러한 특성들을 들이마시듯 흡수하셨으면 합니다. 어머님께서는 여전히 믿을 수 없고 인정받지 못한다고 느끼실 겁니다. 하지만 천천히 하시면서 자신의 숨을 활용하시고, 어떤 부분들이 촉발되었는지 알아차리는 시간을 가져보세요. 그들을 억누르려고 하지 마세요. 그 대신 중심부에서 나오는 위로를 보내주세요. 엘리자에게 말하기 전에 스스로 평온을 찾고 자신에게 주의를 기울이세요. 그걸 상상해보셨으면 합니다." 이렇게 나는 안내했다.

그렉과 나는 셀레나를 조용히 지켜보고 있었다. 그녀는 눈을 감고 천천히 숨을 쉬고 있었다. 서두르지 않았다.

"정말 완전히 다르게 보이네요! 소릴 지르는 대신 저는 이렇게 얘기했어요. '그걸 도로 갖다놔야 한다, 얘야.' 아이는 그걸 사달라고 다시 요구했고 저는 그저 다시 줄로 돌아갔어요—성내지 않고 그저 평온하고 명확하게요. 아이는 발을 굴러대긴 했지만 그걸 갖다놓았어요. 저 스스로에게 수치심보다는 자긍심을 느꼈어요. 그리고 아이가 보다 더 십대처럼 보였어요, 괴물이 아니라."

그렉이 덧붙였다. "저는 때때로 엘리자의 못된 행동에 너무 흥분해서 걔가 열다섯밖에 되지 않았다는 걸 말 그대로 잊어버리죠. 걔가 아주 많은 훌륭한 점들을 지닌 멋진 아이이기도 하다는 걸 잊어버리는 거죠."

우리는 그들의 딸에 대한 좀 더 균형 잡힌, 참나에 의해 이끌린 인식의 자연스런 표현들을 들을 수 있다. 이 연습은 셀레나와 그렉이 부분들 간 상호작용의 외적 및 내적 패턴들 속으로 보다 깊이 들어갈 수 있도록 도와주었다. IFS 커플 치료자이자 『친밀감의 인사이드 아웃Intimacy From the

Inside Out(IFIO)』의 저자이기도 한 토니 허빈-블랭크Toni Herbine-Blank는 부분들의 반복적인 역동을 알아내기 위하여 상호작용을 추적하는 이러한 과정에 대해 적고 있다. 커플들에 대한 IFIO 접근은 가족 작업에서 유용하다. "우리는 단지 개인의 상호작용에만 초점을 맞추기보다는 내면의 상호작용들 또한 추적해서, 보호적인 부분들의 행동이 겁먹은 어린 부분들(추방자들)의 정서적 반동에 의해 어떻게 동기화하는지에 초점을 맞춘다"(Herbine-Blank, Kerpelman, and Sweezy, 2015).

셀레나와 그렉에게 가족 안에서의 상호작용에 대해 새로운 방식으로 생각해보도록 한 것은 도움이 되었고 안심시켜주었다. 즉, 자신들의 딸을 많은 부분들로 이루어진 하나의 사람으로 보게 해주었고, 그들 자신의 반동反動하는 행동을 다루기 시작할 수 있었다. 셀레나는 자신의 '인정받지 못한' 부분의 탐색을 계속하면서 자신이 원가족에서 열다섯 살일 때 견뎌냈던 그 고통 속으로 다가갔다. 그녀는 우리가 가족 단위로 작업을 하는 동안, 그러한 부분들에 대하여 다른 치료자와 IFS 개인 작업을 진행하는 것에 대해 동의하였다. 현재 그들은 더욱 일관되게 한계 설정을 다루고 있었고, 한치도 물러서지 않았으며, 폭발하지 않는 것과 관련해서는 많이 나아지고 있었다. 또한 그들은 엘리자 자신이 치료를 받도록 했고, 그들의 가정생활을 더욱 평화롭게 만들기 위하여 열심히 노력하였다. 그들은 IFS의 렌즈를 통해 상황들을 바라봄으로써 자신의 가정이 올바른 궤도에서 움직이도록 하였다.

*****

사라Sarah는 나의 성인 내담자이다. 나는 이제 열세 살이 된 그녀의 큰 아들 사무엘Samuel이 소호부모교실의 어머니-유아幼兒infant 집단에 참여할 때부터 그녀를 알고 있었다. 사라는 또한 사무엘의 여동생 클라우디아 Claudia와 함께 어머니-걸음마유아toddler 집단의 참여자이기도 했다. 당시 두 살이었던 클라우디아는 활기 넘치고 말도 좀 하는 걸음마유아였다. 쾌활하고 반응을 잘 해서 걸음마유아 교사들에게 큰 인기가 있었다.

사라의 집단이 끝난 뒤에 그녀와 남편 아이작은 부모지도 회기에 정기적으로 참여하곤 하였다. 사라는 여덟 살이던 사무엘을 놀이 회기에 몇 번 데려온 적이 있는데, 당시는 사라가 응급 수술을 받은 이후였다. 우리는 레고 놀이를 많이 하면서 대화를 했고, 사무엘은 치료에 참여한 이후 더 나아졌다고 느꼈다. 그 무렵부터 나는 그 가족에게 '레고 리자'로 알려졌다.

사라는 자신의 원가족 관련 주제 몇 가지에 대해 나와 개인 작업을 하기로 결정했는데, 나의 첫 IFS 내담자들 중 한 명이 되었다. 이 모델은 그녀에게 치료적이었음을 분명히 보여주었고, 자녀양육에도 매우 유익하였다. 그녀는 사무엘과 클라우디아 사이의 갈등에 대해 생각하기 시작하였는데, 그 갈등은 한결 더 일차원적인 '아이들 대 나'의 시나리오라기보다는 아이들의 부분들 사이에서 실타래처럼 얽혀있어서 종종 자녀양육을 아주 어렵게 느끼게 만들고 있었다.

몇 년 동안 사라의 아이들이 사라에 대해 '언급하는 부분들'이 있었고, 온가족이 흥분 속에서 그들이 '부분들의 영화'라고 부르던 ≪인사이드 아웃≫이 상영되기를 고대하였다. 클라우디아는 이제 활기 있고 열정 넘치는 10대 초반의 어린이가 되었고, 영화의 어린 여주인공 라일리 및 라일리의 부분들 즉, '분노', '두려움', '기쁨', '슬픔', '혐오'와 동일시하였다.

영화가 출시된 이후 여름은 클라우디아에게 힘든 시기였다. 사춘기가 막 시작되었고, 여동생 역할에 신물이 나있었고, 출장을 간 아버지를 그리워하였는데, 잠잘 시간에 오랜 시간 걷잡을 수 없이 울어댔고 저녁 시간에는 분노를 폭발시켰다. 클라우디아는 사라를 통해 내게 문의를 하도록 하였다. 클라우디아는 이러한 분노 및 슬픔 부분이 왜 그렇게 많이 자신을 장악하는지 이해할 수 없었다. 내가 클라우디아에게 짧은 편지를 써서 그녀의 어머니가 그녀를 돕는 걸 내가 도울 수 있도록 한 회기 참여하는 초대장을 보내기로 사라와 나는 합의하였다.

클라우디아는 다음 주 회기에 참여하였고, 뭘 말해야 할지 몰라 좀 불안해했지만 자신의 부분들과 그들이 어떻게 작동하는지 정교하게 묘사하였다.

클라우디아는 자신의 부분들에 대해 하나의 그림을 그려서 그들이 어떻게 거품과 닮았는지 묘사하였다. 그녀가 묘사한 어떤 부분들은 분명히 거품이었다. 이것은 '두려움', '짜증', 또는 '혼란스러운'과 같이 그녀 자신이 알고 있다고 느끼던 부분들이었다. 다른 부분들은 '불투명한 방울들'이라고 불렀다. 그들은 여전히 알려지지 않았거나 이해되지 않았던 부분들이었다(그림 9.1).

클라우디아와 나는 그녀의 부분들이 평온한 수준에서 중간 수준으로, 그리고 도가 지나친 수준으로 움직일 때 그들을 위로할 방법들에 대해 대화를 나눴다. 우리는 또한 그녀의 오빠에게 심하게 비난받는다고 느끼는 부분에게서 얘기를 들었다. 클라우디아는 전에는 그걸 말로 표현하지 않았는데, 부분의 얘기는 클라우디아가 왜 그렇게—특히 저녁 시간에—

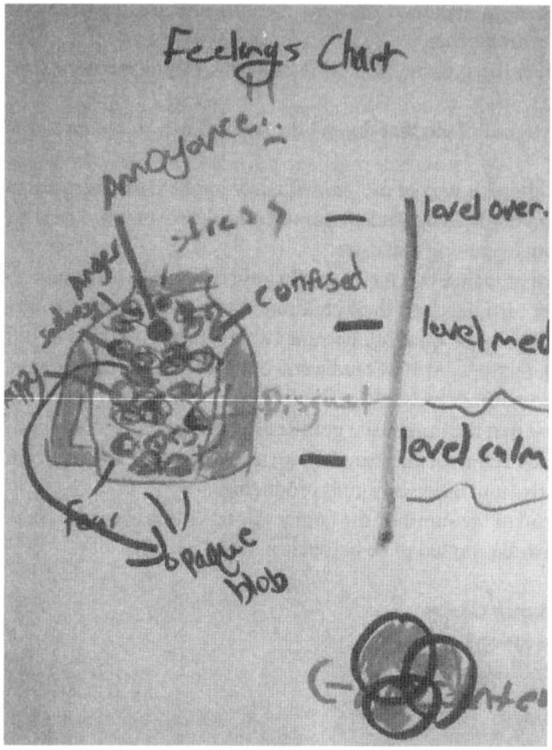

그림 9.1 클로우디아의 부분들로 묘사된 거품들

심란해하는지 그녀가 보다 잘 이해할 수 있게 해주었다. 내가 이 회기에 대해 어머니에게 말해서 엄마가 남매간의 갈등을 돕도록 하는 것에 클라우디아는 동의하였다.

사라와 나는 클라우디아의 반동성reativity에 대해 그녀를 돕는 작업을 계속하였다. IFS에서 한 가지 매우 도움이 되는 개념은 부분으로부터 발언하는 것이 아니라 부분을 대변한다는 것이다(Herbine-Blank, Kerpelman, and Sweezy, 2015). 우리가 부분으로부터 발언할 때 우리는 그 부분에 의해 점유되고 그 부분과 섞이게 된다. 그것은 그 부분이 장악을 하고 당신을 통해 발언하고 있는 것이나 마찬가지다.

어떤 부분을 대변할 수 있다는 것은 그 부분에게서 분리되어 있다는 것을 가리킨다. 즉, 부분의 생각과 느낌들을 전달할 수 있는 메타인지meta-cognition, 관찰하는 자아observing ego, 참나의 현존the presence of Self이 있다는 것이다. 당신의 파트너에게서 아래와 같이 다른 두 발언을 듣는다고 상상해보자.

"당신은 언제나 내 말을 듣지 않아. 내가 느끼거나 생각하는 것에 관심이 없어!"

또는

"당신이 내게 귀를 기울이지 않거나 내가 느끼는 것에 관심이 없다고 생각하는 어떤 부분이 내게 있어."

"어떤 부분이 내게 있어"라고 말하는 것은 곧 이러한 믿음을 갖고 있지 않은 다른 많은 부분들이 있다는 것을 암시한다. 그 말은 전반적이거나 과장되지 않은 것이고, 방어적으로 되지 않으면서 듣기에 보다 편하다.

이것은 부모 지도parent guidance에서 부모들을 가르치는 데 도움이 되는 개념이었고, 그 결과 자신들의 자녀들에게도 가르칠 수 있는 개념이다. 가족들이 이러한 의사소통 도구를 사용하고 이러한 발언 방식이 새로운 습관이 됨에 따라 많은 걱정스런 상호작용들을 크게 약화시켜주었다. 클라우디아는 여전히 10시에 자신의 분노하는 극단적인 부분들과 쉽사리 섞여서 그들을 대변하는 것에 가끔씩 저항하였다. 그녀는 대변하는 게 만족스럽게 해준다는 걸 몰랐다. 우리 모두는 불끈하는 게 주는 즉각적인 만족감이 꽤나 필요한 방출로 느껴질 수 있다는 걸 알고 있다. 공교롭게도 우리는 또한 부분으로부터 발산하는 게 파괴적일 수 있고 결국 죄책감을 일으킨다는 걸 알고 있다.

여름이 끝날 무렵 그 가족은 해외여행을 하고 있었다. 사라가 이메일을 보내왔는데 클라우디아가 나와 연락을 하고 싶어 한다는 것이었다.

발신: 사라 코우츠

수신: 리자 스피겔

제목: 클라우디아

친애하는 리자 선생님,

내일 클라우디아가 선생님께 이메일을 보내서, 우리가 저녁 식사 도중에 식당을 나와서 아이가 흐느껴 울고 소리를 지르며 거리를 걸어야 했던 그 이후에 우리가 만든 감정 도표를 처음으로 선생님께 보여드리길 원합니다.

클라우디아는 그걸 자랑스러워하고요, 저는 그 이상으로 뿌듯합니다.

아이가 선생님께 이메일을 보내는 게 불편하지 않으시길 소망합니다. 그렇게 많이 보내지 않으리라는 걸 약속드립니다.

아이는 선생님께서 바로 답장을 주지 않으셔도 괜찮다고 말합니다. 자신이 그것에 대해 그저 얘기하는 게 중요하다고요.

감사합니다.

사라 드림.

발신: 사라 코우츠

수신: 리자 스피겔

제목: 클라우디아의 메일

리자 선생님,

저와 엄마는 어제 저의 감정 도표를 만들었어요. 엄마는 제가 느끼고 있다고 생각하는 걸 적어 내려갔고 저는 거기에 점수를 매기고 제가 가장 많이 느끼는 감정들을 확인해보았어요. 그러면서 저는 평온해졌고 그게 우리 둘 다에게 도움이 된 거 같아요. 선생님은 우리가 이런 식으로 더 해봐야 한다고 생각하세요? 아니면 다른 방식으로 해야 하나요?

고맙습니다, 선생님.

클라우디아 드림.

이메일에는 다음과 같은 내용의 도표 그림이 첨부되었다:

분노한 10

상처입은 10

격노한 10

좌절한 10

이해받지 못하는 10

외로운? 그런 유사한 5

무시당한 10

지친(정서적으로 지친, 졸린 게 아님) 9 1/2

졸린 4 1/2

망연자실한 10,000,000

짜증이 난 10

괴로운 10

후회하는 9 1/2

충분히 이해받지 못하는 10,000,000,000,000

수신: 사라 코우츠

발신: 리자 스피겔

제목: 클라우디아에게 보내는 답신

사랑하는 클라우디아,

너의 감정 도표를 내게 메일을 보내 나눠준 게 정말 너무나 고맙구나. 너의 도표를 활용해서 너의 부분들에 대해 얘기하는 새로운 방법을 네가 발견했다고 선생님은 생각한단다. 선생님이 너의 방법을 활용해서 다른 사람들을 도와주어도 괜찮겠니? 선생님은 다른 많은 사람들에게도 그 방법이 매우 도움이 될 거라고 생각한단다.

선생님은 너의 여행 동안 그 방법을 분명 계속해서 사용할 거고 너희 가족이 돌아왔을 때, '망연자실한'과 '충분히 이해받지 못하는'과 같이 도표의 일부 감정들이 어째서 그렇게 점수가 높은지에 대해 이해하는 데 도움이 되는 다른 방법들에 대해 엄마에게 얘기해줄게. 너의 감정들에 대해 부모님과 소통하려는 노력을 계속하는 네가 정말 자랑스럽구나. 부모님들이 널 돕고 싶어 하신다는 걸 나는 잘 알고 있단다!!

사랑을 담아서.

리자.

이러한 여행 동안, 클라우디아는 불끈하고 난 다음에 평온해지는 방법으로 자신의 압도적인 감정들을 도표나 지도로 그려나가는 걸 시작하였다. 그들이 돌아왔을 때 클라우디아는, 촉발되었다고 느낄 때는 언제든지 자신의 도표 아이디어를 활용하는 걸 시작할 수 있었고 때때로 압도되는 걸 피할 수 있었다.

사라와 클라우디아의 사례에서 볼 수 있듯이, 부모들은 자신의 자녀들에게 부분들이라는 아이디어를 가르치는 데 도움이 될 수 있다. 이는 자기인식self-knowledge과 정서조절을 돕는다. 부모 지도 회기에서의 IFS 커플 모델은 부모와 자녀 사이의 부분들이 이끄는 건강하지 못한 역동을 변화시킬 수 있다. IFS 모델은 부모 지도의 효과성을 확장하고 증진시킨다.

참고문헌

Schwartz, R. C. (2008). *You are the one you've been waiting for: Bringing courageous love to intimate relationships.* Oak Park, IL: Trailheads.

Phelan, T. (2010). *1-2-3 Magic: Effective discipline for children from 2–12.* Glen Ellyn, IL: ParentMagic. 윤은숙 역. (2011). 버릇 좋은 아이로 키우는 1.2.3 매직. 서울: 아침

나무.

Herbine-Blank, T., Kerpelman, and D., Sweezy, M. (2015). *Intimacy from the inside out: Courage and compassion in couple therapy.* New York, NY: Routledge.

10
바트의 IFS 치료

핵심 용어	
직접 접속 direct access	치료자가 내담자의 부분과 직접 상호작용할 때
섞임 blending	어떤 한 부분의 신념과 감정들이 참나 또는 다른 부분들과 합체되어 있을 때
탈섞임 unblending	참나와의 관계를 촉진하기 위하여 부분이 분화 및 분리될 때
장악된 taken over	어떤 부분이 완전히 섞여 있어서 내담자가 참나 에너지에 접속할 수 없을 때
치료자의 부분에 대한 자각 awareness of therapist's parts	내담자와의 회기 동안 및 이후에 치료자 자신의 부분들을 자각하고 작업할 수 있는 치료자의 역량
외현화 externalization	부분을 구체적 형태로 표상하는 과정: 그림, 작은 조각상, 점토 모형, 또는 오브제 등

짐burdens	부분들이 짊어지고 다니고 있는 고통스러운 신념, 감정, 신체 감각들
짐 내려놓기[없애기] unburdening	부분이 자신의 짐들을 떼어놓는 내면의 과정
목격하기witnessing	참나가 추방자의 어린 시절의 고통스런 경험을 듣거나 보거나 느낄 때
구출retrieval	내담자의 참나가 그 고통스러웠던 경험과 시간에서 꼼짝 못하고 있는 부분을 꺼내오는 과정
초대invitation	부분이 짐 버리기 뒤에 용기, 연결감, 기쁨, 사랑 등과 같은 긍정적인 특질을 들여올 수 있게 하는 행동

아이들과 함께 하는 나의 모든 IFS 작업은 바트와 함께 시작되었다. 내가 이 모델을 배우면서 더듬거리며 나아갈 때 그는 나의 뮤즈가 되어주고 실험대상이 되어주었다. 바트Bart를 통해서 나는 아이들이 어떻게 그림, 레고, 점토를 사용하여 부분들을 외현화할 수 있는지를 보았다. 나는 부분이 관여하여 바트를 장악하는 것을 보았고 그래서 나는 그가 부분을 분리하도록 도울 수 있었다. 나는 어떻게 나 자신의 아이 부분들이 치료에 들어올 수 있었는지 그리고 회기 중에 어떻게 그들과 함께 작업할 수 있었는지를 배웠다. 나는 짐 내려놓기의 힘을 목격했다. 바트는 내가 IFS 아동 치료사가 되어가는 과정에서 필요했던 격려를 해주었는데, 바트가 자신의 부분들과 연결하고 바트의 참나가 더욱 주도해나가는 것을 목격하게 됨으로써 그러한 용기를 얻게 되었다. 바트는 이 책이 나오도록 해준 영감 바로 그 자체였다.

나와 바트와의 작업은 그의 엄마와 양아빠가 배변훈련에 관련된 그의 이슈에 대하여 상담을 하기 위해 나를 만나러 왔을 때 시작되었다. 그때 그는 여섯 살이었고 배변활동을 위해 여전히 일회용 기저귀pull-up를 사용하고 있었다. 첫 번째 부모교육 회기가 진행되면서, 화장실에서 대변보는 것에 대한 바트의 두려움 그 자체가 중요한 하나의 의사소통이라는 것이고, 어떤 매우 골치 아픈 가족문제에 대한 도움을 구하는 호출이었음이 분명해졌다.

바트의 엄마인 레이첼Rachel과 아빠인 파커Parker는 격동적인 관계를 갖고 있었다. 바트는 그들 사이 중간에 끼어 꼼짝없이 갇혀 있었다. 그들은 처음에 열정적인 관계를 가졌고 임신이라는 결과를 가져왔으나, 바트가 태어날 즈음에는 혼란과 단절의 관계로 가게 되었다. 그들은 짧은 기간 동안 함께 살았는데, 파커의 알코올과 약물복용으로 인해 레이첼은 그로부터 물리적으로 떨어져 나오게 되었다. 레이첼이 심리적으로 그로부터 실제로 분리되는 데는 IFS 치료와 법정소송을 통해 여러 해가 걸렸다. 비록 레이첼이 재혼해서 새로 딸아이를 두고 있음에도 불구하고, 그녀는 파커에게 매우 휘말려 있던 상태였다. 바트의 양아빠인 앤드류Andrew는 파커가 바트와 그렇게 많은 접촉을 하는 것은 적절하지 않다는 단호한 입장을 가졌다. 자신의 입장을 증명하기 위해서, 그는 아이폰을 꺼내서 파커의 아파트 사진들을 나에게 보여주었는데, 거기서 바트는 거의 절반 정도의 시간을 보냈다.

나는 내가 목격한 무질서와 불결함에 정말로 충격을 받았고, 내 얼굴에 나타난 표정은 레이첼의 정신을 번쩍 들게 하였다. 무엇인가가 즉각적으로 바뀌어야만 했고, 만일 그렇지 않으면, 나는 이 가정을 아동보호소Child Protective Service에 보고해야 할 필요가 있었던 것이다. 이 가족과 함께

하는 4년간의 치료 작업이 시작되었는데, 그와 같은 갈등 중에 있었던 바트의 부분들을 돕는 것뿐만 아니라, 레이첼이 그녀의 아이들과 새로운 결혼생활을 위하여 필요로 하는 주도적인 위치에 발을 들여놓도록 돕는 일이었다.

바트가 파커의 집에서 자는 것을 일단 유보하고 이것을 지렛대로 사용하여 파커가 자신의 행동을 바꾸도록 하는 것에 더하여, 우리는 바트에게 개인 치료가 필요하다고 결정하였다. 일주일에 2회로 정한 바트의 방문을 시작으로, 그의 부모 모두가 바트에게 돌봄을 제공하기 위해 안전하고도 나이에 맞는 모든 지침들을 세워놓았고 바트가 화장실을 사용할 수 있도록 도움을 주는 작업을 하곤 했다.

여섯 살의 바트는 귀여운 금발의 초록빛 눈을 가진 마른 체형의 작은 소년이었다. 바트가 놀 수 있는 장소가 되고, 자신의 부모들의 갈등에 대한 여러 감정들, 변을 보는 것에 대한 그의 두려움, 그리고 학교생활에 전념하지 못하는 어려움 등을 표현할 수 있는 장소를 가질 수 있게 됨으로 인해 바트는 즉각적으로 안도하는 모습을 보였다. 행동적으로 바트는 조용하고 순응적이며 공상에 빠지는 아이였다. 화장실을 사용하는 것에 대한 그의 저항은 그가 반항적인 입장을 취하는 유일한 영역이다. 내가 맨 처음 우리 내면에 살고 있는 부분들에 대해 말했을 때, 그가 즉각적으로 '분노Mad'와 이 부분을 파괴하기 위하여 '분노'에게 폭탄을 던지려는 다른 부분을 그렸고 나는 그것에 매료되었다(그림10.1).

'분노'는 바트가 속상해하던 많은 것들을 가지고 있었다. 바트는 그의 엄마와 아빠가 싸우는 것에 대하여 화가 나 있었다. 바트는 아빠와 함께 하는 시간을 이제 엄마가 제한한 것을 좋아하지 않았고, 아빠가 담배를

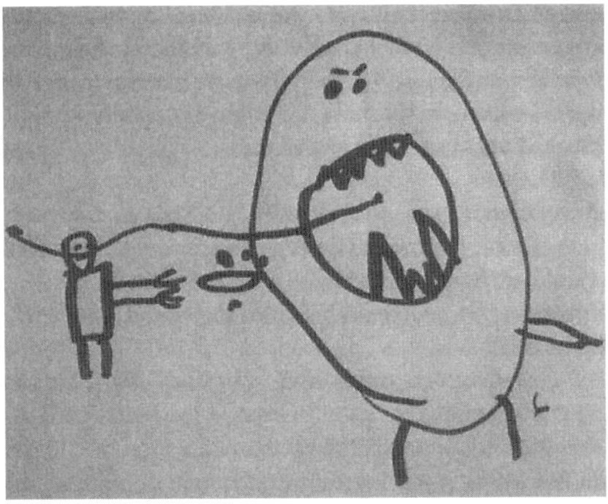

그림 10.1 바트의 '분노' 부분

그림 10.2 공격받는 '분노'

피우고 자신의 고양이들을 잘 돌보지 않는 것에 대해 또한 화가 나 있었다. '분노'는 바트의 복부 안에 살면서 바트가 자기감정을 느낄 수 있도록 도와주었다. 불행하게도 '분노'는 지속적으로 바트가 느끼기를 원하지 않는 다른 부분들에 의해 계속적인 공격 아래에 놓여 있었다(그림 10.2).

다른 부분들은 집에서는 '분노'가 거의 나타나지 못하게 하였다. 한 번은 바트의 엄마 아빠가 했던 싸움에 대해 확인을 하고 있었는데, 바트는 내가 전혀 본적이 없던 방식으로 행동했다. 그것은 마치 어떤 힘이 바트의 몸 안에 내재되어 있어서 그것이 그를 방 주변으로 내던지는 것과 흡사하였다. 바트는 의자와 테이블로 돌진하면서 마커markers와 게임 바구니들을 넘어뜨렸다. 나는 바트를 내 팔로 안아 올렸고, 여기서 이 부분을 환영하긴 하지만 그 부분이 바트의 몸을 상하게 하는 것은 멈추게 할 거라고 말해주었다. 바트는 걱정스런 눈초리로 나를 올려다보았다.

"이건 분노예요."라고 그는 말했다.

직접 접속direct access을 통해 나는 '분노'에게 직접 말했다. "분노야, 이 방에서 너를 볼 수 있게 되어서 정말로 기뻐. 나는 네가 그렇게 자주 나타나지 않는다는 걸 알고 있고 그렇기 때문에 네가 여기에 나와준 것이 정말 기뻐. 바트와 나는 너를 돕기 위해 여기에 있단다."

'분노'는 빠져나가려 애를 썼지만, 나는 그를 잡고 조용히 머물렀다. 나는 바트의 몸이 천천히 부드러워지고 이완되는 것을 느낄 수 있었다.

"바트야, '분노'가 네 몸으로부터 아주 조금이라도 물러날 수 있는지 볼 수 있겠니? 그래서 우리가 그를 도울 수 있도록 말이야." 바트가 고개를 끄덕였다. "훌륭해." 나는 잡고 있던 손을 풀었고 바트는 내 옆의 바닥 위에 내려앉았는데 매우 기진맥진해보였다.

"오늘 그 부분이 나와주어서 정말 잘했고 그 부분이 장악하게 되었을 때 무슨 일이 일어나는지 알 수 있게 되어서 내가 얼마나 기쁜지 그가 알 수 있도록 해주겠니."

바트는 눈을 감고 자기 안으로 들어갔다. "그는 집에서는 이런 식으로 나오고 싶지 않대요."

"그럴 수 있겠구나. 네가 그 부분에게 연결되어 있도록 노력할 거라고 말하고 또 그 부분이 나오지 못하도록 보호하는 다른 부분들은 각자 자기들의 일을 하기 위해 돌아가게 될 거라고 말해주겠니."

바트는 다시 눈을 감고 내 옆에서 바닥 위에 자신의 머리를 닿도록 하였다. 나는 바트의 등을 톡톡 토닥여 주었다.

"작별할 시간이 거의 다 되었구나. '분노'가 좀 더 나누고 싶어 하는 것이 혹시 있는지 알아봐 주겠니?"

"아니요, 그 부분은 이제 괜찮아요."라고 바트가 속삭였다.

이것은 내게 믿을 수 없을 만큼 놀라운 배움의 경험이었다. 내게는 눈을 크게 뜨는 부분, 놀라는 부분, 그리고 주의 깊게 관찰하는 부분이 있었다. 나는 바트의 행동에 겁을 먹은 부분들을 가지고 있었고, "도대체 여기서 무슨 일이 일어나고 있는 거야?"라고 말하는 부분들도 있었다. 이와 동시에 내가 시작했던 훈련이 탄력을 받아, 나는 부분이 바트와 완전히 섞였다는 것을 알았고, 그의 에너지로부터 약간 분리하도록 요청하는 것이 필요하다는 것을 알았다. 나는 IFS 모델이 내 안에 충분히 녹아 있어서 바트에 대하여 두려움 없이 비판단적으로 애정을 갖고서 할 수 있었다고 믿는다. 이것은 나에 대하여 바트가 신뢰하게 된 전환점이 되었다. 나는 참나가 이끌도록 신뢰를 부여할 때 일어나는 마술을 보았다. 시간이

지남에 따라, 바트는 '분노'를 알아갈 수 있게 되었고, '분노'에게 휘둘림 없이 그의 얘기를 제대로 들어줄 수 있게 됨으로써 안전함을 느끼게 되었다.

자기 자신의 부분들에 대해 작업하는 것은 IFS 치료사가 되는데 필수적이다. 나는 바트와의 작업을 시작하기 전에 일 년 동안 내 자신을 위한 IFS 치료를 받았다. 그래서 나는 내 자신의 아이 부분들과 작업하였고 그들에 대해서 알게 되었고 이해하게 되었다. 그들 중에 하나는 내가 서론에서 소개하였던 비판적인 '헐뜯는 채찍끝'을 보호했던 여섯 살짜리 아이 부분이었다. 그 부분은 사랑스럽고 주의 깊으며 섬세하고 작은 여섯 살짜리 소녀였다. 나는 바트를 만나는 날이 되면 내게 흥분된 에너지가 올라오는 걸 알아차리기 시작했다. 또한 나는 회기의 끝자락에서 그에게 작별인사를 했을 때 슬픔에 잠긴 기운을 느꼈고 이를 알아차렸다. 이것이 내게는 약간 이례적인 일이었다. 나는 내담자에게 연결감을 갖고 애착을 느끼며 나와 작업하는 아동들을 만나는 일에 큰 기쁨을 느낀다. 그런데 이러한 느낌은 뭔가 달랐다. 성인 치료사의 부분들이 느끼는 것과는 달랐다. 나는 다가오는 바트와의 회기들에서 나 자신의 부분들에 대해 좀 더 잘 알아차리기 위하여 나 자신과 협약을 맺었고 그래서 나는 그 감정들의 본질을 이해할 수 있었다.

치료사로서 우리 모두는 내담자에 대해 반동反動, reaction, 감정, 그리고 생각을 갖는다. 우리는 모두 인간이고 치료는 사람들 사이의 관계이다. 과거에는, 나는 내담자에 대한 내 자신의 역전이에 대하여 깊이 생각을 해왔다. 그들은 내 정신에서 누구를 표상하는가? 치료사로서 내담자로 인하여 도발되거나 유발된 감정들에 대하여 알아차리는 것과 그러한 자신의 반응조차도 치료를 위해 활용하는 것은 결정적으로 중요하다. IFS 훈련에서 우리는 역전이를 우리의 부분으로 보라고 배웠는데, 그 부분은 상담실에서 나타난다. 우리는 회기 중에 드러나는 우리의 과도하게 돌보는 부분들, 문제해결 부분들, 그리고 짜증나거나 지루해하거나 시시덕거리는 부분들을 감지한다. 어떤 부분이든 우리의 모든 부분들은 환영받으며 내담자의 치료를 촉진시키는 참나 에너지를 위한 공간을 만들기 위해 물러서도록 요청받는다.

그래서 호기심과 자비의 마음으로 나는 바트와 함께할 때 어떤 부분이 나타나든 환영한다는 것을 내 부분들이 알도록 해주었다. 회기를 시작하기 전에 내가 흥분된 감정을 조율함에 따라 내 자신의 마음 안으로 들어갔을 때, 그 작은 여섯 살짜리 아이가 있다는 것을 알아차렸다. 검은 곱슬머리와 커다란 갈색 눈의 단스킨Danskin 복장을 한 여자 아이가 있었고 그녀는 바트와 놀기 위해 일주일 내내 기다렸다고 나에게 말했다. 그녀는 바트를 좋아했다. 그녀는 바트가 우스꽝스럽고 재미있다고 생각했는데 그녀는 쌀과 콩이 있는 테이블에서 바트와 함께 노는 것을 좋아했다. 그녀는 바트가 부모님의 싸움 때문에 가끔씩 슬퍼한다고 생각했다. 그녀 역시 자기 부모님의 싸움에 대해 싫어했다. 이것은 그녀가 바트에게 정서적으로 매우 가깝게 느끼도록 해주었다.

나는 그녀가 바트에 대하여 갖고 있던 '홀딱 반한crushy' 감정에 대해 신경 쓰는 부분을 알아차렸다. 나는 그 부분의 염려에 대하여 내가 이해하고 있다는 것을 알려주면서, 한걸음 물러서주기를 요청했다. 나는 그 부분에게 연결한 상태에서 그녀의 감정에 대하여 경청하는 것은 그녀가 휩쓸리지 않도록 반드시 보장해줄 것이라고 그 부분에게 상기시켰다. 그는 한발 뒤로 물러서는 것에 동의했다. 작은 여섯 살짜리 아이는 그녀가 슬프거나 걱정이 될 때 소년들에 대하여 생각하는 것이 그녀에게 도움이 된다고 나에게 말해 주었다. 바트를 통하여 나는 나 자신의 매우 중요한 보호자에 대하여 배우게 되었다. 슈워츠는 이러한 접촉점을 기점trailheads이라고 부른다. 기점은 어떤 반응을 일으키는 사건이나 사람들을 가리키는데 그 반응은 탐색과 발견을 향한 입구가 되는 것이다. 만일 내가 바트에 대한 나의 감정을 밀쳐냈더라면, 내 자신의 작업에서 내게 결실을 주었던 이 기점을 놓쳤을 것이다.

나는 내 안의 작은 소녀에게 그녀가 바트와 노는 것을 얼마나 좋아하는지 이해하고 있다고, 그리고 바트와 함께 이 방안에 있는 것을 환영한다고 말했다. 그렇지만 바트에게 말하는 사람은 바로 내가 될 것이라고 했는데, 왜냐하면 바트는 그의 슬픔에 도움을 줄 수 있는 어른이 필요하기 때문이라고 말해주었다. 나는 그녀에게 한계를 설정하는 것에 대해 말이 없는 다른 부분이 존재하고 있었음을 인정한다. 그것은 마치 내가 특별한 담요나 애인을 없애는 느낌과 같았다. 내가 그를 돌보고 있다는 것을 그녀가 듣고 안심하는 것을 보고 나는 좀 놀랐고 용기가 났다. 나는 또한 그녀를 돌보기 위해 내가 여기 있다는 것을 그녀에게 상기시켰다. 나는 나 자신의 치료 작업에서 이토록 풍부한 상호작용을 통하여 나의 어린 부분들을 알아갈 수 있게 되었다.

바트와 내가 바닥에서 놀고 있을 때, 내 안에 있는 작은 소녀가 그를 바라보면서 그가 약간 특이한 방식으로 놀이하는 것들에 낄낄거리는 것을 느낄 수 있었다. 내 마음 안에서 나는 소녀가 거기 있는 것을 내가 알고 있다는 것에 대해 그녀가 알도록 해주었고 바로 그녀에게 약간 물러서서 바라보도록 요청했다. 소녀는 미소를 짓고 동의하였다. 이러한 역동은 소녀가 내 자신의 부분들의 체계 안에서 적절하게 그녀의 자리를 찾아 돌아가게 되었을 때 그 고조된 상태에서 벗어나게 되었고, 그러면서 나는 더욱 현재에 머물게 되었고 바트를 만날 수 있는 여유가 생겼다.

우리가 함께 작업을 하는 동안에 바트의 삶에서 많은 변화가 일어나고 있었다. 우선, 바트는 화장실 사용법을 배우게 되었다. 이것은 어려운 일이었지만 궁극적으로는 그에게 힘을 부여하는 과정이었다. 파커는, 나로부터 지목되었다는 느낌에도 불구하고, 그 과정에 충분히 참여함으로써 바트의 치료가 지속될 수 있었다. 바트에 대한 그의 헌신과 바트를 만날 수 없게 될지도 모른다는 그의 두려움은 바트를 환대하며 받아들일 수 있을 만한 집이 되도록 만드는데 일조하였다. 바트는 아빠인 파커를 계속해서 정기적으로 만나긴 했지만, 양육에 관한 약정custodial arrangement은 상당부분 변경되어서 바트는 엄마네 집에서 어린 여동생과 양아빠와 함께 훨씬 더 많은 시간을 보냈다.

레이첼과 양아빠인 앤드류는 바트가 다닐 학교를 더 작고 더 잘 보살펴주는 환경을 가진 학교로 바꾸기로 결정했고, 바트는 서서히 학생으로서의 자신에게 더 몰두할 수 있게 되었다. 그는 자신을 '멍한Spaced Out' 아이(그림 10.3)로 보기보다는 영리한 소년으로 보기 시작하였다.

바트는 나의 IFS 훈련에 대해 듣는 것을 좋아했다. 바트는 이것을 "부분들의 학교Parts School"라고 불렀다. 일주일을 보내고 난 뒤 다시 돌아오게 되면, 나는 부분들에 대해 배운 새로운 것들에 대해 얘기해주었고 바트는 흥미롭게 듣는 학생이었다. 바트에게는 상처 입은 어린 부분들이 흔히 붙잡고 있는 고통이 있는데 사실은 그 고통은 그들이 놓아버릴 수 있는

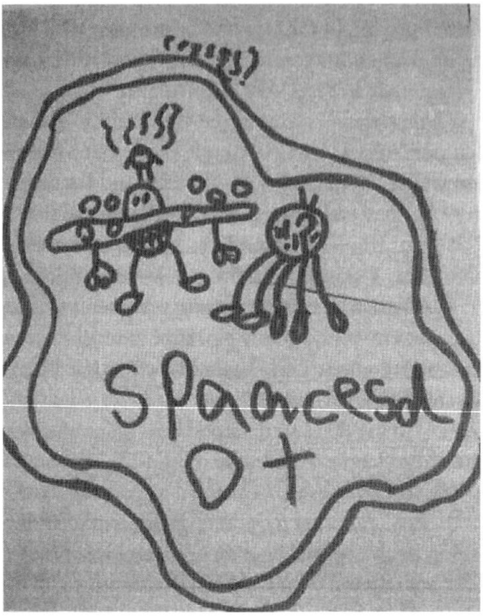

그림 10.3 바트의 '멍한' 부분

것이라고 나는 설명해주었다. 부분이 가지고 있는 고통, 몸 안에 있는 나쁜 느낌들 또는 생각들은 실제로는 그 부분에 속하지 않는 것인데, 단지 상처받았을 때 거기에 갇혀서 빠져나오지 못하고 있는 것일 뿐이라고 바트에게 가르쳐 주었다.

바트는 자신의 추방자가 얼마간의 고통을 포기할 준비가 되었는지 알아보고자 했다. 바트는 눈을 감고, 머리를 숙여 양손으로 감쌌는데, 그의 머리에 니트 모자를 쓰고 있었다. 바트는 오랫동안 조용히 있었다. 바트는 전에 우리가 만났던 때로 돌아가서 그의 대변을 계속 부여잡고 있던 부분을 만났다고 말했다. 우리는 이 보호자로부터 얘기를 들었는데, 그의 부모가 그에 관하여 싸우고 있을 때 이 부분은 바트를 변비에 걸리게 하여 그의 주의를 몸으로 돌리게 함으로써 무서워하던 매우 어린 부분에서 멀리 떨어지게 하는 역할을 하였다고 말했다.

"바트, '변을 부여잡고 있는Poop Holding' 부분에게 그 부분이 한 걸음 물러나서 '무서워하는Scared' 부분과 우리가 함께 작업하도록 허락해줄 준비가 되었는지 알아보자." 나는 안내했다.

바트는 팔꿈치를 무릎위에 올리고, 파랑색 모자를 쓴 머리를 양손으로 감싼 채 자신의 내면으로 들어갔고, 그 자세에 그대로 머문 채로 말하였다. "그 부분은 비켜설 준비가 되어 있어요. 그 부분은 벽장 안으로 들어갈 거예요."

"자, 이제 너의 몸 안이나 몸 주변에서 '무서워하는' 부분을 느낄 수 있는지 찾아볼래?"

"그는 내 배 안에서 살고 있어요. 나는 그를 볼 수 있고 느낄 수 있어요." 바트가 보고하였다.

"훌륭하다, 바트. 너의 손을 배 위에 얹어놓아서 네가 그 부분을 느낄 수 있다는 것을 그가 알도록 하는 것이 그에게 도움이 될지도 몰라." 나는 제안했다.

바트는 한 손을 미끄럼 타듯이 배 위에 내려놓았다.

"그 부분이 거기 있다는 것을 알고 있는 지금 그 부분을 향하여 어떻게 느껴지는지 알아보겠니."

"저는 기분이 좋아요, 그렇지만 그 부분은 그렇게 좋지는 않대요," 바트가 대답했다. "저는 그를 그려보고 싶어요."

바트는 약간의 시간을 갖고 자신의 조그마한 추방자를 그렸다. 한쪽에는 아빠를 다른 쪽에는 엄마, 양아빠, 어린 여동생 오드리Audrey와 고양이

그림 10.4 가족 간의 갈등 가운데에 있는 바트의 추방자

를 그려넣었다(그림 10.4).

"그에게 무슨 일이 일어나고 있는지 너에게 얘기해달라고 요청하고, 그가 말하는 걸 듣기 위해서 너와 내가 여기 있다는 걸 그가 알 수 있도록 말해 주겠니."

바트는 말했다. "그는 작고 무서워하고 있어요. 그는 정말로 심하게 아픈 배를 가지고 있어요. 그는 부모들 사이 바로 거기에 있고 그들은 그의 머리위에서 소리를 지르고 있어요. 그는 마치 자신이 양쪽으로 당겨지고 있는 것처럼 느껴져요. 그는 그걸 정말 싫어하고 심한 배앓이를 하고 있어요."

"바트야, 그에게 네가 여기 있다고 말해주고, 싸우는 어른들 사이에 있는 것이 얼마나 지독하게 무서운 것인지를 네가 정말로 알 수 있다고 그에게 말해줄 수 있겠니. 그에게 조금 더 가까이 다가갈 수 있겠니?" 나는 요청했다.

“저는 그와 함께 있어요. 그는 작아요, 지금 오드리처럼 그렇게 작아요.”

“그래, 너는 마치 그의 큰 형 같구나, 네가 오드리와 함께 있을 때처럼 말이지. 무엇이 그를 도울 수 있는지 한번 알아보자.”

“그는 내 등위로 올라타고 있고요, 나는 거기에서 그를 데리고 나오고 있어요.”

“그거 정말로 멋지구나. 그는 부모님이 싸울 때 거기에 있을 필요가 없단다. 이제 네가 그를 보살피고 있다는 것을 그가 알 수 있도록 해주렴. 그리고 그가 몇 년 전의 그 시간과 장소에서 떠나 지금 이 시간으로 오고 싶어 하는지도 그에게 물어봐 주렴.” 나는 안내해주었다.

“그렇게 하겠대요. 나는 지금이 더 좋다고 그 부분에게 말했어요. 그는 지금 여기에 있어요.”

“정말 훌륭해, 그에게 네가 모든 것에 대하여 이해하고 있는지 물어보고, 그가 너에게 말하고 싶어 하는 또 다른 것들이 있는지도 물어보렴.” 나는 요청했다.

“아니요, 그는 다 말했어요.” 바트가 소리쳤다.

“알겠구나, 이제 그에게 어떤 나쁜 느낌이라도 멀리 던져버릴 수 있다고, 두 쪽으로 찢겨지는 느낌이라든가, 모든 두려운 감정 그리고 모든 배앓이라든가 뭐든 나쁜 느낌들을 멀리 내다 버릴 수 있다고 그에게 말해줄래. 그것들을 모두 하나로 모아서 공기, 빛, 물로 내보내버리거나 또는 태우거나 묻어버릴 수도 있고, 그가 생각할 수 있는 어떤 방법이든지 모두 사용할 수 있다고 그에게 말해줘,” 나는 안내했다.

바트가 갑자기 몸을 세워 앉았다. 그는 마커가 들어있는 통에서 갈색의 마커와 클립보드를 잡아서 내가 지켜보는 동안 맹렬하게 그려나갔다(그림 10.5).

바트가 그림을 끝냈을 때, 나를 바라보았고 그에게 미소 짓고 있는 나를 목격했다. "그가 똥을 싸고 싶대요."

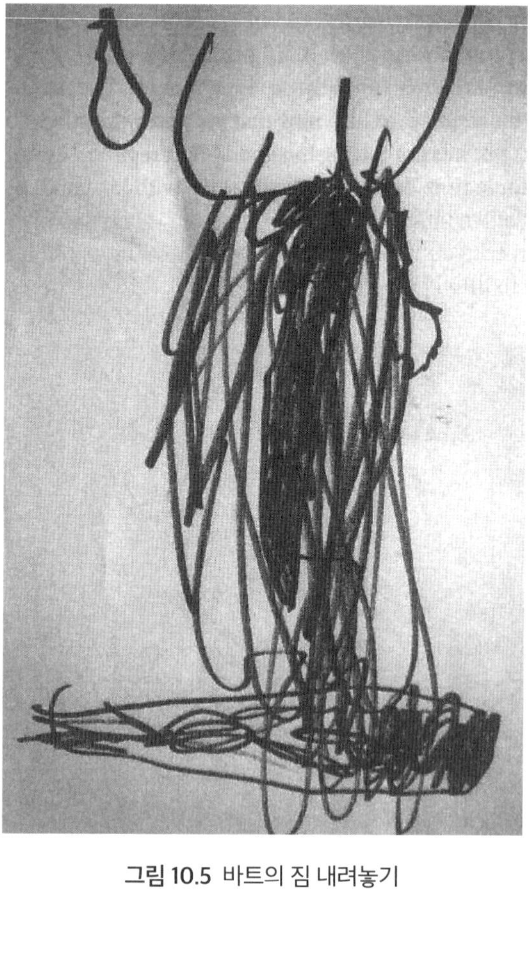

그림 10.5 바트의 짐 내려놓기

우리는 하이-파이브를 했다.

"그래서 그가 똥을 다 쌌는지 그에게 물어봐 줄래," 나는 말했다.

"넵, 그는 다 했어요."

"그러면 이제 그가 자라감에 따라 자신을 도울 수 있다고 생각되는 것은 무엇이든지 초대할 수 있는 모든 공간을 자신 안에 갖고 가지고 있다고 말해줄래. 그는 좋은 것들을 자신의 몸 안으로 가져올 수 있단다." 나는 짐 내려놓기의 마지막 단계를 통하여 그 추방자를 안내했다.

"용감하게 살기, 그리고 변비에 걸리지 않기!" 바트가 말했다.

바트는 자신의 작은 부분으로 하여금 그러한 좋은 것들이 그의 안으로 들어오도록 환영하는데 도움을 주었다. 그 부분은 행복했고 용기를 느꼈다.

우리가 만남을 시작한지 4년이 지난 뒤에, 바트는 잘 자라고 있었다. 우리는 주간 단위의 치료를 끝마쳤지만, 바트는 체크인 회기에 맞춰 가끔씩 나를 보러 오기는 하였다. 그러던 어느 날, 나는 부분들에 대하여 배울 수 있도록 다른 치료사들을 위하여 책을 쓰고 있다고 바트에게 얘기했다. 바트는 책의 한 부분이 되길 원했고 그의 이야기와 그림을 내가 사용할 수 있도록 동의해주었으며, 바트라고 불리기를 원한다고 결정했는데 그 바트는 그의 중요한 히어로인 바트 심슨Bart Simpson[27]을 따라 붙인 이름이다. 바트는 자신의 치료와 자신의 부분들에 대하여 사려 깊은 태도를 갖고 있었다.

"'분노'는 첫 번째로 창조되었던 부분이었어요. 내가 처음으로 그를 만

27) 바트 심슨: 미국의 만화영화 텔레비전 시리즈인 심슨 가족의 부분인 가상의 인물.

났을 때, 나를 화나게 한 것들을 의식하지 못했어요. 지금은 나를 화나게 하는 것들을 의식할 수 있어요." 바트는 성숙한 태도로 보고했다.

"변기에 똥을 누려하지 않는 부분들을 제가 가지고 있지 않았다면 저는 여기에 오지 않았을 거예요."

만일 바트에게 똥을 누려하지 않는 부분들이 없었다면 나는 이 책을 쓰지 못했을 것이다. 나는 바트의 부분들에게 그리고 나에게 자신들의 부분들을 사랑스럽게 말해주었던 모든 아이들에게 그러한 이유로 감사를 보낸다.

마치는 글

나는 본서가 치료자들을 고무하여 그들의 치료작업에서 부분parts의 언어와 이론적 틀을 활용하기를 바란다. 그것은 IFS 문헌을 읽거나, 워크샵에 참여하거나, 내면가족체계치료(IFS) 훈련 프로그램에 뛰어드는 것까지 포함한다.

나는 IFS를 공부하게 되면서 직업적이든 개인적이든 모든 관계 하나하나가 깊어졌다. IFS는 세상을 보는 눈을 변화시켰고 매우 양극화한 이 시대에서조차 내가 자비/연민compassion의 마음을 유지하도록 도와주고 있다.

나는 또한 IFS 모델이 내가 치료작업을 해온 내담자들에게 심대한 영향을 미쳤다는 것을 알고 있다. 내가 참여를 요청했던 각각의 모든 가족은 열린 가슴으로 응하였다. 그들은 다른 사람들도 부분의 치료작업에 대해 알았으면 한다. 줄리아나의 치료작업이 끝나자 줄리아나와 가족들은 다른 작은 소녀를 내게 보냈다. 줄리아나는 이 새로운 여섯 살짜리 내담자에게 자신의 부분들을 더 잘 알게 되는 걸 아주 좋아하게 될 거라고 장담했다. 이제는 중학교 갈 나이가 된 헨리는 제1지망 학교 면접에서 큰 목소리로 대답할 수 있었다. 헨리는 아주 수다스러워서 교장선생님은 말 한마디 끼어들 수 없었다. 헨리는 합격을 했고 가을부터 등교할 것이다.

치유와 희망 가득한 이러한 안전지대는, 성장하면서 온전함을 느끼는 것이 상당한 도전 과제인 우리의 세상에서 매우 필요하다. 이 책이 우리의 치료자 및 치유자 공동체에 기여했기를 바란다.

용어 해설

가족 리더쉽 family leadership	참나의 특질들을 활용하여 가족을 안내하고 이끌기
관리자 managers	정신적 고통을 최소화하는 목표를 위해 사전에 대책을 강구하는 주도적인 부분
협상 negotiation	어떤 부분을 치유하기 위하여 그 부분에 접속하도록 보호적인 부분들이 허락을 해주는 것이 왜 그들에게 최선의 이득이 되는지 이해하도록 도와주는 과정
구출 retrieval	내담자의 참나가 그 고통스러웠던 경험과 시간에서 꼼짝 못하고 있는 부분을 꺼내오는 과정
긍정적 의도 positive intention	모든 부분들이 설사 그 결과가 어떠하던지 간에 우리에게 뭔가 도움이 되고 좋은 것을 행하고자 노력하고 있다는 믿음
내면으로 들어가기 going inside	눈을 감거나 부드럽게 응시하여 주의를 외부 세계에서 내면세계로 전환하는 것
내면 통찰 in-sight	부분과 연결하고 참나에 접속하는 내면의 경험 및 과정

마음챙김mindfulness	매순간 의도적으로 경험에 주의를 기울이는 것
목표 부분target part	내담자와 치료자가 작업하고 있는 부분
보호자protectors	고통을 막아내기 위해 일하는 부분들
부분parts	모든 범위의 감정, 생각, 신체감각, 신념을 지니고 있는 내면의 하위인격들subpersonalities
부분들의 가상회의 virtual parts meeting	참나의 현존 안에서 양극화한 두 부분으로 하여금 서로에 대해 알아가게 하는 기술
부분을 대변하기 speaking for parts	활성화한 부분 자신이 직접 발언하는 것이 아니라 참나가 부분의 감정과 생각들을 전달할 때
물러[비켜]서기/누그러지기 stepping aside/softening	내담자가 목표하는 부분에 접속할 수 있도록 보호적인 부분이 자신의 자리를 옮기는 것에 동의할 때
장악된taken over	어떤 부분이 완전히 섞여 있어서 내담자가 참나 에너지에 접속할 수 없을 때
섞임blending	어떤 한 부분의 신념과 감정들이 참나 또는 다른 부분들과 합체되어 있을 때
탈섞임unblending	참나와의 관계를 촉진하기 위하여 부분이 분화 및 분리될 때
소방수firefighters	정신적 고통이 촉발된 뒤 그 고통을 처리하는 반동反動的하는 부분
양극화polarization	내담자가 어떻게 느끼거나 생각하거나 행동해야 할지에 대해 두 부분이 서로 상반된 입장에 있을 때
외현화externalization	부분을 구체적 형태로 표상하는 과정: 그림, 작은 조각상, 점토 모형, 또는 오브제 등
유턴U-turn	다른 사람의 행동에 초점을 맞추지 않고 자기 자신의 부분들에게로 초점을 전환할 때

목격하기 witnessing	참나가 추방자의 어린 시절의 고통스런 경험을 듣거나 보거나 느낄 때 (역주 -『IFS 기술훈련 입문서』에서는 "부분이 내담자의 참나에게 자신의 경험을 보여주고/거나 말하는 과정으로서 부분이 이해 받고, 수용 받고, 자기수용이 되며, 사랑받는다고 느낄 때까지 진행"이라고 설명함. - 역주)
직접 접속 direct access	치료자가 내담자의 부분과 직접 상호작용할 때
짐 burdens	부분들이 짊어지고 다니고 있는 고통스러운 신념, 감정, 신체 감각들
짐 내려놓기[없애기] unburdening	부분이 자신의 짐들을 떼어버리는 내면의 과정
참나 Self	모든 인간에게 내재하는 건강하고, 지혜로우며, 자비로운 현존 (참나 Self에는 '8C'로 불리는 여덟 가지 특성, 즉 호기심 curiosity, 자신감 confidence, 창조성 creativity, 용기 courage, 평온함 calmness, 연결감 connectedness, 명료함 clarity, 자비/연민/동정 compassion과 함께 기쁨, 감사, 유머, 용서 등이 있다. - 역주)
참나가 이끄는 Self-led	어떤 사람이 지혜롭고 안정적인 정서적 공간에서 자기 자신 및 다른 이들의 부분들에 귀를 기울이고, 이해하고, 인정하며, 감사를 표하는 역량을 지니고 있을 때
초대 invitation	부분이 짐 내려놓기[없애기] 뒤에 용기, 연결감, 기쁨, 사랑 등과 같은 긍정적인 특질을 들여올 수 있게 하는 행동
추방자 exiles	의식 awareness에서 추방된 취약한 부분들
치료자의 부분에 대한 자각 awareness of therapist's parts	내담자와의 회기 동안 및 이후에 치료자 자신의 부분들을 자각하고 작업할 수 있는 치료자의 역량
치료자의 참나 에너지 therapist's Self-energy	내담자를 위하여 치료자의 안정된 참나를 지혜와 자비의 보조적인 자원으로서 활용
허락 permission	보호적인 부분의 명시적인 허락 없이는 그 어떤 부분에도치료작업을 하지 않는다는 내면가족체계 치료의 입장

찾아보기

(ㅈ)

(ㅊ)

(ㅌ)

(ㅍ)

(ㅎ)

인명

저자 소개

| 리자 스피겔Lisa Spiegel(MA/LMHC)

1987년 뉴욕시에 심리치료 및 부모양육 센터인 소호부모교실Soho Parenting을 설립하였다. 리자는 공인 IFS 치료자, 생명력 요가LifeForce Yoga® 전문가, 관계적 삶 연구소Relational Life Institute 커플 심리상담사다. 또한 안구운동 민감소실 및 재처리 요법EMDR을 훈련받았다. 리자는 아동들과 30년 넘게 치료작업을 해왔다.

역자 소개

| 신인수

상담심리 석사 졸업, 박사 수료. 참나통합심리연구소(http://tsimi.modoo.at) 소장. 한국심리학회, 한국상담심리학회, 한국인지행동치료학회, 동기면담훈련가네트워크MINT 등 정회원. 내면가족체계치료IFS 공식 훈련(레벨 I 및 II)을 이수한 IFS 치료자이자 program assistant(PA), 인지행동치료CBT 핵심과정, 「Training in Transpersonal Psychotherapy, Spiriual Guidance and Transpersonal Breathwork」 등을 이수하였고 현재 몸 · 마음 · 얼의 통합적 치유를 위하여 감각운동 심리치료Sensorimotor

Psychotherapy(SP) 및 「몸의 자각을 통한 트라우마 치유(THBA)」 과정을 이수하고 있다. 교정청, 서울대, 유캔센터 등에서 심리상담을 해왔다. 역서 『최고의 나를 찾는 심리전략 35: 트라우마와 중독을 넘어 치유와 성장으로』(공역, CIR), 『내면가족체계치료 기술훈련 입문서』(가제, 공역, 학지사), 『동기면담과 인지행동치료의 전략적 결합』(가제, 공역, 학지사), 『자아초월 심리학 편람』(가제, 공역, 학지사) 등.

· **심리상담, IFS 입문 교육 및 동기면담MI 훈련 문의:**
integralhnc@hanmail.net

❙김아신

수원 영통구 광교에 마음자리 심리상담 센터를 2014년 개소하였고 16년간 부부 상담, 아동·청소년, 주부, 직장인 대상으로 상담을 해오고 있다. 교직원 공제회 소속 교사 및 교원 상담, 기아자동차, 국민은행 등 EAP 상담, 교육청 지원 운동선수 대상 스포츠 상담, 가습기 살균제 피해자 거점센터로 피해자 상담 지원, 감정원 등 공기업 및 경찰청, 법무부 직원 상담을 해오고 있다. 서울가정법원, 수원가정법원 가사상담위원으로 봉사해왔고, 전 소명여자중학교, 시흥고등학교 전문상담교사, 인터넷 중독 상담 및 집단상담, 인터넷 중독 초중고교 강사 경력이 있다. 최근 몇 년간 피터 레빈의 소매틱somatic 심리치료, EMDR, Ego state therapy, MSC, IFS 훈련을 받고 트라우마 치료를 하고 있으며, 요가와 명상을 심리상담에 결합하여 소그룹으로 명상지도, 1:1 요가 치료를 하고 있다. 상담심리학회 상담심리전문가(주, 수련수퍼바이저), 부부 및 가족상담 전문가, 명상지도전문가, 비니요가 지도자, 1:1 요가테라피스트로 활동하고 있다.

아동과 함께하는

내면가족체계치료IFS

초판 1쇄 발행 2020년 1월 30일
초판 3쇄 발행 2024년 1월 22일

지 은 이 Lisa Spiegel
옮 긴 이 신인수, 김아신
펴 낸 이 소정영
펴 낸 곳 도서출판 하나의학사

출 판 신 고 1988년 4월 1일 제2022-000082호
주 소 서울특별시 송파구 동남로 159, 302호(한흥빌딩)

전 화 번 호 (02)730-2555, 2556
팩 스 (02)730-2557
홈 페 이 지 www.hanampc.co.kr
이 메 일 hanampc1@naver.com

값 17,000원

ISBN 979-11-85696-81-2 93180

• 역자와의 합의로 인지 생략
• 잘못된 책은 구입처에서 교환하여 드립니다.